郑州科技学院建校30年校庆丛书

郑州科技学院教育教学建设及改革发展三十年

——纪念郑州科技学院建校30年校庆丛书之教育教学篇

主　编　刘亮军

副主编　张保龙　周景伟　焦健侠

参　编　姚青华　汪筱苏　朱　娜　黄　申　姜　威
李　宇　王敬伟　赵永林　路晓明　张　军
周永新　李战奎　牛延龙　丁举岩　王会三
朱永刚　吴俊敏　王　磊　化新向　付晓豹
孔欣欣　徐　振

主　审　周文玉

北京理工大学出版社
BEIJING INSTITUTE OF TECHNOLOGY PRESS

内 容 简 介

本书分为两部分，第一部分为学校教育教学建设及发展成果辑要，分为9章，主要介绍建校30年，郑州科技学院在教学建设和发展过程中的探索与取得的成果经验。第二部分为院（系、部）教育教学建设及发展概览，分为14章，主要介绍各个院系和部门的相关情况与工作职能内容。

图书在版编目（CIP）数据

郑州科技学院教育教学建设及改革发展三十年：纪念郑州科技学院建校 30 年校庆丛书之教育教学篇/刘亮军主编. —北京：北京理工大学出版社，2019.6

（郑州科技学院建校 30 年校庆丛书）

ISBN 978-7-5682-6015-2

Ⅰ. ①郑…　Ⅱ. ①刘…　Ⅲ. ①郑州科技学院－教学管理－概况　Ⅳ. ①G647.3

中国版本图书馆 CIP 数据核字（2018）第 178060 号

出版发行 / 北京理工大学出版社有限责任公司
社　　址 / 北京市海淀区中关村南大街 5 号
邮　　编 / 100081
电　　话 /（010）68914775（总编室）
（010）82562903（教材售后服务热线）
（010）68948351（其他图书服务热线）
网　　址 / http://www.bitpress.com.cn
经　　销 / 全国各地新华书店
印　　刷 / 三河市华骏印务包装有限公司
开　　本 / 787 毫米×1092 毫米　1/16
印　　张 / 18.5
字　　数 / 443 千字
版　　次 / 2019 年 6 月第 1 版　2019 年 6 月第 1 次印刷
定　　价 / 52.00 元

责任编辑 / 陆世立
文案编辑 / 赵　轩
责任校对 / 周瑞红
责任印制 / 李志强

图书出现印装质量问题，请拨打售后服务热线，本社负责调换

郑州科技学院建校30年校庆丛书

编　委　会

前言

PREFACE

郑州科技学院办学三十年来，始终以教学为中心，以为社会培养人才为己任，坚持“艰苦朴素的创业精神，大公无私的奉献精神，团结实干的拼搏精神，锐意改革的创新精神”，经历了自学助考、学历文凭、高等职业教育和本科教育等发展阶段，取得了丰硕的教育教学成果。

本书对三十年来郑州科技学院的教育教学建设与改革发展进行了总结，从学校教学理念及发展战略、教师队伍建设、专业建设与培养方案、课程建设与教学改革、实践教学条件与实践教学、图书馆建设与发展、产教融合协同育人、质量管理与管理队伍、荣誉与社会评价九个方面进行了展示，并结合各教学单位对学校各项教学建设改革的落实情况进行了详细描述，充分展示了学校办学三十年来的教学成就。

全书分为两部分，第一部分共九章，其中张保龙编写第一章，周景伟编写第二章，焦健侠编写第三章，焦健侠与王敬伟一起编写第四章，黄申编写第五章，姜威编写第六章，朱娜与李宇编写第七章，姚青华与赵永林编写第八章，汪筱苏编写第九章。朱永刚、付晓豹、路晓明、张军、李战奎、周永新、王会三、化新向、王磊、孔欣欣、徐振、牛延龙、丁举岩、吴俊敏等编写第二部分。

在本书的编写过程中，编者得到了各位领导和各部门的大力支持，在此一并表示感谢！

由于编者水平有限，书中难免存在疏漏，敬请广大读者批评指正。

编　者

2018 年 6 月

目录

CONTENTS

第一部分
学校教育教学建设及发展成果辑要

第一章　教学理念及发展战略

1988 年，怀抱“科教兴豫、科教兴国”梦想的刘文魁先生创办了中原职业大学。30 年间，学校先后更名为郑州科技专修学院、郑州科技职业学院，最后定名为郑州科技学院，前后经历了高等自学考试教育、高等学历文凭考试教育、普通专科学历教育和普通本科学历教育阶段。30 年来，学校始终坚持民办教育的公益性原则，坚持以培养地方经济社会发展所需的各类人才为出发点，明确发展目标，创新教育教学理念，提高办学质量，努力打造一所国家放心、社会满意的高水平民办大学。

第一节　办学精神

校训：博学、笃行、明德、至善。

校风：勤俭、进取、文明、和谐。

教风：为人师表、从严治教。

学风：刻苦学习、自强不息。

办学宗旨：发展民办高等教育事业，为科教兴国、科技兴豫、实现中原崛起贡献力量。

四种精神：艰苦朴素的创业精神，大公无私的奉献精神，团结实干的拼搏精神，锐意改革的创新精神。

五育人：爱心育人、环境育人、实践育人、服务育人、创新育人。

育人模式：实行“三证”（学历证+职业资格证+综合素质证）教育。

办学理念：立德树人，质量立校，人才强校，特色发展。

办学思路：强化管理、打造品牌、办出特色、突破发展。

第二节　办学定位

总体目标定位：构建现代大学管理制度，以质量求生存，以特色谋发展，创建特色鲜明、优势明显、规模适当的高水平民办大学。

学校类型定位：应用型普通本科院校。

培养目标定位：培养“实基础、重实践、强能力、会创新”的应用型人才。

教育层次定位：以本科教育为主，逐步缩小专科规模。

学科专业布局定位：以工学为主，经济、管理、艺术、文学、教育等多学科协调发展。

服务面向定位：坚持为地方经济社会发展服务，植根郑州，面向河南，辐射全国。

第三节 培养特色

学校实施“12345”人才培养系统工程，其内涵如下。

一个中心：以培养应用型人才为中心。

两个观念：坚持以学生为主体、以教师为主导的观念，坚持教学质量第一的观念。

三个环节：课堂教学、实践教学、素质教育三个环节。

四个监控：教务部门、教学质量管理部门、任课教师、学生对教学质量进行监控。

五个实现：教学质量过硬、管理队伍优秀、管理制度科学、人才培养先进、课程改革领先。

六种能力：第一课堂注重培养学生“六种能力”，即政治鉴别能力、专业知识能力、实践动手能力、外语能力、计算机应用能力、创新创业能力。第二课堂注重培养学生“六种能力”：组织管理能力、协调办事能力、社交活动能力、改革创新能力、书法写作能力、自我学习能力。

第四节 发展历程

一、非学历教育阶段

1988 年，中原职业大学成立。1988—1995 年，学校定位为高等教育自学考试教育机构，在不断发展过程中，形成了“博学笃行、明德至善”的校训。

1995—2000 年，学校以高等学历文凭考试教育为主，开设十几个专业，在校生达到 1 000 余人，教职工增加到 300 余人，开始谋划和筹办高等学历教育。

学校在发展规划中明确提出：积极创造条件，完善各项管理制度，使各项指标达到示范性学校标准。学校在现有的和郑州轻工学院（现更名为郑州轻工业大学）、河南中医学院（现更名为河南中医药大学）联合办学的基础上吸引更多高等院校实现联合办学；同时申请中等层次和高等层次的学历教育，实现学校由非学历教育向学历教育的转变，成为一所多层次、多形式的高等院校。

学校正式在马砦经济技术开发区征地建校并破土动工，建筑面积近 3 万平方米。

二、专科学历教育阶段

2001 年，学校由郑州科技专修学院更名为郑州科技职业学院，正式举办高等专科学历教育。

（1）人才培养层次和类型多样化，高等教育学历文凭考试教育、普通专科高等学历教育、成人高等教育、成人中等教育、普通中专教育并举。2003 年，经省教育厅批准，学校还与清华大学合作开展了现代远程本科教育，形成了比较系统的中高层次教育体系。

（2）教育改革不断深化，素质教育全面推进。学校以培养满足生产、建设、管理、服务第一线需要的全面发展的高等技术应用性专门人才为目标，以培养技术应用能力为主线设计学生的知识、能力素质结构和培养方案，以“应用”为主旨和特征构建课程和教学内容体系，根据社会需求，不断调整优化专业，深化教学改革，加大实验实习、实训投入，加强与企业合作力度，建立了一批与专业相匹配的校外实训基地。

三、本科学历教育阶段

2008 年，学校实现了由专科学历教育到本科学历教育的升级，正式升格为普通本科院校，更名为郑州科技学院。

升本后的郑州科技学院的教学规范逐渐完善，于 2012 年通过学士学位授予权评估，获得学士学位授予资格；于 2015 年顺利通过教育部本科教学工作合格评估，是河南省第一家通过教育部本科教学工作合格评估的民办高校。同时，学校各项事业得到快速发展，并取得了显著成绩。

（1）学科专业快速发展。学校形成了工学、经济学、管理学、文学、艺术学、教育学六大学科门类，共 69 个专业，其中本科专业 39 个、专科专业 30 个，形成了以工学为主、多学科协调发展的专业布局。专业分布趋于合理，专业群与地方产业群对接较为紧密，基本形成了机械类、土建类、电子信息类、经管类、文化艺术类、食品类等专业集群。学科专业建设取得了一定成绩：立项建设了河南省重点学科 3 个、综合改革试点专业 4 个、特色专业 2 个、品牌专业 9 个；建设实验教学示范中心 4 个、高校数控技术研究中心 1 个、优秀教学基层组织 2 个；郑州市市级教学质量工程项目进一步增加，其中郑州市急（特）需专业 2 个、示范专业 3 个、重点专业 4 个；建立重点实验室 5 个、示范性实训基地 2 个、优秀教学团队 4 个；建设精品课程及精品资源共享课程 8 门；成立名师工作室 3 个；立项建设校级特色专业、精品课程、教学团队、优势专业等 56 个/门，形成了覆盖省、市、校的三级教学工程建设体系，校级以上教学质量工程项目数量位居河南省同类高校前列。

（2）人才培养改革及课程建设深入推进。应用型人才培养目标更加明确，人才培养改革深入推进。从 2013 年起试点实施了专业人才培养改革，通过优化课程体系，开设了以项目驱动的专业导论课程，加大实践教学比例，实施企业综合实习和毕业设计企业真题实做，将创新课程纳入必修课程，全面培养学生的实践创新能力和职业素质。到 2015 年年底，试点专业已达到 10 个，覆盖了所有学科。组编和出版校本应用型特色教材 30 多种，其中两种教材入选河南省“十二五”规划教材。实践课程建设更加规范，构建了实验、实训、实习、课程设计、职业资格培训、毕业设计“六位一体”的实践课程体系，实践大纲、实习指导书等教学材料配套完备。

（3）积极探索新工科建设。按照“建平台、试验田、全覆盖”的三步走战略，积极完善和搭建新工科建设实践平台，在与企业共建的四个工程应用学院（产业学院）基础上，深耕细作新工科试验田，以新兴产业为引领，以“专业更新、专业交叉、学科交融、产教融合”为抓手，实施跨专业、跨学科、跨院系的人才培养改革新模式，并实施实验班、试点班、精英班、新卓工程师班（新兴卓越工程师班）四种耕作模式。目前，学校新工科试验田共开设各类班级 42 个（7 个实验班、3 个试点班、4 个精英班、28 个新卓工程师班）。各类班级结合现代科技发展和产业升级趋势，重新确定了人才培养目标，完成了教学计划编制，新开设和更新课程80余门，各项教学工作正在稳步开展。新能源汽车、工业机器人、智能电子产品设计、机器人智能控制、智慧物流等一批新工科班级正在积极引领专业发展，形成了学校教学建设的新亮点。教师参与教学改革热情高涨，学生学习积极性大幅增强。《中国教育报》以《郑州科技学院新工科建设与地方发展同频共振》为题，整版报道了学校新工科建设做法。

（4）教师队伍整体素质得到较大提升。学校以迎接本科教学工作合格评估为契机，增量提质，引培并重，优化师资配置。教师数量达到1 138人，其中专任教师889人，外聘教师498人，在校生与专任教师比为19.8∶1，基本能够满足教育事业发展需要。具有高级职称的教师378人，占比33.2%；具有硕士、博士学位的教师873人，占比76.7%；具有高级职称、硕士以上学位的教师和双师型教师占比均达到了本科教学工作合格评估要求。教师队伍综合实力得到了增强，一批教师先后获得“河南省教育厅学术带头人”“河南省高等学校青年骨干教师”“河南省优秀教师”“师德先进个人”“师德标兵”“民办教育系统优秀教师”等称号，教师教学水平得到较大提高。

（5）科研成果量质同增。截至2018年，全校教师共主编或参编教材、著作408部，发表论文3 352篇，承担科研项目1 039项，独立或参与完成鉴定成果24项（其中学校主持的有8项），各级各类获奖成果1 075项，获国家授权专利339项，软件著作权86项，获得各级政府部门下拨科研经费366.6万余元。

（6）创新创业教育实践有效开展。学校被授予“河南省高校众创空间”“河南省众创空间”“河南省创业孵化示范基地”等荣誉称号，被河南省教育厅评为“河南省就业创业课程建设优秀高校”，是教育部、清华大学组建的国家级智库“中国高校创新创业教育联盟”理事单位。2017年，学校立项省级“大学生创新创业训练计划”项目9项、教育部项目1项，参与国家级学科竞赛所获奖项比2016年增加97%，创新创业教育取得明显成效。学生在全国青少年科技创意大赛、电子设计大赛、数学建模大赛等赛事中共获得学科竞赛奖项928项，获奖学生达1 655人次。

（7）教学科研条件得到完善。学校共有实验、实训场所160多个，其中专业基础实验室120个，专业实验实训场所13个，仪器设备价值达1.6亿元，建立校外实习基地140个。图书馆馆藏纸质图书文献总量200万册，电子图书66万种，电子数据库22个。

四、工作展望

2016年，学校制定了本校的“十三五”发展规划，再次明确了“地方性、应用型”普通本科高校办学定位。学校坚持“本科底蕴+应用特色”培养规格和“实基础、重实践、强能力、会创新”培养目标，以国务院印发的《统筹推进世界一流大学和一流学科建设总体方案》为引领，以服务地方社会经济发展为宗旨，以建设国内一流应用型民办大学为目标，以提高教育教学质量为核心，全面贯彻党和国家教育方针，凝练学科发展方向，加强学科建设与专业结构优化，深化人才模式改革，加大科研投入与成果转化力度；优化教育教学资源配置，凝聚学科专业的优势力量，不断开发和培育新的学科专业增长点，进一步打造学校学科高峰，推动学校发挥优势、办出特色，促进学校学科专业建设水平不断提高。

到“十三五”末，学校学科布局将保持基本稳定，专业结构趋于优化，专业数量与学校规模相适应，专业设置与地方产业紧密对接。学校工科优势将进一步突出，学科专业特色鲜明，并具有广泛认可的品牌影响，学科专业建设整体水平显著提高。人才培养模式改革将得到深化，有利于人才脱颖而出的培养体系、课程体系、教学内容、教学方法和教学手段改革将得到进一步完善。教师数量更加充足，教师队伍结构将更加合理，教学科研水平将进一步提升，办学条件将进一步改善，实践教学平台和图书文献资料将更能满足教学科研需要，校企合作将更加紧密，各方面合作将不断深化，学校人才培养质量和社会服务能力将获得各界广泛认可。

第二章　教师队伍建设

第一节　概　述

教育大计，教师为本。教师是教育事业发展的基础，是提高教育教学质量的关键。学校历来高度重视教师队伍建设，把师资队伍建设放在事关学校发展全局的战略位置，紧抓实抓，以促进学校的内涵发展、特色发展。

师资队伍建设每五年一规划，各教学单位根据学校总体规划编制相应的师资队伍建设规划。师资队伍建设工作由校董事会统领并由校长主管，人事处、教务处、实践中心、质管中心、校企办等部门集中研究解决师资队伍建设过程中的困难和问题，协同管理。同时，将师资队伍建设工作指标纳入教学单位发展考核评价体系，突出体现“一把手抓，抓一把手”，充分调动一把手抓教师资源的积极性。

学校在办学经费相对紧张的情况下，及时调整经费支出结构，设立师资队伍建设专项资金，用于人才引进、住房安置、薪酬激励、培养培训、办公条件改善等，为师资队伍建设提供充足经费保障。特别是在教学质量与教学改革工程建设方面，对有省、市经费支持的建设项目进行 1∶1 配套，专款专用；对暂无省、市经费支持的项目，根据项目建设规划，学校单独划拨经费，大力支持骨干教师参与教学工程建设工作。

学校注重教师管理制度建设，制定师资队伍建设管理制度近 30 项，涉及教师引进、聘用、培养、考核、激励等方方面面，构建起符合本科应用型人才培养的教师队伍管理制度体系。这些管理制度既有针对自有教师和外聘教师进行管理的综合性指导性文件，如《郑州科技学院专任教师管理规定》《关于加强外聘教师队伍建设的实施意见》《关于进一步加强教研室建设的指导意见》《进一步加强教师培养培训工作的实施意见》等，又有针对专项业务工作的具体化操作性文件，如《教师企业实践锻炼暂行办法》《关于进一步加强教师考核工作的指导性意见》《本科专业带头人及其培养对象选拔管理办法》等，为规范师资队伍建设管理提供了制度保障。

实施高等职业教育特别是本科教育以来，学校坚持外部引进和内部培养并重，多途径多措施并举，增量提质，存量优化，大力实施人才强校工程和教师队伍建设工程，经过 30 年的发展，建成了一支师德高尚、业务精湛、结构合理、充满活力的高素质专业化应用型教师队伍。

第二节　建 设 历 程

教师队伍建设随着学校的建设经历了四个阶段，全面反映了学校建设的历程，成为学校改革发展的一个缩影。

第一个阶段（1988—1996 年），即中原职业大学阶段。这一阶段，学校举办自学考试辅导教育，从郑州大学、河南财经学院、信息工程大学等公办高校聘请了一大批外聘教师承担教学任务，组建了一支单一型的外聘教师队伍。

第二个阶段（1997—2000 年），即郑州科技专修学院阶段。这一阶段，学校举办学历文凭考试教育，教师队伍的基础是外聘教师。但是经过优化配置，外聘教师质量得到进一步提高。优秀的外聘教师队伍提高了学生学历文凭考试成绩，为学校赢得了良好的声誉。

第三个阶段（2001—2007 年），即郑州科技职业学院阶段。这一阶段，学校实施高等职业教育，开始启动自有教师队伍建设。从其他高校招聘的优秀本科生和硕士研究生、公办高校退休教师和企事业单位退休的高级专业技术人员成为自有教师队伍的基础，但外聘教师仍是教师队伍的主体。因此，这一阶段是以外聘教师为主、以自有教师为辅的专兼结合的教师队伍初步形成阶段。

第四个阶段（2008 年至今），即郑州科技学院阶段。这一阶段，学校实施本科教育，进入创建合格本科高校的新阶段。具有硕士以上学位的研究生成为教师队伍的主体力量，自有教师队伍规模迅速扩大，占整个教师队伍的 60%以上。一支以自有教师为主、以外聘教师为辅的专兼结合的教师队伍正式建成。

第三节　教师任用

教师的任用包括自有教师的引进和外聘教师的聘任两个方面。教师的任用始终遵循“院系基础，学校平衡，突出重点”的原则，既要整体满足国家规定的生师比和队伍结构要求，又要充分考虑专业教师的数量和结构要求。

自有教师的引进主要包括两个方向：一是公办高校优秀的研究生；二是公办高校退休教师。其中，公办高校优秀的研究生是引进重点，考查标准为是否具有可塑性和培养潜质。他们一般具有硕士或博士学位，学历层次较高，学科专业多样，眼界开阔，思维敏捷，可塑性强，富有创造力，在激发教师队伍活力方面能够发挥重要作用。他们绝大多数工作在教学科研第一线，其中不少人已经成为推动学校教育改革发展的主力。

引进公办高校退休教师，以专家型、学科权威型资深教授为重点，考查标准为是否有利于学科专业建设、是否有利于推动科研工作、是否有利于促进青年教师成长。

外聘教师的聘任也包括两个方向，其中，具有副高以上职称的其他高校在职中年教师是聘任的重点，考查标准为是否能够全面、系统地承担教学任务，以及是否具备一定的教学示范作用和科研能力。外聘中年教师紧跟本专业及相应领域的发展动态，正处于干事创业的黄金时期。他们具有以下优秀特点：一是可以在教学方面发挥积极作用；二是可以参加学科专业建设指导委员会，指导专业建设、课程建设和实践教学基地建设；三是作为客座教授，可以通过开展科技讲座和专业教育，推动大学生的科技创新研究，提高大学生的综合素质。

行业公认的专才及企业优秀专业技术人才、管理人才和高技能人才一般具有丰富的生产管理和技术经验，是双师双能型教师队伍的重要来源，也是外聘的又一重点方向，一般承担特定专业课或实践指导课的教学任务。

第四节 教师培养

学校建立了教师发展中心，协同人事处、教务处、实践中心、校企办等部门，坚持“思想政治素质和业务水平并重，理论与实践统一，按需培训，注重实效”的培养方针，贯彻“立足国内、在职为主、加强实践、形式多样”的培养原则，着力建设应用型教师队伍，促进应用型本科教育内涵特色的发展。

教师培养是通过“131”模式（图2-1）来实现的。“131”模式是指“一个核心铸魂、三个系统培训奠基、一个目标固本”的教师培养模式。这个模式的核心是师德师风建设铸师魂，基础是三个系统性培训，根本目标是促进教师发展。所以，“131”模式既是教师培养模式，也是教师发展模式。

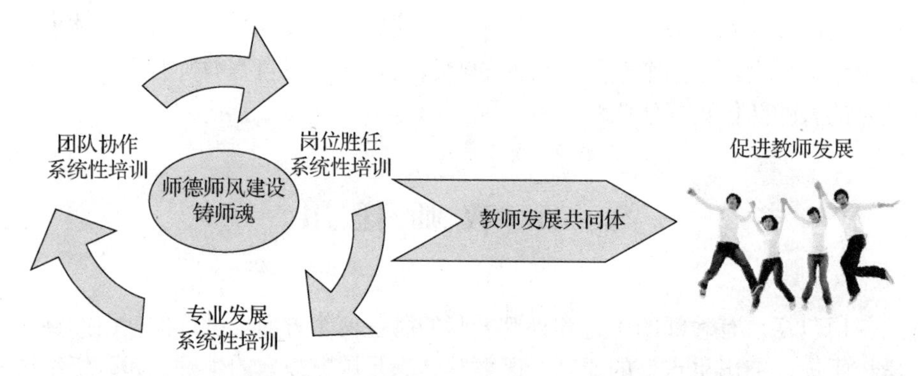

图2-1 “131”教师培养模型

一、注重师德师风建设，建立健全师德建设长效机制

（1）注重制度建设，为师德建设提供制度保障。学校制定了《郑州科技学院关于进一步加强和改进师德建设的实施意见》，该意见成为学校加强师德建设的纲领性文件；制定了《中共郑州科技学院委员会、郑州科技学院关于建立健全师德建设长效机制的实施意见》，为建立健全师德建设长效机制指明了方向；制定了《郑州科技学院教书育人规范》，突出教师职业行为的倡导性和禁行性规定，引领广大教师自觉做学生锤炼品格、学习知识、创新思维、奉献祖国的引路人。

（2）学校注重师德教育，引导教师树立崇高职业理想。围绕高校立德树人根本任务，学校在全校教师中广泛开展理想信念教育，引导广大教师深入学习中国特色社会主义理论体系，坚定教师对中国特色社会主义的道路自信、理论自信、制度自信、文化自信，增强教师的责任感和使命感。以正面引领为重点，组织开展师德典型宣传、学术诚信教育等活动，发挥最美教师、师德标兵、文明教师、优秀教师的带动作用，用他们的感人事迹诠释师德内涵，增强教师践行师德要求的自觉性和积极性。

（3）注重师德宣传，培育重德养德良好风尚。大力宣传普及《高等学校教师职业道德规范》（以下简称《规范》），推动《规范》“三进三入”：进《教师工作手册》，进院系教研室，进全体教师头脑，全面覆盖；入教师眼，入教师耳，入教师心，全面渗透。结合不同阶段的师德状况，组织开展“师德师风大家谈”研讨交流活动，凝聚共识，着力解决师德建设中的突出问题。定期举办师德演讲比赛（图 2-2）、师德微故事征文比赛、最美教师评选等活动，弘扬广大教师爱岗敬业、教书育人、无私奉献、昂扬向上的精神风貌。以教师节庆祝活动为契机，通过校园广播、报纸、网站、微信等渠道，集中开展优秀教师、文明教师、师德标兵、优秀教育工作者宣传活动，营造崇尚师德、争创师德典型的良好舆论环境。

图 2-2　师德演讲比赛获奖图片

（4）注重考核激励，引导教师提升自身修养。充分尊重教师主体地位，建立师德考评制度，深化教师考核评价制度改革，把师德师风纳入教师考核指标体系，作为教师业务考核的重要依据，并实行优秀教师评选、晋升高一级职务评聘“师德表现一票否决制”。密切关注教师的发展诉求和价值愿望，建立教师权益保护机制，将师德建设同解决教师实际困难结合起来。设立师资队伍建设专项资金，用于教师引进、住房安置、培养培训、办公条件改善等方面，为师资队伍建设提供充足经费保障。下大力气改善教师福利待遇。按照国家有关规定，及时为符合条件的教师缴纳养老保险、医疗保险、失业保险、工伤保险、生育保险以及住房公积金等“五险一金”，解决教师的后顾之忧，稳定教师队伍。积极发展优秀青年教师加入党的组织，充分发挥教师党员的先锋模范作用。建立师德督查制度、劝诫惩戒制度。充分发挥学生和督导员在师德监督工作中的积极作用，构建教管、督导和学生三位一体的师德监督网络，及时掌握师德信息动态，对师德表现欠佳的教师及时劝诫，经劝诫拒不改正的，进行严肃处理。对有严重失德行为、影响恶劣的一律解聘。

二、组织开展系统性培训，建设教师联动发展共同体

（一）岗位胜任系统培训

（1）新任教师岗前培训。建立学校和院系两级岗前培训体系，分别由教师发展中心和院系制订培训计划并组织实施。培训内容围绕新任教师必备的“三基”（基本理论、基本规范和

基本技能）展开。通过典型报告、参观考察、课堂观摩、模拟教学、反思研讨、素质拓展、教师宣誓等形式，对新任教师进行多方面的训练和指导，使新任教师了解校情校史，增强爱校情感，树立职业理想，明确岗位职责，了解教学要求，掌握基本教学技能，提高贯彻执行教育方针政策及学校各项管理制度的自觉性。从2010年开始组织体系化岗前培训，共七期400余人。分期编印《郑州科技学院新入职教师岗前培训学习成果汇报集锦》，巩固培训成果，促进学习交流（图2-3）。

图2-3　新入职教师岗前培训

（2）在职教师全员培训。从2010年开始组织在职教师全员系统化培训，共七期800余人次。邀请省内外专家名师举办专题讲座或论坛，组织教师系统学习高等教育理论，全面了解高等教育特别是民办高等教育改革发展所取得的巨大成就，深入思考和讨论教育教学、科学研究、教学规范、职业发展等重大的实践和现实问题，提高运用高等教育理论指导和推进本职工作的能力与水平，坚定投身民办高等教育事业的信心和决心。

（二）专业发展系统培训

（1）精品课程网络培训。积极落实教育部全国高校教师网络培训计划。结合教师的专业方向和培训需求，统筹规划，按需施训，以学期为单位组织骨干教师参加国家精品课程网络培训项目，建设“主培+辅培”网络研修社区和一人报名集体受益、一个账号多人学习的学习共同体。截至2017年年底，参训教师达1 004人次，其中主培389人次，辅培615人次。网络培训主讲教师均由高校教学名师奖获得者、国家精品开放课程主持人、国家级教学团队带头人、国家级特色专业负责人等担任。通过线上线下方式向这些专家名师学习，参训教师接受了先进的教学理念、经验、技术和方法指导，提高了教师课程教学能力和水平。学校还与网络课程培训中心有效合作，设立主会场，承办了“应用型院校教学改革与教育理念国际视野”“好课堂的四个境界”“高校教学秘书职业能力发展”等全国高校教师网络培训项目高级研修班，服务区域教师发展，建立教师发展共享圈（图2-4）。

高等学校教师培训证书

高等学校教师培训证书

图2-4　网络课程培训与教师企业实践锻炼

（2）教师实践能力培训。推进校企合作、产教融合，建设教师企业工作站，采取学校公派与个人自选相结合的方式，通过组织教师到企业考察观摩、参与企业生产和管理、联合开展应用技术研究和产品研发、指导学生企业实习、参加职业技能评定等有利于教师实践能力提升的企业实践实现形式，提高专业教师的双师素质和双能水平。截至2017年，参加企业实践锻炼的教师达387人次，一支适应应用型人才培养需要的应用型教师队伍初步建立。

（3）中青年骨干教师培养。建立了学校基础、自下而上、示范引领、三级联动的骨干教师选拔培养机制。积极申报郑州地方高校优秀中青年骨干教师培养计划和河南省骨干教师资助计划，通过项目引领的方式，加快中青年骨干教师培养步伐。截至2017年，学校共有郑州地方高校优秀中青年骨干教师17人、河南省骨干教师6人。

（4）硕士博士学位进修。为不断满足青年教师的发展诉求和价值期望，学校分别在2008年和2014年出台了《关于资助教师在职攻读硕士学位的暂行办法》和《关于资助教师在职攻读博士学位的暂行办法》，鼓励支持符合条件的青年教师在职攻读硕士、博士学位，对取得学位的教师给予50%的学费资助。

（5）本科专业带头人培养。制定了《郑州科技学院本科专业带头人及其培养对象选拔管理办法》，建立了较为完善的本科专业带头人选拔管理机制，遴选了具备一定资格和发展潜力的中青年骨干教师；把任务驱动和评价激励密切结合起来，在教学、科研等方面对中青年骨干教师重点培养，使其引领专业建设，提高专业建设水平，促进自身发展。

（三）团队协作系统培训

（1）导师制单科培养。充分发挥校内教学名师和骨干教师的示范引领作用，根据每位青年教师的专业特长，有计划、有目的地选聘师德素质高、业务能力强、学术造诣深的教师担任指导老师。按照“1+1+1”模式，即一个指导教师指导一个青年教师的一门课程，制订指导计划，落实指导内容，填写指导记录，加强指导考核，通过随堂听课、书面记录、现场点评、跟踪督促、回头检查、阶段总结等形式与青年教师共同探讨提高教学技能和水平的途径与方法，切实帮助青年教师改进教学工作。建立名师工作室，按照“名师+团队”模式开展工作，为青年教师提供直接指导服务、助力专业内涵建设、服务职业技能竞赛、提升产教一线科研水平。

（2）教学团队培育。完善教学管理体制，创新组织形式，明确职能定位，强化教研室功能，根据专业和课程建设需要设置教研室56个。深入开展优秀教研室评选活动，建设校、省两级优秀教研室，激励和推动基层教学组织建设，更好地发挥教研室在规范教学管理、提高教学质量方面的保障作用。把教学团队建设作为促进教师发展、提升整体水平的重要工作纳入教学工程建设项目，按照“两年立项、三年结项”的总体规划，坚持多元结构，有序推进，分级建设，培养可持续发展的教学科研队伍。现有优秀教学团队17个，其中市级优秀教学团队4个。

（3）教学技能竞赛比武。搭建教师教学风采展示平台，定期组织教师开展课堂教学大奖赛、优秀多媒体课件大奖赛、微课大赛等校级教学技能竞赛和教学观摩活动，以及河南省教育系统教学技能竞赛和教育教学信息化大赛等省级教学技能比武活动，切磋教学技艺，交流教学理念，以赛促学，以赛促研，以赛促信息技术与学科教学融合，推进教学手段和教学方法改革，提高教育教学质量（图2-5）。

图 2-5　导师制、团队建设、教学竞赛、校际研讨

（4）校内外研讨交流。定期举办教学论坛、教师座谈会、观摩教学、青年教师成长沙龙等，就教学科研中的现实问题，组织教师现身说法，分享感受，共同探讨，提出解决问题的建设性意见，形成解决问题的行动理论和策略，营造团结和谐进步的研究氛围。通过开设科技讲坛、与郑州大学等重点大学开展合作、支持青年教师参加高水平学术会议、选送骨干教师国外访学等，促进青年教师学习先进的教育思想和理念，及时了解和准确掌握学科前沿发展动态及最新成果，提高专业素质。

（5）现代教育技术培训。开设教学信息化研习班，鼓励和引导青年教师参加计算机操作技能培训，如多媒体课件制作、动画制作、音频视频处理等，大力提高教师运用现代信息技术的能力，将现代信息技术全面融入教学改革，推动信息化教学、虚拟现实技术、数字仿真实验、在线教学监测等的广泛应用，切实提高教学质量和教学效果。

第五节　教 师 考 核

高校绩效工资制度改革旨在建立注重实绩和贡献、以岗定薪、按劳取酬、优劳优酬的分配激励机制，建立科学合理的高校教师绩效考核体系。全面客观地对教师绩效进行评价是落实绩效工资制度的基础。在实施分配制度改革的过程中，学校建立和完善了“三评一审”百分制教师绩效考核模式，发挥考核的教育、监督、导向和激励作用，激发教师队伍活力，调动教师工作积极性。

“三评一审”中的“三评”是指教师自评、学生评教和院系考评；“一审”是指学校最终审定考核结果。“一审”也是考评，是以教务处、人事处、实践中心和教师发展中心为代表的校级层面对教师的考核。

“三评一审”考核内容主要包括德、能、勤、绩四个方面。“德”主要考核教师的思想表现和师德修养；“能”主要考核教师的学识水平和业务能力；“勤”主要考核教师的工作态度和劳动纪律；“绩”主要考核教师的工作实绩和贡献大小。其中，师德表现和工作实绩是考核的重点。

“三评一审”考核注重“四个结合”，即学校考核与院系考核相结合、学期考核与年度考核相结合、全面考核与个性化考核相结合、群众考核与个人考核相结合，其中，院系考核在教师考核中发挥基础性作用。

教师考核每学期组织一次，年终总评一次。考核结果分为优秀、良好、合格和不合格四个等级，其中，优秀率不能超过院系参加考核教师总数的15%。自有教师考核结果记入自有教师个人业务档案，作为自有教师评定职称、晋级、聘任、评优、骨干教师选拔、进修深造的主要依据。外聘教师考核结果记入外聘教师个人业务档案，对考核等级为优秀的，予以奖励，并优先继续聘用；对考核等级为良好的，可继续聘用；对考核等级为合格的，酌情聘用；对考核不合格的，终止聘用。

近年来，学校根据不同类型教师的岗位职责和工作特点，实施自有教师与外聘教师分类考核、自有教师“低职”与“高职”分层考核，体现考核指标的差异性和不同学科教师的不同要求。同时，学校更加注重考核结果的反馈，通过分析绩效差距，帮助后进教师提高绩效水平，增强竞争力。

第三章　专业建设与培养方案

郑州科技学院坚持以应用型人才培养为目标，围绕地方区域经济发展，不断优化学科专业结构，适时调整专业方向、修订人才培养方案，不断完善实践教学体系，加强校企深度合作，优化教学内容，改革教学方法、考核方式，完善教育质量监控体系，着力推进教学工程项目建设，努力构建与应用型人才相适应的课程体系。通过不断加强内涵建设，深化教学改革，促进专业建设水平不断提升，学校为地方培养了一大批人才，受到社会各界广泛赞誉。

第一节　学科与专业建设

学校围绕“地方性、应用型”普通本科高校办学定位，坚持“本科底蕴+应用特色”培养规格和“实基础、重实践、强能力、会创新”培养目标，以国务院《统筹推进世界一流大学和一流学科建设总体方案》为引领，以服务地方社会经济发展为宗旨，以建设国内一流应用型民办大学为目标，以提高教育教学质量为核心，全面贯彻党和国家教育方针，加强学科建设与专业结构优化，深化人才模式改革，加大科研投入与成果转化力度，优化教育教学资源配置，凝聚学科专业的优势力量，不断开发和培育新的学科专业增长点，进一步打造学校学科高峰，推动学校发挥优势、办出特色，促进学校学科专业建设水平不断提高。学校现有 69 个专业，其中本科专业 39 个、专科专业 30 个，涵盖工学、经济学、管理学、文学、艺术学、教育学六大学科门类，已形成了以工学为主、多学科协调发展的学科专业布局。

1. 学科门类与专业大类

学科门类与专业大类如表 3-1 所示。

表 3-1　学科门类与专业大类一览

学科门类	专业大类	专业大类数量
工学	机械类、电气类、电子信息类、自动化类、计算机类、土木类、交通运输类、食品科学与工程类、管理科学与工程类	9 个
经济学	经济学类、经济与贸易类、电子商务类	3 个
管理学	工商管理类、物流管理与工程类、旅游管理类	3 个
艺术学	音乐与舞蹈学类、戏剧与影视学类、设计学类	3 个
文学	外国语言文学类	1 个
教育学	教育学类、体育学类	2 个
合计		21 个

2. 本科专业设置

本科专业设置如表 3-2 所示。

表 3-2　本科专业设置一览

序号	专业代码	专业名称	授予学位	学制	设置年份	备注
1	080202	机械设计制造及其自动化	工学	4 年	2008	
2	080203	材料成型及控制工程	工学	4 年	2011	
3	080204	机械电子工程	工学	4 年	2016	
4	081801	交通运输	工学	4 年	2009	
5	080207	车辆工程	工学	4 年	2013	
6	081802	交通工程	工学	4 年	2016	
7	082701	食品科学与工程	工学	4 年	2010	
8	082702	食品质量与安全	工学	4 年	2014	
9	080702	电子科学与技术	工学	4 年	2008	
10	080802T	轨道交通信号与控制	工学	4 年	2010	2013 年前专业名称为“自动化”
11	080601	电气工程及其自动化	工学	4 年	2011	
12	080701	电子信息工程	工学	4 年	2012	
13	081004	建筑电气与智能化	工学	4 年	2013	
14	080901	计算机科学与技术	工学	4 年	2008	
15	080703	通信工程	工学	4 年	2011	
16	080905	物联网工程	工学	4 年	2013	
17	080906	数字媒体技术	工学	4 年	2017	
18	080910T	数据科学与大数据技术	工学	4 年	2018	
19	081002	建筑环境与能源应用工程	工学	4 年	2011	2013 年前专业名称为“建筑环境与设备工程”
20	081001	土木工程	工学	4 年	2012	
21	120105	工程造价	工学	4 年	2015	
22	120901K	旅游管理	管理学	4 年	2008	
23	120204	财务管理	管理学	4 年	2010	
24	120202	市场营销	管理学	4 年	2011	
25	120601	物流管理	管理学	4 年	2015	
26	020401	国际经济与贸易	经济学	4 年	2009	
27	020101	经济学	经济学	4 年	2010	
28	120801	电子商务	经济学	4 年	2014	
29	020304	投资学	经济学	4 年	2018	
30	130502	视觉传达设计	艺术学	4 年	2009	2013 年前专业名称为“艺术设计”，后转设为“视觉传达设计”“环境设计”两个专业
31	130503	环境设计	艺术学	4 年	2009	
32	130310	动画	艺术学	4 年	2010	
33	130202	音乐学	艺术学	4 年	2012	
34	040106	学前教育	教育学	4 年	2015	师范类
35	130206	舞蹈编导	艺术学	4 年	2017	
36	130309	播音与主持艺术	艺术学	4 年	2018	
37	050201	英语	文学	4 年	2012	
38	050261	翻译	文学	4 年	2016	
39	040201	体育教育	教育学	4 年	2013	

3. 专科专业设置（表 3-3）

专科专业设置如表 3-3 所示。

表 3-3　专科专业设置一览

序号	专业代码	专业名称	专业大类	设置年份	备注
1	560102	建筑装饰工程技术	土建大类	2007	
2	560301	建筑工程技术	土建大类	2002	
3	560102	机械制造与自动化	制造大类	2005	
4	560103	数控技术	制造大类	2007	
5	560301	机电一体化技术	制造大类	2007	
6	560701	汽车制造与装配技术	制造大类	2007	
7	560702	汽车检测与维修技术	制造大类	2003	
8	590101	食品加工技术	轻纺织品大类	2002	
9	590107	食品营养与检测	轻纺织品大类	2009	
10	610102	应用电子技术	电子信息大类	2001	
11	580202	电气自动化技术	制造大类	2004	
12	610301	通信技术	电子信息大类	2004	
13	610201	计算机应用技术	电子信息大类	2003	
14	610202	计算机网络技术	电子信息大类	2009	
15	610205	软件技术	电子信息大类	2005	
16	630601	工商企业管理	财经大类	2001	
17	630903	物流管理	财经大类	2004	
18	640101	旅游管理	旅游大类	2003	
19	690202	人力资源管理	公共事业大类	2005	
20	630701	市场营销	财经大类	2009	
21	600405	空中乘务	交通运输大类	2018	
22	630302	会计	财经大类	2002	2016 年前专业名称为“会计电算化”
23	630503	国际商务	财经大类	2003	
24	620405	电子商务	财经大类	2001	
25	670202	商务英语	文化教育大类	2001	
26	660303	社会体育	文化教育大类	2012	
27	650101	艺术设计	艺术设计传媒大类	2001	
28	650102	视觉传播设计与制作	艺术设计传媒大类	2002	2016 年前专业名称为“装潢艺术设计”
29	650201	表演艺术	艺术设计传媒大类	2011	
30	670102k	学前教育	教育与体育大类	2018	

4. 学科专业建设质量工程项目

自 2008 年升本以来，学校重视教学内涵水平提升，通过政策保障、加大投入、深化改革等措施，进一步突出重点、强化优势、示范带动、彰显特色，形成了省、市、校三级质量工程项目，在数量、层次上均位居河南省同类高校前列。

近年来，学校先后出台了《郑州科技学院关于“十二五”本科教学质量与教学改革工程实施意见》《郑州科技学院特色专业管理办法》《郑州科技学院本科教学质量与教学改革工程项目管理办法》《郑州科技学院教研成果奖励办法》等一系列文件制度，围绕学科专业建设、教学团队建设、实验室建设、课程建设等方面，精心规划、严格保障，提高广大教职工参与教学工程建设的积极性。

学校加大了教学工程建设投入，对立项建设的教学工程项目给予经费配套，实行项目负责人负责制，并做到专款专用；在人才引进、实验室建设、教科研立项等多个方面对教学工程建设单位给予倾斜，全面支持教学工程建设的开展。

目前，学校有省市级学科专业项目 27 项，其中河南省重点学科 3 个、品牌专业 9 个、综合改革试点专业 4 个、特色专业 2 个，郑州市急（特）需专业 2 个、示范专业 3 个、重点专业 4 个（表 3-4）。

表 3-4　省市级质量工程项目一览

序号	项目类别	项目名称	文件号	批准年度
1	河南省重点学科	机械制造及其自动化	豫教高〔2012〕186 号	2012
2		电力电子与电力传动	教高〔2018〕119 号	2018
3		计算机应用技术	教高〔2018〕119 号	2018
4	河南省品牌专业	食品科学与工程	教政法〔2018〕502 号	2018
5		音乐学	教政法〔2018〕502 号	2018
6		计算机科学与技术	教政法〔2017〕344 号	2017
7		市场营销	教政法〔2017〕344 号	2017
8		国际经济与贸易	教政法〔2016〕896 号	2016
9		视觉传达设计	豫财教〔2015〕68 号	2015
10		土木工程	豫财教〔2014〕97 号	2014
11		电子科学与技术	豫财教〔2013〕140 号	2013
12		机械设计制造及其自动化	豫财教〔2012〕239 号	2012
13	河南省综合改革试点专业	交通运输	教高〔2017〕23 号	2017
14		食品科学与工程	教高〔2015〕33 号	2015
15		轨道交通信号与控制	教高〔2015〕33 号	2015
16		旅游管理	教高〔2013〕613 号	2013
17	河南省特色专业	电子科学与技术	教高〔2013〕583 号	2013
18		计算机科学与技术	教高〔2012〕979 号	2012
19	郑州市急（特）需专业	机械设计制造及其自动化	郑教高〔2015〕70 号	2015
20		电子科学与技术	郑教高〔2015〕70 号	2015
21	郑州市示范专业	计算机科学与技术	郑教高〔2014〕103 号	2014
22		机械制造与自动化	郑教高〔2012〕147 号	2012
23		应用电子技术	郑教高〔2010〕117 号	2010
24	郑州市重点专业	视觉传达设计	郑教高〔2014〕103 号	2014
25		食品科学与工程	郑教高〔2012〕147 号	2012
26		旅游管理	郑教高〔2012〕147 号	2012
27		工商企业管理	郑教高〔2006〕92 号	2006

学校为贯彻实施“十三五”重点工程，启动了“应用型专业建设工程”和“应用型教学改革专项课题研究”教改工程，确立了分类建设一批优势突出、特色鲜明、重点发展的应用型专业（群）的思路，评审立项了优势专业 2 个、特色专业 3 个、重点建设专业 2 个，同时将专业建设与教学改革紧密结合，将专业建设思路和措施切实落实到教学和人才培养当中。

第二节　人才培养方案

人才培养方案是高等学校人才培养的纲领性文件，集中体现高等学校的教育思想和办学理念，是学校组织和管理教育教学、实现人才培养目标和基本要求的总体计划与实施方案。郑州科技学院编写人才培养方案时以国家本科专业基本标准为参照，以本校应用型人才培养的整体目标和区域社会经济对应用型人才知识结构、能力素质结构的要求为依据，以“严格修订流程、明确培养目标、特征化培养规格、整体优化课程体系”等为要点，体现本校应用型人才培养特色。自2008年升本以来，学校对人才培养方案坚持“四年一大修，根据需要小修”，邀请有关专家和用人单位等参与其中，确保人才培养方案的合理性、科学性、先进性。同时，学校为了贯彻《教育部关于全面提高高等教育质量的若干意见》（教高〔2012〕4号）精神，落实《国家中长期教育改革和发展规划纲要（2010—2020年）》的要求，构建与人才培养定位相适应的本科教学体系，培养和造就高素质应用型人才，下发了《郑州科技学院关于深入学习教学质量国家标准优化本科专业人才培养方案的通知》，全面修订了本科人才培养方案，进一步深化了应用型人才培养理念，形成了较为明显的培养特色。同时，学校结合当前职业人才培养的新理念、新要求和新特点，对专科人才培养方案进行了全面修订，强化实践育人、产教融合。

一、人才培养方案修订的基本原则

（一）目标、规格、课程三者相符

学校充分学习教育部发布的《普通高等学校本科专业类教学质量国家标准》及相关的专业认证标准、各专业教学指导委员会指导意见，深入开展行业、企业调研，在此基础上，使培养目标和规格特征化、具体化，坚持人才培养目标、规格与人才需求相符合；通过论证研讨核心主干课程设置，构建与之相应的理论和实践课程体系，明确课程对人才培养的支撑作用。

（二）整体优化

学校根据“实基础、重实践、强能力、会创新”的目标定位，合理确定各专业培养目标，明确专业培养规格要求，科学设置课程体系，加大实践课程比例，增加选修课程，使理论与实践相融合、全面发展和个性发展相协调。

（三）强化实践教学

学校以学生能力培养为主导，实现知识、能力和素质协调发展。坚持知识传授、能力培养和素质提升并重的教学原则。深化实践教学改革，统筹规划实践教学环节，形成实验、实训、实习、课程设计、职业资格培训、毕业设计“六位一体”的实践教学体系，使实践教学的基础性、综合性、设计性、创新性得到较好体现。强化对学生工程意识、专业技能、创新意识和实践能力的培养，坚持校内校外、课内课外相结合，实现实践教学全过程不断线，形

成与应用型人才培养体系相配套的实践教学体系。实践教学占总学时的比例，原则上工科不低于30%，其他学科不低于25%。

（四）体现学科专业优势和特色

各学科和专业认真分析自身优势和特色，通过课程设置和学时分配等方式，将学科和专业的优势与特色转化为人才培养的优势和特色。

（五）坚持改革创新

进一步转变思想观念，坚持试点专业大胆改革、其余专业稳步推进的方针，不断创新专业人才培养模式、课程体系、教学内容与方式，使培养方案具备一定的适应性和前瞻性，适应地方社会经济发展对应用型人才的需求。

二、人才培养方案修订效果明显

（一）修订后的本科方案应用型特色更加鲜明

（1）使企业调研、专家论证制度化，结合企业需求明确人才应具有的知识、具备的能力与素质及从事的相关岗位，使培养目标具体化、培养规格特征化，各专业培养人才的类型更加清晰明确。

（2）围绕知识、素质、能力要求，明确了核心主干课程，形成了课程群，构建了理论扎实、实践突出的课程体系，使理论与实践相融合，有力支撑培养目标、培养规格。公共课程更加精减，总学时减少，实践教学得到强化。“六体一位”的实践教学体系更加完善，实践学时比例均达到25%以上，对本科人才的应用能力支撑更加扎实有力。

（3）创新创业融入培养全程。开设了创业基础必修课程，编写了教材《大学生职业生涯规划与就业指导》，在课堂上讲授创业的要素、理论、案例和国家相关政策，进行创业培训，提升学生对创业的理解，并在全校认定专业创业课程34门，形成了公共与专业、必修与选修、理论与实践、第一课堂与第二课堂全面覆盖的创新创业教育体系，使创新创业课程融入人才培养全过程。

（4）试点专业开设拓展课程模块。设置与学生就业岗位和职业发展相关的课程及创新必修课程，增强学生对工作的认识程度和职业素养，强化学生职业素质和就业能力，激发学生的创新发展动力。出台《第二课堂专业素质学分认定管理办法》，保障专业素质拓展的有效实施。

（5）选修课程得到丰富。改变原来单一的选修课设置，将选修课分为限选课与任选课，在满足国家有关课程要求的同时，提高选修课开出率。通过学校征集和院（系、部）申报，进一步增加选修课门数，为培养学生兴趣爱好和个性发展提供了广阔空间。

（二）修订后的专科方案职业特性更加凸显

通过方案修订，各专业实践教学比例达到50%，学生企业实习周数均达到12周以上。同时，学校将职业资格认证培训纳入教学计划，以提高职业技能为目标，形成了以综合系列实训为载体的实践教学体系，把职业技能训练落到实处，做到理论与实践、知识传授与能力培养相结合，能力培养贯穿教学全过程。

第四章　课程建设与教学改革

第一节　课 程 建 设

课程是高等学校教学建设的基础，课程建设是学校教学基本建设的重要内容之一。加强课程建设是有效落实教学计划、提高教学水平和人才培养质量的重要保证。

教育教学是学校的根本任务，尤其是本科教学，是学校内涵发展的根基所在。本科教育教学是一个复杂的系统，其中，课程建设是重要的一环，是一所大学内涵发展的重要抓手。抓课程建设，就要抓精品课程建设、教材建设、教法改革、实践基地建设、教学团队建设等。抓课程建设，要紧紧围绕各专业的人才培养目标，在对培养目标阶段性的认知的基础上研究课程体系，理清课程间的相互关系，做好课程间的衔接，构建课程体系。

一、课程资源丰富

郑州科技学院坚持“实基础、重实践、强能力、会创新”应用型人才的培养目标，根据“学历+技能+证书”的人才培养模式，加大课程整合力度，优化课程体系，适当减少总课时和必修课课时，增加创新性选修课和职业技能课程。目前学校开设课程 3 228 门，其中必修课程 2 075 门、选修课程 1 153 门。

二、课程建设制度完善

（1）注重科学规划，完善建设措施。学校制定了“十三五”课程建设规划，出台了《关于加强课程建设的指导性意见》和有关选修课程、双语课程、精品课程的一系列课程建设实施管理办法，保障课程建设扎实开展。

（2）全面修订大纲，更新课程内容。依据《郑州科技学院制定教学大纲的有关规定》，学校分别于 2013 年和 2017 年全面修订了本科教学大纲，对教学内容、教学要求进行了更新，突出了应用，强化了实践，为开展课堂教学提供了基本依据。

三、课程体系建设

学校以专业应用型人才社会需求为导向，以学校发展规划为依据，进一步明确专业培养方向，围绕知识、素质、能力等方面的要求，明确核心主干课程，构建了理论扎实、实践突出、适应地方经济和社会发展需要的课程体系，使理论与实践相融合，有力支撑培养目标、培养规格；构建了实验、实训、实习、课程设计、职业资格培训、毕业设计“六位一体”的实践教学课程体系。

四、课程建设信息化平台搭建

1. 注重资源共享，搭建“精华网络”教学平台

学校依托“精华网络”学习平台将现有市级精品课程、校级精品课程和自建51门课程资源进行平台搭载，实现课程资源共享、在线作业、在线考试、在线讨论、学习记录及各类统计等功能，为全校师生提供了一个不受时空限制、互动式、协同式、多元的信息化学习环境，使泛在学习、移动学习、个性化学习逐渐成为现实，实现教育教学过程线上线下的有机互补。

2. 注重品牌引领，打造精品在线开放课程

学校着力进行精品在线开放课程建设，积极打造学校“名师名课”，并结合学校学科特点，遴选数控技术标杆课程进行立项及统筹规划。通过自建课程网站平台上线，实现精品课程资源向全体师生开放共享。

3. 注重优势资源开发，探索开发慕课课程建设

学校近两年试行了“魅力科学”“3D打印技术与应用”“互联网+供应链管理”“经典导读与欣赏”等20余门课程的慕课教学，开展教师慕课教学培训，实现了信息技术与教育教学的深度融合，将翻转课堂从理论层面变成了教学实践，为建设课上课下和线上线下多方位教学环境打下良好基础。

为进一步推送优质课程资源，学校与北京超星尔雅教育科技有限公司合作，通过引进和自建相结合的方式开发部分公共课程类慕课。依托慕课平台打破传统“以教师为中心、以教材为中心、以教室为中心”的教学模式，加快实现“以教为中心向以学为中心”“知识传授为主向能力培养为主”“课堂学习为主向多种学习方式并重”的转变，培养学生自主学习能力，提高学生学习效率，促进人才培养质量的提高。

五、精品课程建设

精品课程是具有一流教师队伍、一流教学内容、一流教学方法、一流教材、一流教学管理等特点的示范性课程，是高等学校教学质量与教学改革工程的重要组成部分。为进一步推动学校教育教学改革，不断提高人才培养质量，在保证对精品课程建设经费投入的基础上，学校坚持加强师资队伍建设，围绕培养“实基础、重实践、强能力、会创新”应用型人才的目标，大力推进教学内容、教学方法和教学手段的改革，取得了较好效果，充分发挥了精品课程对课程建设的示范带动作用。目前，学校已有8门市级精品课程、13门校级精品课程、7门校级精品课建设课程（表4-1和表4-2）。

表 4-1　郑州科技学院市级精品课程一览

序号	项目类别	课程名称	主持人	立项时间	文件号
1	郑州市精品资源共享课程	汽车构造	苗全生	2016 年 7 月	郑教明电〔2016〕344 号
2		室内设计	杨淑云	2016 年 7 月	郑教明电〔2016〕344 号
3		数控加工技术	周文玉	2014 年 10 月	郑教高〔2014〕103 号
4		食品工艺学	高向阳	2014 年 10 月	郑教高〔2014〕103 号
5	郑州市精品课程	食品工艺学	李利民	2012 年 11 月	郑教高〔2012〕146 号
6		模拟电子技术	陈建仁	2012 年 11 月	郑教高〔2012〕146 号
7		管理学	司运善	2012 年 11 月	郑教高〔2012〕146 号
8		数控加工编程与操作	周文玉	2010 年 12 月	郑教高〔2010〕118 号

表 4-2　郑州科技学院校级精品课程一览

序号	批次	类别	课程名称	主持人	立项时间	文件号
1	第四批	校级精品课建设课程	三维动画制作	高琳	2015 年 11 月	郑科院教〔2015〕41 号
2		校级精品课建设课程	英语国家概况	韩彩红	2015 年 11 月	郑科院教〔2015〕41 号
3		校级精品课建设课程	视唱练耳	杜惠	2015 年 11 月	郑科院教〔2015〕41 号
4		校级精品课建设课程	汽车构造	苗全生	2015 年 11 月	郑科院教〔2015〕41 号
5		校级精品课建设课程	宏观经济学	张建华	2015 年 11 月	郑科院教〔2015〕41 号
6		校级精品课建设课程	导游业务	张晓丽	2015 年 11 月	郑科院教〔2015〕41 号
7	第三批	校级精品课建设课程	软件工程	谭同德	2013 年 10 月	郑科院教〔2013〕24 号
8		校级精品课程	数字电子技术	郑安平	2013 年 10 月	郑科院教〔2013〕24 号
9		校级精品课程	装饰画	杨淑云	2013 年 10 月	郑科院教〔2013〕24 号
10		校级精品课程	食品分析与检验	高向阳	2013 年 10 月	郑科院教〔2013〕24 号
11		校级精品课程	毛泽东思想与中国特色社会主义理论体系概论	蔡耘	2013 年 10 月	郑科院教〔2013〕24 号
12	第二批	校级精品课程	计算机网络技术	路康	2012 年 2 月	郑科院教〔2012〕6 号
13		校级精品课程	市场营销	司运善	2012 年 2 月	郑科院教〔2012〕6 号
14		校级精品课程	高等数学	孙书安	2012 年 2 月	郑科院教〔2012〕6 号
15	第一批	校级精品课程	饮料工艺学	李利民	2009 年 4 月	郑科院教〔2009〕9 号
16		校级精品课程	管理学基础	司运善	2009 年 4 月	郑科院教〔2009〕9 号
17		校级精品课程	模拟电子技术	马冰棠	2009 年 4 月	郑科院教〔2009〕9 号
18		校级精品课程	VBV.NET 程序设计	路康	2009 年 4 月	郑科院教〔2009〕9 号
19		校级精品课程	室内设计	杨淑云	2009 年 4 月	郑科院教〔2009〕9 号
20		校级精品课程	基础会计	范贵喜	2009 年 4 月	郑科院教〔2009〕9 号

六、特色课程

1. 专业导论

专业导论课程是面向一年级新生开设的创新性必修课。开设该课程的目的是使大学生了解相关本科专业内涵特点、专业与社会经济发展的关系、专业涉及的主要学科知识和课程体系、专业人才培养基本要求等，帮助新生形成较系统的专业认识，了解相关专业内涵和发展趋势。

从 2013 年开始，学校陆续开设了 11 个项目驱动的专业导论课程，学生通过第一学期的课程学习，在了解专业的基础上，自主选定项目，经过针对性的学习在第七学期完成项目，提高学生的自主学习能力和学习积极性。通过学习专业导论课程，学生对专业的理解更加清晰，对主干课程及其学习方法、创新活动开展等的认识进一步加深。另外，学生还普遍开展了项目研究与实践，形成了项目实际作品、研究报告、策划方案等多种形式的项目成果，部分成果应用性较强。专业导论课程的开设还带动了科技创新活动的开展，学生对科技创新有了明确方向，并利用创新实验室对项目进行完善和提高，部分项目作为创新成果参加学科竞赛并获得较好成绩。截至 2018 年上半年，专业导论课程已连续开设 5 个学期，累计开课 63 门次。

2. 综合素质课程

为了进一步加强大学生思想政治教育工作，不断优化人文教育环境，推动素质教育工作广泛深入开展，推动学生的全面发展，学校开设了综合素质课程。

学校根据在校学生的层次、专业和思想特点，以开展活动为牵引，不断创新教育方式方法，把学生在校三年或四年划分为角色认同、思考定向、践行砥砺、职场升华四个阶段，通过强化学生的成人意识、成才意识和成功意识，开展 20 个专题的教育和“读、观、演、创、做”引导活动，帮助学生实现从高中生到大学生（青少年到成年人）、从大学生到职场人的转变，着力培养大学生政治上的坚定性、思想上的先进性、道德上的纯洁性、专业上的认同性、身心上的健康性和人格上的完美性（又称为“两转变、三强化、四阶段、五引导、二十专题”），营造良好的学习氛围，增强学生的内在驱动力。

随着素质教育的不断推进和持久开展，学生整体素质有了明显提升。学生的学习积极性明显增强，课堂秩序、宿舍秩序、集会秩序、饭堂秩序、校园秩序出现大幅度好转，连续五年没有发生严重违纪事件，学生就业率保持在 95%以上。英语四六级、计算机等级考试过关率提高 3%，专升本率提高 2%，考研成功率提高 1.5%。

第二节　教材建设

教材是体现教学内容和教学方法的知识载体，是进行教学的基本工具，也是深化教育教学改革、全面推进素质教育、培养创新人才的重要保证。学校为规范教材选用工作，确保选用教材质量，特制定了《关于印发教材选用管理办法的通知》，要求尽可能地优先选用近 3 年出版的优秀教材，国家级、省（部）级规划教材，教育主管部门或教学指导委员会推荐的教材，或先进的、能反映学科发展前沿的教材和高质量的电子教材；思想政治理论课等公共课教材的选用，应严格执行教育部和省教育厅的有关规定和要求。同时，学校成立了教材建设规划编审委员会，制定了科学的自编教材立项编写制度，定期召开教材建设评审工作会议，鼓励教师编写符合应用型人才培养要求的特色教材。近几年，学校立项自编教材 39 部，已公开出版 16 部，其中 2 部被立项为河南省“十二五”规划教材（表 4-3）。

表 4-3　郑州科技学院教师自编教材一览

序号	时间	教材名称	主编	备注
1	2018 年	《新工科物理实验》	陈志伟	
2	2018 年	《新编实用英语语法》	韩彩虹	
3	2017 年	《工业机器人技术及应用》	刘军	ISBN：9787121315800 电子工业出版社
4	2017 年	《校园与法》	秦小刚	
5	2016 年	《概率论与数理统计》	李凌之	ISBN：9787561198285 大连理工大学出版社
6	2016 年	《机械制图》	刘军 王桂录	ISBN：9787121288555 中国工信出版集团 电子工业出版社
7	2016 年	《机械制图习题集》	王桂录 朱永刚	ISBN：978121288784 中国工信出版集团 电子工业出版社
8	2015 年	《大学生心理健康教育》	秦小刚	ISBN：9787303184613 北京师范大学出版社
9	2015 年	《计算机基础（Windows XP 版）》	路康	ISBN：9787040302684 高等教育出版社 河南省“十二五”普通高等教育规划教材
10	2015 年	《计算机应用基础上机指导与习题》（Windows XP 版）	路康 巨筱	ISBN：9787040302677 高等教育出版社 河南省“十二五”普通高等教育规划教材
11	2015 年	《应用化学基础》	李利民 孔欣欣	ISBN：9787564525347 郑州大学出版社
12	2015 年	《工科物理实验》	杨铁柱	ISBN：9787563543823 北京邮电大学出版社
13	2015 年	《商务英语笔译教程》	刘赛赛	
14	2015 年	《3D 打印技术基础》	刘军	
15	2015 年	《装饰画》	杨淑云	
16	2014 年	《应用文写作》	秦小刚 刘欣	ISBN：9787307152014 武汉大学出版社
17	2014 年	《C 语言程序设计》	路康	ISBN：9787560560628 西安交通大学出版社
18	2014 年	《电子技术课程设计》	杨杰慧	
19	2014 年	《交通运输专业导论》	曹义	
20	2014 年	《材料成型及控制工程专业导论》	材料教研室	
21	2014 年	《视觉传达设计专业导论》	张超	
22	2014 年	《国际经济与贸易专业导论》	李亚平	
23	2014 年	《体育教育专业导论》	董启正	
24	2014 年	《英语专业导论》	韩彩虹	
25	2014 年	《电气工程及其自动化专业导论》	赵剑锷	
26	2013 年	《管理学——实践的视角》	范贵喜 刘赛赛	ISBN：9787040379327 高等教育出版社

续表

序号	时间	教材名称	主编	备注
27	2013年	《实用职场英语备考手册》	《实用职场英语》编写组	ISBN：9787040428582 高等教育出版社 河南省“十二五”普通高等教育规划教材
28	2013年	《大学生职业生涯规划与就业指导》	秦小刚	ISBN：9787303169795 北京师范大学出版社
29	2013年	《Access数据库应用》	路康	ISBN：9787121211744 电子工业出版社
30	2013年	《Access数据库应用实验指导习题集》	路康	ISBN：9787121211775 电子工业出版社
31	2013年	《建筑力学》（上、下册）	樊友景	
32	2013年	《食品检验工培训教程》	高向阳	
33	2013年	《汽车发动机原理》	陈传举	
34	2013年	《机械设计制造及其自动化专业导论》	朱永刚	
35	2013年	《电子科学与技术专业导论》	朱小会	
36	2013年	《计算机科学与技术专业导论》	巨筱	
37	2013年	《旅游管理专业导论》	李裔辉	
38	2012年	《电路分析基础》	陈建仁	
39	2011年	《军事学简明教程》	卢良志	

另外，学校为提高教材选用质量和层次，搭建立体化教材服务平台，通过开展教材网上巡展、专场巡展等方式为教师打造立体化教材选订服务平台。学校还邀请了清华大学出版社、高等教育出版社等多家国家级出版社参与，充分利用网络教材巡展品种全、产品新、人数不限、时间灵活、常态巡展的优势，通过提供微信公众号、出版社网上选书平台等方式协助任课教师全面了解不同专业、不同层次、不同方向的最新、热点、精品教材，最大化地提高教师选书的方便性。同时，学校允许各出版社根据自身特点及二级院系的学科专业结构组织专场教材巡展，解决参展样书与专业针对性不强、教师与出版社沟通不畅的问题。

第三节 课程改革

教学改革是旨在促进教育进步、提高教学质量而进行的教学内容、方法、制度等方面的改革。推进课程改革的目的是转变学习方式和教学方式，改变课程过于注重知识传授的倾向，强调形成积极主动的学习态度，使获得知识与技能的过程成为学会学习和形成正确价值观的过程。课程改革的过程就是具有“被动性、依赖性、统一性、虚拟性、认同性”特点的传统学习方式，向具有“主动性、独立性、独特性、体验性、问题性”特点的现代学习方式转变的过程。教学改革的核心理念是一切为了学生的发展。自2008年升本以来，学校进一步强化教学质量意识，不断转变更新教育理念、教学模式、教学方法。为推动教学改革，学校出台了《教研成果奖励办法（试行）》，支持和鼓励课程改革，探索新工科建设，在教学内容、教学方法、考核评价等方面开展了卓有成效的工作，效果显著。

一、以教研活动推动教学改革

学校实施全校教研活动安排公开，定期组织教师参与说课、观摩课、示范课、教学比赛等活动，使教师相互学习、取长补短、共同提高，推动教学改革，提高教师授课水平，推进教学改革的普及和深入。

二、以课程改革深化教学改革

学校鼓励教师针对教学内容、教学方式和方法、考核方式等进行改革，切实提高教学效果，促进教学质量提升。例如，学校对大学英语实施“双乐式”教学改革，对思想政治理论课实施“五环教学法”改革，对高等数学实施分层次教学改革，对大学物理设置实验课，激发了学生的学习热情，提高了教学实效。

三、探索新工科建设，推进教学改革

学校按照“建平台、试验田、全覆盖”的三步走战略，积极完善和搭建新工科建设实践平台，在与企业共建的四个工程应用学院（产业学院）基础上，深耕细作新工科试验田，以新兴产业为引领，以“专业更新、专业交叉、学科交融、产教融合”为抓手，实施跨专业、跨学科、跨院系的人才培养改革新模式，实施了“实验班、试点班、精英班、新卓工程师班（新兴卓越工程师班）”四种耕作模式。“实验班”采用原班级建制或同类专业交叉组班，突出前沿技术应用和行业发展需求。通过课程置换或更新的方式，形成新的教学内容，强化工程实践。“试点班”以学科交叉、院系交叉组班，结合新兴产业需求，探索新专业、新方向，重建课程体系，重构课程内容。“精英班”按研究方向和工程项目组班，在确定较为成熟的研究方向和具有初步成果的基础上，根据研究方向设置课程，增加选修课数量，以项目组的形式开展学习和实训。“新卓工程师班”由校企合作组班，与企业岗位精准对接，根据合作企业人才需求设置课程，学校教师与企业技术人员实现资源共享。

目前，学校新工科试验田共开设各类班级 29 个，新开设和更新课程 74 门，师生开展各类创新实践项目 238 个，编制了新工科试验田实施方案制订了各类班级教学计划，各项教学工作正在稳步开展。新能源汽车、工业机器人、智能电子产品设计、机器人智能控制、智慧物流等一批新工科班级正在积极引领专业发展，形成学校教学建设的新亮点。教师参与教学改革热情高涨，学生学习积极性大幅提高。

四、以教学研究促进教学改革

学校于 2011 年起，积极和持续开展校、市、省等级别的高等教育教学改革研究项目，制定《教学改革研究项目管理办法》，对各级教学改革研究项目均给予经费支持或配套资助，以加强教学工作、深化教学改革、提高教育质量。2011 年以来，学校共有 118 个校级教改项目、32 个市级教改项目、2 个省级教改项目获得立项（表 4-4 和表 4-5）。在已顺利结项的项目中，校级项目有 74 项，市级项目有 25 项，省级项目有 2 项。

表4-4 省级教改项目一览

序号	项目编号	项目名称	主持人	文件号
1	2014SJGLX363	基于应用型本科人才培养的高校思想政治理论课教学方法改革研究	岳修峰	教高〔2012〕336号
2	2012SJGLX285	民办高校电子科学与技术专业应用型人才培养模式的研究与实践	周文玉	豫教高〔2014〕101号

表4-5 市级教改项目一览

序号	项目编号	项目名称	主持人	文件号
1	ZZJG-A8008	转型背景下民办本科高校育人模式创新研究	刘亮军	郑教明电〔2017〕584号
2	ZZJG-B8020	基于“产教融合”的国贸专业跨境电子商务方向专业课程改革与创新研	徐向慧	郑教明电〔2017〕584号
3	ZZJG-B8021	“一带一路”背景下外语专业“新工科”型人才培养模式探索	韩彩虹	郑教明电〔2017〕584号
4	ZZJG-C8044	基于VR技术的大学物理实验教学资源建设研究与实践	杨铁柱	郑教明电〔2017〕584号
5	ZZJG-C8045	以课题为驱动的应用型人才培养模式的探索与实践——以机械类专业为例	王桂录	郑教明电〔2017〕584号
6	ZZJG-C8046	民办高校汽车类专业“订单班”人才培养模式研究	曹义	郑教明电〔2017〕584号
7	ZZJG-A7005	郑州地方民办本科高校转型发展研究	刘亮军	郑教明电〔2015〕473号
8	ZZJG-B7011	民办高校机械类专业应用型创新人才培养模式及课程体系的改革与优化	刘军	郑教明电〔2015〕473号
9	ZZJG-B7019	互联网时代下的信息技术在营造大学英语教学环境中的应用研究	吴俊敏	郑教明电〔2015〕473号
10	ZZJG-B7023	新常态下郑州地方民办本科院校教学内涵建设策略研究	张保龙	郑教明电〔2015〕473号
11	ZZJG-C7031	自制案例在旅游管理专业教学中的应用探索与研究——以导游服务错误示范为例	张琼	郑教明电〔2015〕473号
12	ZZJG-C7044	国际经济与贸易专业开展双语教学课程的创新与实践研究	徐向慧	郑教明电〔2015〕473号
13	ZZJG-C7051	交通运输专业本科毕业设计模式改革与实践研究	苗全生	郑教明电〔2015〕473号
14	ZZJG-A6027	民办高校大学生英语自主学习能力的现状及培养策略研究	刘海英	郑教高〔2013〕69号
15	ZZJG-A6028	《建筑装饰施工》教学方法、手段及考评办法的优化研究与实践	耿晓雯	郑教高〔2013〕69号
16	ZZJG-A6029	基于校企合作的应用型本科人才培养模式创新研究——以郑州科技学院为例	刘亮军	郑教高〔2013〕69号
17	ZZJG-B6030	基于创新实验室培养大学生应用与创新能力的实践研究	李志伟	郑教高〔2013〕69号
18	ZZJG-B6031	基于信息化环境下高校教育教学管理新模式的探索与研究	张保龙	郑教高〔2013〕69号
19	ZZJG-B6032	房屋建筑学教学方法、手段及考评内容和方法的改革研究与实践	牛志强	郑教高〔2013〕69号
20	ZZJG-B6033	地方本科高校国际经济与贸易专业实践类教学改革研究	徐向慧	郑教高〔2013〕69号
21	ZZJG-B6034	民办应用型本科单片机课程项目式教学改革的研究与探索	张军	郑教高〔2013〕69号
22	ZZJG-C6031	民办高校机械设计制造及其自动化教学团队建设	刘军	郑教高〔2013〕69号
23	ZZJG-C6032	民办高校物理实验课程分层次教学模式的探索与实践	杨铁柱	郑教高〔2013〕69号

续表

序号	项目编号	项目名称	主持人	文件号
24	ZZJG-C6033	民办高校中国近现代史纲要课程教学模式改革研究	马广兴	郑教高〔2013〕69号
25	ZZJG-C6034	汽车整车电器与电控电路理论与实践的系统性和实用性教学改革研究	苗全生	郑教高〔2013〕69号
26	ZZJG-C6035	毛泽东思想和中国特色社会主义理论体系概论课程教学方法改革实践研究	常青青	郑教高〔2013〕69号
27	ZZJG-C6036	基于郑州地方高校优势学科资源的整合与发展	齐仁龙	郑教高〔2013〕69号
28	ZZJG-C6037	网络文化与传统文化融合视阈下高校思想政治教育研究	杨学成	郑教高〔2013〕69号
29	ZZJG-C6038	计算机公共课程“无书化”教学体系建设研究与实践	巨筱	郑教高〔2013〕69号
30	ZZJG-A5012	郑州民办高校人才培养模式及其教学改革方案的研究	刘亮军	郑教高〔2011〕116号
31	ZZJG-B5017	民办本科高校电工电子重点实验室建设研究与实践	贾更新	郑教高〔2011〕116号
32		郑州地方高校实验室管理现代化和提高实验室使用效益的研究与实践	王自寻	郑教高〔2009〕140号

（一）河南省高等教育教学改革研究项目

2012年，学校首次实施“河南省高等教育教学改革研究项目”的申报工作，由主管教学工作的副校长周文玉主持的“民办高校电子科学与技术专业应用型人才培养模式的研究与实践”项目获得立项，并于2015年结项。该项目针对民办高校电子科学与技术专业应用型人才培养模式进行了探索和实践，构建了符合民办高校生源特点的“3+0.5+0.5”工学相结合的人才培养模式，以及与实验、实训、课程设计、企业综合室、技能取证和毕业设计六个实践环节相结合的“六位一体”实践教学体系。2016年10月，该项目成果荣获河南高等教育教学成果二等奖。

2014年，由学校党委书记岳修峰主持的“基于应用型本科人才培养的高校思想政治理论课教学方法改革研究”获得立项，并于2015年顺利结项。该项目研究成果特色体现在：①打破传统的大班授课以教师为主导“满堂灌”的教学模式，采用“五环教学法”的课堂讨论环节，实现了双向互动，有效提升了学生参与的积极性；②强化了实践教学，在第一课堂的基础上，有效延伸教学环节，努力开展好第二课堂，使广大师生在实践中开阔视野、锻炼能力，增强责任感、使命感。

（二）郑州市地方高校新世纪教育教学改革项目

自2009年开始，学校参加郑州市地方高校新世纪教育教学改革项目申报，每年项目立项和结项数量在全市民办高校中位居前列。

通过教育教学研究，学校在人才培养模式、实践教学等方面进一步深化改革，取得了一批优秀教学成果，其中获校级教学成果奖45项，获市级教学成果奖14项，获省级教学成果奖1项，有效促进了教学改革的深入进行（表4-6）。

表4-6　省市级教学成果奖一览

序号	项目名称	主持人	获奖类别及等级	文件号
1	民办高校电子科学与技术专业应用型人才培养模式的研究与实践	周文玉	省级二等奖	教高〔2016〕845号
2	校企合作育人在应用型人才培养中的探索实践	刘亮军	市级特等奖	郑教明电〔2016〕625号
3	物理实验“翻转课堂”教学实践	杨铁柱	市级二等奖	郑教明电〔2016〕625号
4	“计算机应用基础”课程教学改革与实践	黄海燕	市级二等奖	郑教明电〔2016〕625号
5	自制导游服务错误示范案例在旅游管理专业课程教学中的应用	张琼	市级二等奖	郑教明电〔2016〕625号
6	“虚拟导师环境”下的Access实验课教学改革研究	巨筱	市级一等奖	郑教高〔2014〕112号
7	壁画创作的教学与实践	杨淑云	市级一等奖	郑教高〔2014〕112号
8	应用化学基础（教材）	李利民	市级一等奖	郑教高〔2014〕112号
9	大学物理实验教学改革	黄东	市级二等奖	郑教高〔2014〕112号
10	基于应用型本科人才培养的思想政治理论课教学改革实施方案	化新向	市级二等奖	郑教高〔2014〕112号
11	洞林寺模拟导游策划与实践	李裔辉	市级二等奖	郑教高〔2014〕112号
12	“数控加工技术”课程教学改革与实践	周文玉	市级特等奖	郑教高〔2013〕6号
13	大学生职业生涯规划与就业指导（教材）	秦小刚	市级一等奖	郑教高〔2013〕6号
14	校企合作办学及应用型人才培养模式的实践与研究（实施方案）	王香芬	市级一等奖	郑教高〔2013〕6号
15	远程微电子实验在模电课程实验教学中应用的研究与实践	赵剑锷	市级二等奖	郑教高〔2013〕6号

五、以考核评价方式变革引导教学改革

课程考核是教学工作的重要环节，是评价教师教学效果和学生学习效果的主要方法，而课程考核方式改革是教育教学改革的重要组成部分。为此，学校制定了《考试质量管理工作手册》，完善考试管理制度，从考试命题、审题、考试组织、成绩认定等环节规范考试过程管理；每学期，教务处、教学质量管理中心成立专项检查小组对考试组织、试卷评阅、成绩登录及试卷分析等方面进行全方位督查。学校还充分发挥课程评价的导向作用，积极探索课程考核评价方法，施行闭卷与开卷相结合、笔试与口试相结合、理论考核与平时成绩相结合等考核方式，如体育、艺术、音乐等专业的大学英语课程采用分层分卷考试，思想政治理论课采用试卷成绩、平时成绩和社会实践成绩相结合的考核方式等。这不仅有力推动了应用型人才培养模式改革，而且有效促进了学校学风建设。

为科学评测学生学习效果，全面考查学生的应用能力，学校先后出台了《郑州科技学院关于开展课程考核评价方式改革工作的意见》（郑科院教〔2015〕21 号）、《郑州科技学院课程考核方式改革管理办法》（郑科院教〔2016〕40号），构建了“1+X+Y”课程考核评价体系（终结性考核“1”+形成性考核“X”+特色考核方式“Y”），使课程考核评价方式向多样化转变、考核内容向应用能力考核转变、成绩评定由单一性向综合性转变。

学校于2015—2016学年、2016—2017学年、2017—2018学年对40门课程实施了课程考核评价方式改革，通过改革实现了对学生知识、能力和应用素质的考查，增强了学生学习的自觉性和主动性，加强了学生对所学知识的理解、掌握和应用，促进了应用型人才的培养。

（一）考试命题多样化

1. 加强考试内容的综合性

考试目的坚持以发展能力为主，注重基础性、创新性和实践性考核内容的组合，减少客观性、记忆性考核内容，增加主观性、综合性、实践性考核内容，重点考查学生获取、处理和运用信息、知识的能力。

2. 加强考试内容的开放性

构建问题情境，使课内的专业技术知识和技能与社会、地方经济发展的需求密切联系，根据应用型人才培养要求提出问题，要求学生进行综合分析，考查学生分析问题、解决问题的能力。

3. 加强考试题型的多样性

加大综合性思考题、分析题、应用题的比例，使考试既能检查学生对本课程基本知识的掌握程度，又能加强对学生专业技术能力、实践能力和创新能力发展水平的考查，提高考试效度。

（二）考核形式差异化

（1）针对理论性强的基础课程考试，实行教考分离。例如，2011 年，学校下发了《郑州科技学院课程教考分离实施办法》（郑科院教〔2011〕6 号）、《郑州科技学院关于建立标准化考试试题库的通知》（郑科院教〔2011〕7 号）、《郑州科技学院关于大学英语、高等数学等课程实施教考分离的意见》（郑科院教〔2011〕9 号）三个文件。

（2）对于专业课程，可根据课程特点和教学要求等采取灵活多样的考核形式。教师可以选择闭卷、开卷、讨论、答辩、调查报告、项目设计、实践操作、专业技能测试、课程论文、网络化考试等灵活多样的考核形式，或采用上述方法的部分组合。学校建立了多元的考评体系，科学评价学生的学习质量。

（三）考试成绩评定科学化

考试成绩评定的改革在于改变“一次考试定终身”的局面。学校加大了形成性考核的力度，以课程期末成绩+平时成绩作为最终成绩，二者所占比例由主讲教师根据课程性质确定。平时成绩包括上课出勤、课下作业、期中测试、课堂表现等多项成绩，这样可以调动学生在整个课程学习过程中的积极性、主动性，充分发挥课程考核的激励、导向作用。

考核评价方式的改革凸显了课程考核在教学中正向的引导、评价、反馈和激励作用，树立了“全面考核、突出应用，多种方式、注重过程，强化能力、促进发展”的课程考核新理念（表 4-7）。

表 4-7　2015—2018 学年课程考核评价方式改革统计

2015—2016 学年第一学期		
院系	课程名称	课程性质
食品科学与工程学院	无机化学	专业基础课
车辆交通与工程学院	机械制图	专业课
财经学院	Excel 在财务管理中的应用	专业选修课
财经学院	人力资源管理	专业基础课
财经学院	宏观经济学	专业基础课
财经学院	国际商务谈判	专业课
信息工程学院	计算机应用基础	公共基础课
艺术学院	标志设计	专业课
艺术学院	书籍装帧设计	专业课
艺术学院	设计色彩	专业基础课
2015—2016 学年第二学期		
院系	课程名称	课程性质
信息工程学院	软件工程	专业课
信息工程学院	物联网数据储存与管理	专业课
工商学院	品牌营销与品牌管理	专业课
电气工程学院	数字电子技术	专业基础课
电气工程学院	电气控制与 PLC 应用	专业课
电气工程学院	微机原理及接口技术	专业基础课
电气工程学院	传感器原理及应用	专业课
电气工程学院	单片机原理及应用技术	专业基础课
体育学院	大学体育Ⅱ/大学体育Ⅳ	公共课
艺术学院	装饰工程预算	专业课
财经学院	金融学	专业课
土木建筑工程学院	工程力学	专业基础课
土木建筑工程学院	土力学与地基基础	专业课
土木建筑工程学院	测量学	专业基础课
2016—2017 学年第一学期		
院系	课程名称	课程性质
土木建筑工程学院	建筑工程制图	专业课
土木建筑工程学院	结构力学	专业课
信息工程学院	C 程序设计	专业课
外国语学院	第二外语Ⅱ	专业课
食品科学与工程学院	食品工艺学Ⅱ	专业课
2017—2018 学年第一学期		
院系	课程名称	课程性质
电气工程学院	电气控制与 PLC 应用	专业课
基础部	高等数学	公共课
基础部	社交礼仪	公共课
财经学院	计量经济学	专业课
财经学院	商务英语Ⅱ	专业课
2017—2018 学年第二学期		
院系	课程名称	课程性质
食品科学与工程学院	食品工艺学Ⅰ	专业课
食品科学与工程学院	食品毒理学	专业课
车辆与交通工程学院	汽车构造	专业课
电气工程学院	单片机原理及应用技术	专业课
电气工程学院	模拟电子技术	专业课

第五章　实践教学条件与实践教学

第一节　概　　况

郑州科技学院作为一所以工科为主的应用型民办普通本科高校，历来重视实践教学，始终坚持把实践教学作为学校特色发展的生命线。学校按照应用型本科实践教学的规律和要求，积极改善实践教学条件，倾力打造实践教学创新平台，不断加大实践教学力度，逐步构建了实验、实训、实习、课程设计、职业资格培训、毕业设计“六位一体”的实践教学体系。

自 2008 年开展本科学历教育以来，学校进一步加大资金投入，不断完善校内实验、实训条件，狠抓实践教学管理，以保证人才培养质量。

学校先后建立了满足基础实验教学的实验中心，不出校门就能够进行校内实习实训的工程训练中心，开展科研创新活动的科教中心，以及融合产学研一体化的众创中心、体育艺术中心等综合实践平台。这种从基础到高级的“阶梯式”实践教学，贯穿学生大学学习生涯始终，可以让学生在实践中步步登高，并取得丰硕的成果。

郑州科技学院实践中心成立于 2001 年，是集实践教学、仪器设备管理、实践平台建设与管理于一体的综合性实践教学与管理部门。经过不断发展，实践中心现有实验中心、科教中心、众创中心和工程训练中心 4 个大型综合实践平台，有计算机、机械、电子、电气、食品、土建、体育、艺术、经济管理、大学物理等实验实训场所 157 个，教学科研仪器设备总值 14 287.77 万元。另外，实践中心现已建成河南省示范性实训基地 1 个，河南省实验教学示范中心 4 个，河南省高校工程技术研究中心 1 个，郑州市重点实验室 5 个，郑州地方高校示范性实训基地 2 个，实践教学质量、工程项目质量和数量在省内民办高校中名列前茅。

第二节　制度建设

根据《教育部、财政部关于“十二五”期间实施“高等学校本科教学质量与教学改革工程”的意见》（教高〔2011〕6 号）文件精神，为了贯彻落实学校“应用型本科”建设的三证教育（学历证+技能证+综合素质证），郑州科技学院构建了实验、实训、实习、课程设计、职业资格培训、毕业设计“六位一体”的实践教学体系。

为进一步规范和加强实践教学管理，全面提高本科人才的培养质量，实践中心依据国家对本科高校的有关要求，对学校实践教学的各项管理制度进行了全面的修订、补充和完善，并汇编成册。另外，实践中心还编印了《实践教学制度汇编》《实习工厂安全制度手册》《实验（实训）室安全手册》等一系列规章制度，并根据学校发展情况及时对相关制度进行修订完善。

第三节 师资队伍建设

在学校领导的正确决策和大力支持下，实践中心在精心打造一流实践教学平台的同时，高度重视实践教学师资队伍建设，通过采取组织实验教师技能达标考核、实施个人素质能力提升计划、选派专业教师到行业企业挂职锻炼、在校内设立技能大师工作室、鼓励教师自主研制教学仪器设备等措施，不断加大双师双能型教师的培养力度，大力提升实践教师的理论水平、实践能力及科研能力，有力地保障了实践教学的质量。

学校实践教师的构成：一是根据学校的规定，采用主讲教师负责制，二级学院教研室的主讲教师既负责课程理论讲授又负责课程实验教学，实践中心的实验与技术人员负责协助；二是实践中心的教师主要承担学校各类集中实习实训环节的教学任务。

截至目前，学校有实践课教师215人，其中正高级职称21人、副高级职称41人、中级职称82人、初级职称69人、无职称2人，职称结构呈正态分布（图5-1）；在年龄结构上，35岁及以下的有131人，36～45岁的有36人，46～55岁的有20人，56岁及以上的有28人，中青年骨干教师占主要部分（图5-2）。

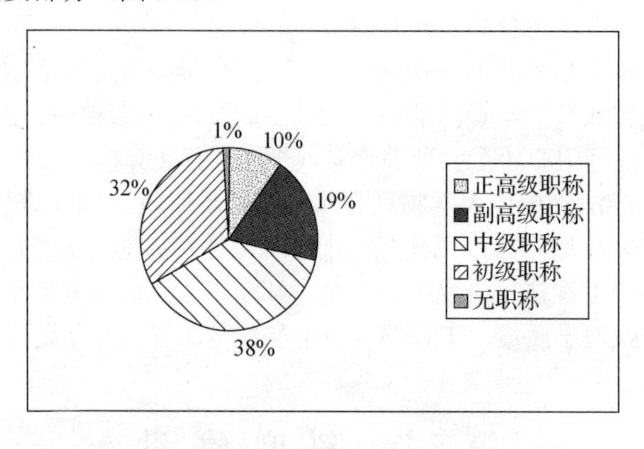

图5-1 实践课教师职称结构分析

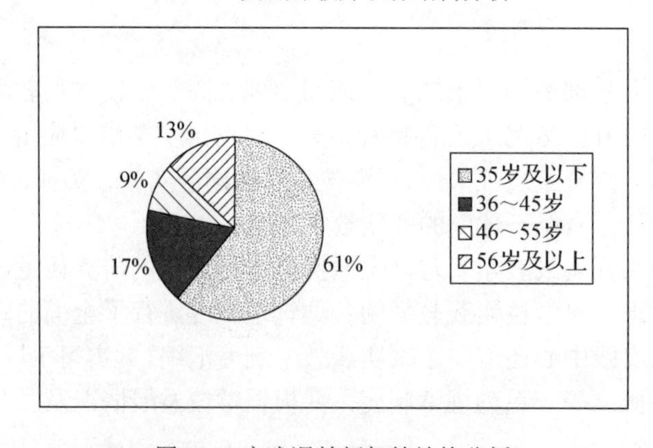

图5-2 实践课教师年龄结构分析

目前，大部分实践课教师具备双能或者双师素质，为学校应用型人才的培养做出了突出贡献。

第四节 实践平台建设

学校高度重视实践教学平台建设，多渠道强化实践教学，培养学生实践动手创新能力。

实践中心围绕学校“实基础、重实践、强能力、会创新”的应用型人才培养目标，结合本科专业建设的实际需要，科学制订实验室建设规划，分清轻重缓急，有计划、有重点、有步骤地分期、分批稳步推进实验室的建设工作。实践中心不断加大教学仪器设备的投入，努力提升和完善实验室的功能，积极改善实践教学条件，保证教学仪器设备投入以每年10%以上的速度递增。实践中心围绕高校质量工程建设，瞄准省级建设项目努力实施突破，着力打造省级、市级具有示范作用的实践教学平台。学校实验室建设取得丰硕成果，逐步形成了以培养应用型人才为目标的实践教学保证体系，并在硬件设施、功能开发及管理水平方面达到省内同类高校的领先水平，实践教学质量工程建设项目数量也在省内民办高校中位居前列（表5-1、图5-3和图5-4）。

表5-1 学校所获实践教学质量工程建设项目统计（部分）

序号	时间	项目名称	荣誉	授予单位及文件号
1	2017年8月	应用物理实验中心	河南省高校 实验教学示范中心	河南省教育厅 教高〔2017〕799号
2	2016年8月	现代汽车技术实验教学示范中心	河南省高校 实验教学示范中心	河南省教育厅 教高〔2016〕633号
3	2013年10月	电子信息工程与控制技术实验教学示范中心	河南省高校 实验教学示范中心	河南省教育厅 教高〔2013〕1005号
4	2012年11月	现代制造技术工程实践中心	河南省高校 实验教学示范中心	河南省教育厅 教高〔2012〕1102号
5	2012年3月	数控加工河南省高校工程技术研究中心	河南省高校 工程技术研究中心建设项目	河南省教育厅 教科技〔2012〕78号
6	2008年2月	汽车维修示范性实训基地	省级示范性实训基地	河南省教育厅 教高〔2008〕91号
7	2016年7月	金工技术训练中心	市级示范性实训基地（中心）	郑州市教育局 郑教明电〔2016〕344号
8	2016年7月	汽车综合技术训练中心	市级示范性实训基地（中心）	郑州市教育局 郑教明电〔2016〕344号
9	2014年10月	大学物理实验室	市级重点实验室	郑州市教育局 郑教高〔2014〕103号
10	2013年10月	机电智能化实验室	市级重点实验室	郑州市科技局 郑科计〔2013〕2号
11	2012年11月	食品分析实验室	市级重点实验室	郑州市教育局 郑教高〔2012〕147号
12	2012年6月	郑州市实验室建设先进单位	郑州市实验室建设先进单位	郑州市教育局
13	2010年12月	数控技术实验室	市级重点实验室	郑州市教育局 郑教高〔2010〕117号
14	2008年10月	电工电子实验室	市级重点实验室	郑州市教育局 郑教高〔2008〕123号

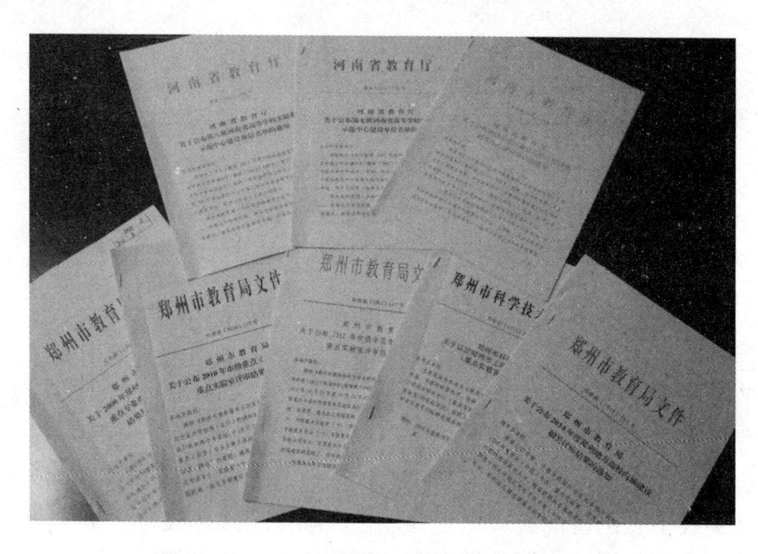

图 5-3　近几年所获质量工程项目批文

图 5-4　实验室建设先进单位奖牌

各类实验室通过完善管理体制，创新管理模式，规范运行管理，积极开展实验教学、实习实训、技能培训和产学研活动，最大限度地发挥实验室在培养学生实践能力和创新精神方面的积极作用，有力地推动了教育教学改革，提高了人才培养质量。

第五节　实践教学改革

实践中心随着学校的快速发展而不断成长壮大，实践教学改革也在持续深入推进。

自 2008 年学校开始实施本科学历教育以后，实践教学改革的重心转移到服务本科实践教学需要上来。原有的实践教学大纲等内容已无法适应本科教学的需要，实践中心组织人力，对照本校实际实践教学条件，参考公办本科学校的教学经验，多次对实验教学大纲、实验指导书、实践教学管理制度等进行了修订，删除了不符合教学实际的内容，逐步增加了综合性、设计开发性及创新性实验项目。2018 年上半年，实践中心对 180 多种实验实训指导书进行了分类整理，组织开展了新一轮的修订工作。

在进行实验室建设的同时，实践中心非常重视实验室的信息化建设，先后多次对实践中心的网站进行改版并增加栏目，将实验室简介、实验指导书、实验大纲、实验项目、实验教学视频等内容放到网站上。2016 年 9 月，实践中心又对全校的实验室实行资源网络化管理，将实验室的简介、实验室项目、主要设备、取得的荣誉和能完成的项目等进行数字化处理；利用移动互联网平台，将实验教学资源展示给学生，以学生喜闻乐见的方式完成实践教学环节的学习。学生不但可以通过手机在线预习、观看教学内容，而且可以直接在线预约实验，实现了实验教学资源的网络化、信息化。这些措施在本科实验教学、实验室开放管理及实践教学质量工程项目的建设等方面均发挥了重要的作用。

为加快推进双师双能型教师队伍建设，实践中心以提高教学仪器设备的利用率和实践课的教育教学质量为出发点，每年定期在全校范围内组织开展实验课教师技能达标考核活动：采取“实验讲授+实验操作+专家评议”的方式，基于实验前的准备及设备仪器检查、实践教学操作指导、实验结果分析、实验设备整理与复位 4 个大项 11 个小项，对实验课教师的教学情况进行综合考核。

学校通过组织开展实验课教师技能达标考核，全面检验了教师的实践动手能力和实践教学能力，为提升实践教学质量和培养应用型人才奠定了坚实的基础（图 5-5 和图 5-6）。

图 5-5　实验课教师技能达标考核现场（1）

图 5-6　实验课教师技能达标考核现场（2）

第六节 技能竞赛

为进一步深化教育教学改革，提高实践教学在应用型人才培养中的地位，近年来实践中心多策并举强化实践教学，积极推进实践教学改革、创新，探索出了一条“依托创新实践平台提高学生学科技能竞赛水平”的路子，凸显了“注重实践、强化应用、全面发展”的办学特色。

从 2016 年开始，实践中心积极整合学校的相关资源，组建了由机械工程学院、电气工程学院、信息工程学院及土木建筑工程学院等工科二级学院师生组成的参赛代表队。代表队多次参加中国工程机器人大赛暨国际公开赛，先后取得工程越野对抗机器人和物联网智能家居管家机器人等项目特等奖 2 项、一等奖 5 项、二等奖 8 项、三等奖 8 项，获奖等级和数量位居河南省参赛高校的第二位，位居全国民办高校和独立学院的第一位。学校也荣获优秀组织单位奖，是唯一一所获得此奖项的民办高校（图 5-7～图 5-9）。

图 5-7　学校代表队参加中国工程机器人大赛暨国际公开赛部分获奖证书

图 5-8　学校代表队参加 2016 年中国工程机器人大赛暨国际公开赛现场

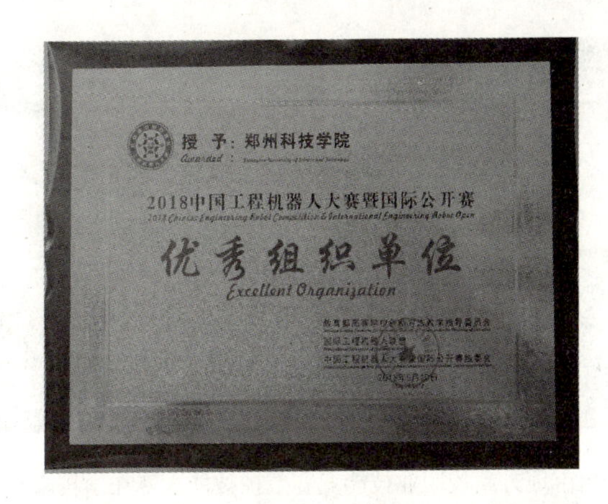

图 5-9　学校荣获中国工程机器人大赛暨国际公开赛优秀组织单位奖

2016 年 10 月 9 日，在第七届全国数控技能大赛河南省选拔赛中，实践中心教师范光辉获数控车项目教师组冠军（图 5-10）。当年 11 月，他又代表河南省参加了在北京举行的第七届全国数控技能大赛总决赛，并取得了优异的成绩。

图 5-10　学校实践中心教师范光辉参加第七届全国数控技能大赛获奖证书

在参加各类比赛的同时，实践中心还积极承办各类比赛。从 2015 年开始，实践中心代表学校连续成功承办了三届由郑州市教育局主办的郑州市地方高校职业技能竞赛数控加工大赛（图 5-11～图 5-13），学校因此被郑州市教育局授予优秀组织奖。

图 5-11　第一届郑州市地方高校职业技能竞赛数控技能大赛在学校隆重举行（2015 年）

图 5-12　第二届郑州市地方高校职业技能竞赛数控技能大赛在学校隆重举行（2016 年）

图 5-13　第三届郑州市地方高校职业技能竞赛数控技能大赛在学校隆重举行（2017 年）

2017 年 10 月，实践中心还代表学校成功承办了由郑州市人力资源与社会保障局主办的郑州市第三届职业技能大赛 3D 打印技术赛项的比赛，得到了上级领导和兄弟院校的高度评价。新华社、中新网、《大河报》等 20 多家主流新闻媒体以“心随意动任你‘智造’”为题，对大赛进行了全方位的报道。

第七节　特 色 凝 练

在郑州科技学院建校 30 周年之际，实践中心经过十几年的发展，逐渐从小到大、由弱变强，依托一流的实践教学平台，集聚人才与技术优势，彰显了学校“注重实践、强化应用、全面发展”的办学特色，为学校的应用型人才培养和创建全国一流民办大学奠定了坚实的基础。

（1）“六位一体”实践教学体系的成功构建与有效实施，对探索建立符合新建地方本科院校特点的应用型实践教学体系来说是有益的尝试，取得了显著的效果。

实践中心强化实践育人，立足实践教学进行改革创新，构建了实验、实训、实习、课程设计、职业资格培训、毕业设计“六位一体”的实践教学体系，形成了资源利用上“专业与公共共享”、管理上“集中与分散结合”等具有学校特色的实践教学体系，实现了专业实践能力由理论验证到综合应用的转变，学生的专业素质也逐步向综合创新职业能力转变，使学校毕业生普遍受到企事业用人单位的好评，为学校树立起了良好的社会形象。

在2015年上半年迎接教育部本科教学工作合格评估期间，学校以应用型本科人才培养为核心，以社会人才实际需求为导向，以学生的实践动手能力训练为主要内容而构建的“六位一体”实践教学体系的有效实施，集中展示了学校的亮点与特色，得到了教育部评估专家的高度评价。

（2）积极搭建开放创新实践平台，有代表性的应用成果脱颖而出。从2012年开始，在学校领导的正确决策与大力支持下，实践中心建设了3D打印技术、机械工程、数控技术、机器人与微系统、信息技术、电子设计、3D动漫、建筑设计、现代车辆与交通等一批大学生开放创新实验室，涵盖了学校近20个本科专业。这些开放创新实验室实行“学生参与、项目驱动、开放式运行”的管理模式，打破了传统实验室专业区域化的限制，使不同年级、不同专业、不同学科的学生都可以参与科技创新实践，最大限度地实现了资源共享。这些实验室已成为师生参与教学科研、开展创新活动的实践平台，受到了广大学生的欢迎。

学校依托创新实验室一流的设施条件，培养出了颇具实力的科研团队。近几年来，在指导教师和科技骨干的带领下，科研团队利用开放创新平台先后完成了200余项科技创新项目，并通过科技成果的转化，实现了一定的经济效益和社会效益。其中，小型五轴数控机床、基于五基色的彩色3D打印机、智能家居管家机器人、太阳能光伏跟踪系统、智能家居照明系统、彩色陶瓷3D打印机、基于互联网环境的智能建筑教辅系统、自主研发设计的数控技术综合实训台等一大批高技术含量科研成果应运而生。这些项目先后获得第10届北京发明创新大赛金奖、中国工程机器人大赛特等奖、第13届中国青少年创造力大赛金奖等几十项大奖。开放创新实验室作为创新实践教学的主要场所，在实现应用型人才培养目标的过程中，增强了学生的实践能力、创新能力。

（3）注重把实践教学与科研紧密结合，走出了一条自主研制教学仪器设备的新路子。实践中心把在教学中发现的问题反馈到科研上，将通过科研攻关研制的仪器设备应用在教学上。经过多年的探索，研发的设备日臻成熟，并已在汽车、机械、电类实验中得到了广泛的应用和推广。

近年来，由实践中心实训教师自主研制的电控发动机试验台、汽车电路故障诊断分析实验台、电工技术及电子焊接实训装置等数百台教学仪器设备，通过了学校组织的专家鉴定，并已应用于实践教学，效果良好。

随着学校办学实力和知名度的提升，各种来校参观交流活动已经成为一项重要的常态化工作，实践中心平均每年接待组织参观量达70次之多。实践中心所管辖的实验中心、科教中心、工程技术训练中心和众创中心这四大实践平台，凭借一流的设备、科学的管理、丰硕的成果，已经成为向社会各界全方位展示学校办学成就的窗口。

在新的历史时期，实践中心全体同志将认真学习贯彻落实党的十九大精神，深入贯彻学校领导的办学思想，凝心聚力、团结协作，继续发扬“拼搏、实干、创新、奉献”的精神，以更加饱满的工作热情和一流的工作业绩为“建校30周年”校庆献礼。

第六章　图书馆建设与发展

学校图书馆30年来经历了从无到有、从小到大的发展过程，逐步成为规模较大、设施较齐全的现代大学图书馆。目前，图书馆规章制度健全，资源丰富，管理手段先进，服务到位，满足了学校教学和科研的需要。为了更好地落实国家教育发展战略，满足学校快速发展的要求，充分发挥图书馆的各项功能，学校领导多次组织专家讨论、研究，多次指导制定图书馆发展规划。以下是30年来图书馆的建设与发展情况。

第一节　中原职业大学阶段（1988—1996年）

改革开放后，在科教兴国的大政方针指引下，刘文魁董事长怀着强烈的使命感、责任感，自筹资金创办了中原职业大学。学校图书资料室在当时初步建成，收集了一些图书资料，为师生提供基本的借阅服务。1995年10月，学校迁至郑州市马砦经济开发区，开创了学校自有校园的新篇章。学校图书资料室也从南阳路校区搬迁至新校区。

一、初建图书资料室

在艰辛的办学道路上，学校始终注重对各种资料、文件、图书、图片等材料的收集。办学初期，学校利用南阳路校区的一间教室放置图书资料，这是最初的图书资料室。1996年9月，学校在新校区教学楼一楼专门设置了图书室，收集了学校从办学之初到更名为郑州科技专修学院所有的文件、图书资料等。

二、规范有序的管理

图书室建立初期，尚未使用计算机和相关的软件进行管理，图书资料的分类、加工、排架、借阅、管理全靠人工。工作人员根据《中国图书馆分类法》对所有图书资料进行分类、加盖馆藏印章和分类号章，并在图书账本上规范地进行登记，然后制作图书目录卡片，将图书按照类目进行排架。图书借阅采用规范的借阅登记本进行登记，利用情况较好。

第二节　郑州科技专修学院图书馆初步发展时期（1997—2001年）

1997年7月，学校第二期工程投入使用。8月，学校获批为首批七所高等教育学历文凭考试试点学校之一，实现了学校由非学历教育向学历教育的过渡。当年学校招生以学历文凭考试为主、以高教自考为辅，共招生3 000人，在校生达6 000多人。图书馆已经成为学校办学支柱之一，学校拨出大量资金修建馆舍、购买图书、购买先进设备，并引进各类人才，图书馆大楼也初步建成。

一、图书馆大楼建设落成

1998 年年初，学校开工建设大礼堂（现北苑餐厅），当年招生全部为学历文凭考试生，结束了高教自考招生。当年，学校再建教学楼 2 栋（现 1 号、2 号教学楼）和图书馆大楼，图书馆大楼（图 6-1）位于 1 号和 2 号教学楼之间，建筑面积 3 000 多平方米。大楼共分三层，一层为报告厅和多媒体教室，二层为读者服务区（包括图书室、综合阅览室和采编室），三层为信息技术室。整个图书馆大楼外观优美，各项功能齐全，是学校的文献信息中心。

图 6-1　图书馆大楼

二、馆藏资源丰富，利用率较好

1999 年，图书馆大楼正式投入使用。馆内拥有纸质图书 15 万册，当年借阅量达到 32 000 人次。图书室通过更新工作手段、及时归还架位和修补图书等措施保证了借阅的顺利进行。当年，阅览室共订购杂志 216 种、报纸 30 种，每月装订报纸 150 余册。根据阅览统计，1999 年借阅量达到 92 676 人次，平均 265 人次/天。

三、注重职工队伍建设

图书馆的工作水平和服务质量很大程度上取决于职工的整体素质，他们不仅是信息的管理者和传播者，也是教育的承担者。因此，学校图书馆非常注重职工队伍建设。2001 年，图书馆拥有职工 15 人，都是大专以上学历，其中本科学历 2 人。图书馆建设初期，有 1 人为中级职称，其他工作人员为初级职称。为充实职工队伍，学校于 2001 年招入图书馆学专业毕业的本科生 2 名，并组织馆内职工定期参加省图工委和省图书馆学会举办的各项培训，提高理论水平和专业技能。

四、各项服务工作稳步开展

除图书室和阅览室面向师生提供借阅服务外，图书馆其他部门的各项工作稳步开展。采编室在保证图书分类和编目准确的情况下，及时将做好的图书交接到书库上架流通，每年做出的图书数据为55 000余册。技术室负责服务器管理，准时开关机、备份数据，及时处理故障，保障图书馆网络的顺利运行。

第三节　郑州科技职业学院图书馆快速发展时期（2001—2007年）

2001年6月，学校更名为郑州科技职业学院，实施专科学历教育，开始招收全省普通大专生，各项工作进入快速发展时期。图书馆在学校直接领导下，各项工作以教育部颁发的《普通高等学校图书馆规程》和学校的发展要求为标准，延长开放时间，加大工作强度，提高服务质量，做好基础工作，全力满足学生阅读需求，积极配合全校工作大局，主动参与到学校教育教学和人才培养工作中去。

一、资源建设不断向规范化及标准化迈进

图书馆的发展紧跟学校发展的脚步。学校实施专科学历教育，对图书馆的图书文献建设提出了更高的要求，图书馆加紧文献资源建设的步伐，并向规范化和标准化迈进。

采购和编目是图书馆工作的基础和核心，也是各项评估检查的重点。面对快速发展和检查评估压力，从2001年开始，图书馆采编部门多方获取购书信息，不辞劳苦，前往北京、南京、武汉等地实地查看图书质量，认真逐一甄选，结合学校专业，确保图书价值，努力降低成本，每年采购图书10万余册。截至2007年年底，图书总量达到近70万册。采编部对采购回的新书一一拆包，加盖图书馆印章和分类章，并进行图书分类、编目、倒书、核对等工作，保证图书分编质量，最后上架流通与读者见面。

为了更好地服务教学工作和广大师生，图书馆每年订购适量的期刊和报纸供师生阅读，并于2004年成立了图书馆过刊室，及时将过期杂志分类整理、装订成册，以长久保存利用，同时整理出随书附带的光盘磁带一并保存。图书馆全体同志在馆长的带领下，勤恳工作，任劳任怨，默默奉献，快速、高质量地完成了各项工作任务，认真践行着郑科人的团结实干和无私奉献精神。

二、服务质量和工作效率逐步提高

图书馆的办馆宗旨是“以人为本，读者至上”。借阅流通工作面对读者，直接决定着服务的水平和图书馆乃至学校的形象，是提升学生满意度的重要方面。2004年以前，图书馆中图书室只有一个，而且采取的是闭架借阅的方式，即读者根据图书目录和索取号查找需要的图书，再由图书馆工作人员找书借给读者。针对学院在校生人数增多、借阅量增大的现实情况，

图书室于2004年增加了5台检索用计算机，并简化了借阅手续，保证了借阅工作的顺利进行。2004年，图书室一分为二，将社会科学和自然科学的图书分别划入两个书库，调整图书20余万册。图书借阅量最高时，学历文凭读者借书量达到400人次/天，普高读者借书量达到800人次/天。

阅览室每日及时更换宣传栏的报纸，保证新报如期上栏，并及时装订每月的报纸和期刊，方便师生了解国内外信息。2004年，在校各系部的配合下，阅览室搬迁到南院。工作人员不怕脏累，加班加点，从内部整理布置到打扫卫生都一丝不苟，保证了阅览室的及时正常开放，阅览座位数增加了100多个。同时，工作人员做好每年杂志征订工作，细致听取各系部和读者建议，保证价值、价格与适用性的统一。至2007年，图书馆每年订购杂志达到503种，订购报纸60种。工作人员耐心解答读者咨询，负责任地答复读者意见，将“读者第一，服务至上”精神落实到工作中。

三、逐步走上信息化道路

随着计算机信息时代的到来，纯人工的加工与服务已经不能满足现代化大学图书馆的需要。图书馆于2002年购进了12台计算机终端（8台工作站、4台检索机）和1台服务器，并组网成功。在硬件设备到位的情况下，软件设备的使用就显得尤为重要。为了少走弯路、节约开支，馆长经常带领馆员到兄弟院校参观学习，并到深圳培训考察，最后确定使用深圳的ILAS图书管理软件。2002年8月，ILAS图书管理软件已安装成功并投入运行，图书馆自动化管理已初见成效。ILAS图书管理软件投入使用后，图书馆工作人员通力合作，开始贴条形码，回溯建库。他们经常加班加点，用3个多月时间就基本完成了对所有图书的回溯建库工作，图书全部录入ILAS系统并开始流通借阅。

2006年，图书馆成功筹建了电子阅览室。2006年年初，经过对其他高校图书馆的实地考察和认真咨询，图书馆初步确定了电子阅览室布局设计方案。8月5日，对电子阅览室进行环境卫生整理、摆放桌椅，安装电线网线，安装调试300台计算机。26日，电子阅览室正式开放。10月21日，学校投资12万元购买世纪超星电子图书10万余册，成功安装在电子阅览室服务器上，实现全校师生免费阅读。10月27日，学校投资20余万元购买的万方数据电子文献（其中包括5 588种数字化期刊、83 577篇博硕论文、415 018篇中文会议全文和135 542篇法律法规全文数据库）在电子阅览室专用服务器上成功安装镜像，并正式投入使用。在整个电子阅览室筹建过程中，图书馆充分协调多个工作部门，耐心、细致地挑选电子文献，圆满、高效地完成了电子阅览室开放的目标。

四、职工队伍建设逐步健全

职工队伍建设在图书馆生存和发展当中具有不可替代的地位和作用，尤其是进入21世纪后，随着图书馆工作内容与形式的转变，图书馆馆员不再是传统意义上图书管理员，其职能偏重于对信息资源的开发和利用，以及对读者进行利用文献信息的培训。

为了进一步提高图书馆全体工作人员的自身素质，图书馆定期制订职工政治和业务学习计划，组织馆员认真学习党的各项方针政策，强化对计算机和图书管理系统的实际操作能力，提高业务水平，端正服务态度，培养敬业精神，树立“读者第一，服务至上”的思想，把“全心全意为读者服务”落实到工作中去。

截至2007年3月，图书馆拥有正式职工33名，全部是专科以上学历，其中本科学历15名，所学专业有机械工程、电子技术、工商管理、会计、旅游、艺术、英语、汉语言文学、计算机等。职工大部分是年轻人，35岁以下的职工占到80%以上。图书馆拥有一支年轻、有朝气、讲团结、愿奉献、能吃苦、敢创业的职工队伍。图书馆的全体工作人员充分发扬艰苦朴素的创业精神、团结实干的拼搏精神、锐意改革的创新精神、大公无私的奉献精神，从我做起，从小事做起，爱馆如家，勤俭节约，把一个小小的图书室建设成初具规模、馆藏丰富、管理手段先进的现代化图书馆。

五、成立图书馆工作委员会，服务教学初显成效

教学工作是高校所有工作的中心，图书馆是学校的文献信息中心，是为教学和科学研究服务的学术性机构，所以图书馆的一切工作都围绕服务教学、服务广大师生开展。学校于2007年11月设立了郑州科技学院图书馆工作委员会，作为全校文献信息工作的咨询和协调机构。图书馆工作委员会的工作职责是：讨论学校图书馆发展规划和年度工作计划；讨论学院文献信息工作中的重大问题；反映师生的意见和要求；向学校和图书馆提出改进图书馆工作的建议；关注图书馆的运作并对其进行监督。

图书馆工作委员会每学期都召开会议，听取图书馆馆长的工作报告，讨论有关问题，征求各方面的意见、建议。该委员会对学院图书馆工作的全面健康发展、充分发挥图书馆的职能起到了重要的积极作用。

图书馆结合学校的具体情况，建立了学校图书文献二级管理系统，并在全校所有院系设立了资料室。资料室的图书、期刊由各二级学院和系部结合各自专业设置自行选购，最大限度地满足了各二级学院和系部教学科研的需要。在各二级学院和系部资料室的筹建过程中，图书馆进行了宏观的指导和协助，统一配置基础设施，如书架、阅览桌椅、计算机、空调等，并为各系部制定了管理制度，受到二级学院和各系部的好评。

第四节　郑州科技学院图书馆飞跃发展时期（2008年至今）

2008年4月22日，根据《教育部关于同意在郑州科技职业学院基础上建立郑州科技学院的通知》（教发函〔2008〕101号），郑州科技学院由河南省教育厅负责教育业务管理，实施本科教育。5月16日，学校举行了建校20周年庆典暨揭牌仪式，正式更名为郑州科技学院。11月19日，新图书馆举行开馆仪式，学校党委书记秦小刚做了重要讲话，董事长刘文魁宣布开馆（图6-2）。当天，图书馆的数字图书链接“搬进了”学院网站。

图 6-2　新图书馆举行开馆仪式

一、新馆落成，馆舍条件大大改善

新图书馆大楼坐落在校园东南部，于 2008 年 7 月竣工，11 月正式开馆投入使用，成为学院的文献和图书信息中心。

大楼俯视呈“门”形，二楼呈现出一个巨大的平台，建筑面积为 32 051 平方米，共分 5 层。整栋大楼分为南北两侧和中间 3 个区域，南北两侧为读者服务区，中部为公共活动区和内部办公区。读者服务区设有期刊综合阅览室、教师阅览室、自然科学书库、社会科学书库、电子阅览室、自修室。公共活动区域有中央大厅、检索厅、学术报告厅、学院综合展览厅。新图书馆大楼造型优美、宏伟壮观，在“2016 年河南省最美建筑”评选中荣获第 6 名，成为学校的标志性建筑（图 6-3）。

图 6-3　新图书馆

二、图书馆整体搬迁至新馆，优化服务模式，丰富文献资源

由于图书馆发展速度较快，老图书馆空间有限，学校在实践中心、2号教学楼和南院食堂均设置了图书馆书库。自2008年4月开始，图书馆搬迁工作开始筹备。其间，图书馆领导及职工对新图书馆进行了多次考察，仔细测量，根据图书馆当前的运行和发展要求，制订了多个布局方案；针对新馆的每一个库室放多少个书架、阅览桌，以及如何摆放等，都进行了详尽的安排。

为保证搬迁工作顺利进行，同时不影响读者借阅，图书馆的整体搬迁安排在暑假期间。图书馆所有职工带领80余名学生，不惧高温酷暑，奋战近1个月完成了整体搬迁工作。其间，共搬运图书9 000余包60余万册，拆装书架1 500余个、阅览桌400张、阅览椅2 000余把。

搬迁完成后，再对所有图书进行拆包、分类、排序、上架整理。由于图书数量多，上架工作十分繁杂，图书馆职工花费一周多时间完成了所有图书和期刊拆包上架工作，随后进行后期的建设，包括安装服务器、工作用电脑、布线调试、更新软件、安装防盗仪及监控器等，所有工作都在计划的时间内顺利完成。

开馆以后，图书馆延长了开放时间（每天8:00—19:00），自修室6:00—21:00开放。进馆学习的学生络绎不绝，图书馆的利用情况较好。随后，图书馆改进了管理模式，采用“藏、借、阅合一”及大开架的管理模式，读者可以到书库自己查阅需要的图书，收到了良好的效果（图6-4）。由此，流通量由原来的每天约150册增加到现在的每天1 000余册，实现了一个大的飞跃。

图6-4　读者在新图书馆学习

截至目前，学校图书馆拥有各类书库9个，设有综合阅览室1个、教师阅览室1个、自修室5个，另设有电子阅览室1个，共有计算机209台。全馆有阅览座位2 590个。在管理方面，图书馆采用“藏、借、阅合一”的服务模式，面向全校师生服务，流通部、阅览部、自修室每周开放90小时以上。图书馆集成管理系统采用深图ILAS Ⅲ版，使用采访管理系统、编目管理系统、典藏管理系统和流通管理系统对全馆的运行进行管理，运行良好。新馆大楼投入使用之后，馆舍条件大大改善，各项信息资源日益丰富（图6-5）。

图 6-5　学生在新图书馆学习

三、突出特色，保障学科建设顺利进行

学校坚持走应用型人才培养道路，学科专业布局坚持以工科为主，经济、管理、艺术、文学、教育等协调发展，确定了“实基础、重实践、强能力、会创新”的应用型人才培养目标。图书馆搬迁至新馆后，在文献资源建设方面，学校也始终以专业设置、建设和特色办学为导向，制定了馆藏建设原则。

1. 文献资源建设原则

（1）在文献资源内容方面，图书馆紧紧围绕学校专业建设，注重馆藏结构的不断调整与优化，坚持以工科为主；重视素质教育的馆藏文献资源保障体系，并以此为依据确定学科专业类图书、基础学科类图书及素质教育类图书的比例，既确保图书总量达标，也保持馆藏结构合理。

（2）在文献资源类型方面，根据经济社会发展形势需要，特别是要满足信息化和数字化时代读者的需求，图书馆应不断丰富文献资料，调整文献资源的类型比例。例如，坚持中外文书刊、数字资源数据库、非书资源、网上资源等类型建设齐头并进，实现多种类型资源相互补充，进行文献信息资源的优化配置，为学院教学科研提供服务。

2. 文献资源建设情况

图书馆经过 30 年的发展，现已拥有纸质图书文献 197.9 万册、超星电子图书 65.9 万种、数字化期刊 12 236 种、各种中外文期刊 1 605 种，覆盖各个学科领域，内容较为丰富，形式多样，基本上能够满足学校教学科研的需求。

（1）纸质馆藏文献建设。学校一直十分重视图书馆的建设，拨出大量资金用于购买图书文献。近年来，年生均购入纸质图书 4.27 册，高于国家规定的工科院校年生均新购书不低于 3 册的标准。图书馆现有馆藏纸质图书生均 83.6 册，馆藏资源较为丰富，特色较为明显。2013—2018 年生均购书量和生均图书总量如表 6-1 和表 6-2 所示。

表6-1　2013—2018年纸质图书生均进书量统计

自然年度	折合在校生人数	年新进图书/册	年生均进书量/册
2013	15 846	49 106	3.09
2014	17 770	103 350	5.81
2015	20 012	124 375	6.21
2016	21 294	95 455	4.48
2017	23 953	222 561	9.29
2018（8月）	23 953	51 411	2.15（半年生均）

表6-2　2013—2018年图书馆藏书总量及生均图书量统计

自然年度	折合在校生人数	藏书总量/册	生均图书量/册
2013	15 846	1 385 379	87.4
2014	17 770	1 485 825	83.6
2015	20 012	1 610 200	80.4
2016	21 294	1 705 655	80.1
2017	23 953	1 928 216	80.5（半年生均）
2018（8月）	23 953	1 979 627	82.2

教学是高校的中心工作，科学研究是高校的重要职能。为更好地为师生的科学研究工作服务，图书馆每年都会订购适量的学术期刊，以供为师生从事科研工作参考服务。为提高期刊选定的针对性，提高期刊的利用率，征订期刊前，图书馆工作人员会认真听取各教学研究单位的意见和建议。征订期刊的数量逐年小幅提高，2013—2018年图书馆征订期刊情况统计如表6-3所示。

表6-3　2013—2018年图书馆征订期刊情况统计

自然年度	订购期刊总数/种
2013	1 404
2014	1 605
2015	1 605
2016	1 605
2017	1 605
2018	1 605

为方便教学科研工作的开展，充分发挥专业工具书和参考书的作用，节约广大教学科研工作者的时间，各院系逐渐在图书馆建立起了图书资料室。已建成的教学科研单位图书资料室基本情况如表6-4所示。

表6-4　已建成的教学科研单位图书资料室基本情况一览

单位	图书数/册	期刊数/种	座位数/个	面积/平方米
机械工程学院	3 048	41	16	20
信息工程学院	3 004	23	16	40
电气工程学院	3 247	26	16	45
工商管理学院	2 160	41	16	60
艺术学院	2 358	30	16	40

续表

单位	图书数/册	期刊数/种	座位数/个	面积/平方米
经济贸易学院	2 233	37	16	45
土木建筑学院	1 565	52	16	40
基础部	1 514	11	16	25
思政部	789	80	16	20
体育学院	755	21	16	16
外语系	1 124	71	16	16
音乐舞蹈学院	1 165	2	16	20
食品系	218	41	8	20
车辆与交通	299	30	8	20

（2）加快数字网络资源建设。数字化时代下，广大师生对方便快捷的网络资源的需求量不断增加，愿望也越来越迫切。为更好地满足读者要求，图书馆先后购买了超星电子图书、万方数据库、万方镜像、新东方英语学习库、读秀学术搜索、非书资源管理系统、中国知网数据库等数字资源，现使用的数据库达到 100 余个。这既丰富了馆藏资源，也极大满足了广大师生的愿望。数字资源在学校教学和科研活动中发挥了积极作用。

四、与各院系联合，扩大服务范围和提高服务水平

1. 新生入馆教育

良好的读书习惯的养成需要经过长期的培养过程。大学新生的学习积极性高、好奇心强，且对大学生活有一个熟悉和适应过程，此时正是引导其多读书、读好书的最佳时期。图书馆每年都会对入学新生进行入馆教育，以提高新生对图书馆的认识，使其掌握对图书信息资源利用的基本能力。从借阅统计情况来看，新生的入馆情况一直好于非毕业生的老生情况，一定程度上也证明了新生入馆教育的作用是明显的，也是必不可少的。

2. 文献检索教育

文献检索是一门关于获取信息技能的科学，熟练掌握这一技能的人很少。为了提高学生的文献检索能力，帮助其快速、准确地找到自己需要的文献资源，节约查询时间，从 2014 年起，在全院本科生毕业班中开设了文献检索必修课程，由图书馆工作人员担任授课教师。学生无论是在撰写毕业论文、做毕业设计时，还是在毕业走向工作岗位后，文献检索课均使其受益匪浅。根据学生反映，自文献检索课开设以来，文献检索的效率有了显著提高。

3. 读者荐书活动

“使读者有其书，使书有其读者”是图书馆人的工作职责。为提高文献资源利用率，尽可能使文献资源发挥作用，让每位读者都有适合自己的读物，图书馆工作人员千方百计提高新购进文献的针对性，面向广大师生读者广泛开展读者荐书活动，并尽量按读者推荐的书目进行采购，以满足读者的阅读需要。该活动取得了较好效果。

4. 为读者提供多种参考咨询服务

参考咨询是图书馆的一项重要服务。图书馆利用人员的专业优势，向全院师生提供力所能及的咨询活动，更好地服务于教学科研活动，大大节省了广大师生的时间，提高了工作效率。近年来，图书馆主要为教学和科研提供参考咨询、科研和毕业论文查重等服务工作，为学校教育教学和科研水平的提升做出了贡献。

5. 读书月活动

为引导和鼓励大学生走进图书馆，与书为友，养成多读书、读好书的良好习惯，营造积极向上、清新高雅的校园文化氛围，引导大学生养成良好的阅读习惯，帮助大学生提高人文素养、提升阅读品位，共建和谐校园，在每年的世界读书日，图书馆都会在全校开展以“品读文化经典，建设书香校园”“走进数字化时代”等为主题的读书月活动。这些活动主要包括优秀读者评选、征文、新书推荐、专家讲座、优秀影片展播等，既丰富了广大读者的课余文化生活，又达到了潜移默化的教育目的。

五、以人为本，加强队伍建设，推进图书馆持续发展

1. 队伍精干，乐于奉献，精简高效

为更好地服务于全院教学科研工作，图书馆下设办公室、采编部、流通部、参考咨询部、阅览部、信息技术部等机构，各部门通力合作，共同履行图书馆职能。各部门按照精简高效的原则配备工作人员，保证了工作的顺利开展，基本满足了为教学科研服务的需要。图书馆工作队伍业务熟练、恪尽职守、团结合作、年龄结构合理、乐于奉献。目前，学校图书馆有正式职工25名，涉及专业有信息管理、机械工程、电子技术、工商管理、会计学、旅游管理、艺术设计、英语、汉语言文学、计算机等。35岁左右的年轻人占总人数的70%以上，是一支积极上进朝气蓬勃的队伍。图书馆工作人员基本情况如表6-5所示。

表6-5 图书馆工作人员基本情况一览

<table>
<tr><td>总人数</td><td>硕士学位</td><td>本科学历</td><td>专科学历</td></tr>
<tr><td rowspan="4">25</td><td>9</td><td>15</td><td>2</td></tr>
<tr><td>高级职称</td><td>中级职称</td><td>初级职称</td></tr>
<tr><td>3</td><td>17</td><td>5</td></tr>
</table>

2. 图书馆管理手段较为先进

（1）图书馆采用先进的管理理念，全面实行开架借阅，并采用“藏、借、阅合一”的服务模式。2002年引入ILASⅡ图书馆自动化管理系统，对采编、流通、期刊等工作实行自动化管理。该系统使用方便，运行稳定可靠，管理维护方便。2014年，图书馆又将该系统升级为ILAS Ⅲ版本，升级后系统功能更加强大，模块更为丰富，采编、典藏、流通、期刊、统计、办公管理等业务工作全面实现自动化管理，还能为广大读者提供网上预约、网上续借、网上荐购、网上馆藏书刊查询与读者借阅信息查询等服务。目前，图书馆正在着手准备引入

自助借还系统，读者经认证进入图书馆后，可以自由地在馆内任何一个书库阅览室浏览各种书刊、在馆内上网查资料。

（2）建立了完善的图书馆计算机管理系统，运行安全、快捷、稳定可靠。图书馆计算机网络系统由图书馆业务工作自动化管理系统、馆藏资源校园内共享系统、网上信息服务系统3 个部分组成，具有完善、快速、高效的特点，为学校的教学科研活动提供了全面的信息服务。近年来，图书馆加大了电子资源建设力度，针对学生出国留学和考研的需要，采购了新东方英语学习平台资源，引进了北京万方数据股份有限公司和北京超星数字图书公司共计20TB 的数字资源，采购了超星读秀知识库，并自建了光盘数据库；与中国知网签订采购协议，采购 CNKI 清华同方期刊全文库和 CNKI 清华同方硕博士论文数据库，内容基本涵盖学校所有学科专业；2014 年又新增了托福、雅思出国留学的网络课堂及考研的部分课程。截至目前，图书馆已初步形成了印刷文献和数字化文献相结合的文献保障服务体系，深受全院师生的欢迎。图书馆不断加强网络化和数字化硬件建设，现拥有 66.4TB 的磁盘阵列、服务器 7 台、计算机及终端 252 台、网络设备 14 台，构成了一个完整的馆内局域网和教学资源服务系统。

3. 改进服务手段，增加服务内容，全面提升图书馆利用率

学校图书馆始终以服务教学和科研为宗旨，依靠观念更新和技术创新，不断拓展服务范围、改进服务手段、增加服务内容、提高服务质量，为教学科研提供了丰富的文献信息服务。

（1）打造一支优秀的服务团队。图书馆一直以来十分注重服务，不断在服务意识、服务细节方面进行提升，如每年都会在馆内开展服务评比，以评比作为手段促进服务质量的提升；在每月例会时间开展“图书馆专业知识讲座”，让大家在提升服务质量的同时提高专业技能，逐步打造一支服务意识强、专业技能扎实，爱岗敬业的服务团队。

（2）图书馆实行全天开放制度，每周 7 天全开放。为进一步提高馆内资源的利用率，图书馆多次延长开放时间，增加开放点。目前，全馆开放点达到 17 个，流通部和电子阅览室开放时间为 8:00—19:00，开放时间超过教育部“每周开放不少于 70 小时”的规定；自修室开放时间为 8:00—21:00，开放时间达到每天 13 小时，满足了学生需求。

（3）开展各项咨询服务。图书馆在正常开放接待读者的同时，还开展了各项咨询服务，为教师提供教学参考，收集读者对于图书馆服务及购书的意见；每个书库都设置新书区，以便读者能够及时阅读到新书；每年对优秀读者进行评选，并颁发证书和奖品，鼓励师生多读书、读好书；采编部制作做出新书推荐展板，提供新进图书信息；每年对新入学的学生开展新生入馆教育，使新读者及时了解图书馆信息，更好地利用文献信息；定期开展图书馆专业知识培训和讲座；每年为各二级学院和系部增加专业图书和杂志报纸，以满足教学需求；广泛征求各院系师生购书意见和建议，并带领专业老师一同外出采购，提高专业图书的采购质量。

在学校董事会、党委、行政部门的正确领导下，图书馆人和全校广大职工依靠艰苦朴素的创业精神、团结实干的拼搏精神，走过了艰难的昨天；依靠大公无私的奉献精神开创了欣欣向荣、蒸蒸日上的今天；依靠锐意改革的创新精神，艰苦奋斗，也一定能迎来更加光辉灿烂的明天。

第七章　产教融合与协同育人

郑州科技学院始终坚持应用型人才培养的办学定位，立足地方，发挥机制灵活优势，主动适应中原经济区建设和社会发展需要，坚持“以市场需求为导向”的育人理念，创新驱动，实施校、政、企、行合作办学、合作育人、合作就业、合作发展、多元协同的人才培养模式。在具体实践中，学校采取理论教学与实践教学、知识传授与能力培养、素质教育和专业教育相融合的应用型人才培养路径，形成了以“应用知识”为基础的理论教育体系、以“能力培养”为主线的实践教育体系和以“职业素养”为重点的素质教育体系，在“学历证+职业资格证+综合素质证”三证教育体系下，形成了多元协同、共赢发展的人才培养格局。

第一节　建立校企合作工作机制，强化应用型人才培养理念

《国家中长期教育改革和发展规划纲要（2010—2020年）》提出“创立高校与科研院所、行业企业联合培养人才的新机制”，这是今后一个时期教育改革的发展方向。实践证明，推进产教融合、校企合作是开展现代高等职业教育的客观需要，是培养应用型高技能人才的重要途径。多年来，学校围绕提高学生的应用能力和职业素养，建立了有利于校企协同共育人才的培养新机制。

一、坚持校企合作，树立创新驱动的发展思路

学校自2008年教育部批准开展本科教育以来，以服务河南省经济社会发展为目标，注重从竞争中找对策，在解决现实问题中找答案，提出了“突出以培养应用型人才为中心，坚持教学质量第一的观念；把握好课堂教学、实践教学、素质教育三个环节；强化教务部门、督导部门、任课教师、学生对教学质量的有效监控；通过教学改革，实现教师队伍、管理队伍、制度建设、人才培养模式、保障体系五个方面整体优化”的改革思路，凝练出了“强化管理、打造品牌、办出特色、突破发展”的办学理念，积极构建与区域经济建设和产业转型升级相匹配的人才资源保障与服务体系，找准专业与企业的利益共同点，全面推进人才培养模式创新，密切联系行业、企业，实现双方互利共赢、共谋发展的“双主体”育人模式，校企协同、创新发展应用型人才培养成为全校师生的共识。

二、建章立制，成立校企合作工作机构

为确保校企合作共育人才工作健康有序地开展，建立健全组织管理机构至关重要。学校于2011年11月成立了校企合作综合管理办公室，发挥校企合作工作规划、资源匹配、制度保障、引领规范、服务评价等综合管理职能；组建了有行业企业代表参与的专业指导委员会，

对学校的专业建设、课程建设、师资培养等工作进行研究、论证与指导。为了推动以产教融合、校企合作为平台的实践教学改革，学校先后出台了《校企合作管理办法》《实习（训）基地建设管理办法》《校外实习学生管理办法》《订单培养工作实施意见》《社会服务管理办法》等指导性文件，有力保障产教融合、校企合作协同育人工作的蓬勃开展。

三、立足实际，科学制定人才培养方案

人才培养质量是衡量大学办学水平的重要标准，也是高校办学特色的核心所在。根据中原经济区建设和河南省经济社会发展需求，学校以满足市场经济条件下现代企业对人才的需求为依据，紧紧围绕生产、建设、管理和服务一线的应用型人才需求目标，针对试点专业制订了富有职业特色的人才培养方案。学校邀请具有丰富实践教学经验的专家深入行业企业进行调研，通过企业调查、研究讨论、形成草案、草案论证、草案修订、形成方案、方案实施、就业检验等多个步骤反馈给企业，形成了人才培养闭环管理与反馈机制。一是构建了具有专业特色，体现应用型人才的知识、素质和能力结构，在课程设置上强调“职业元素”，在课程实施上突出“实践主题”，促进学生德、智、体、美等全面发展，符合社会需求的人才培养模式。二是构建了相对开放的校企合作人才培养教学体系。在校企对接专业建设和课程建设中，努力实现重点专业与产业对接、课程与岗位对接、教师与技师对接、教室与车间对接、校园文化与企业文化对接。通过构建开放的教学体系，实现根据企业及社会需求组织教学。三是建立了适应校企合作需求的服务体系，为教师下企业锻炼、与企业联合科技研发、学生到企业实习提供专项管理服务。校企合作共育人才在“错位发展”的人才培养方案中落到了实处，推动了学生“实践能力、创新能力和综合素质”培养工作的全面开展，实现了“知识本位”向“能力本位”的转变，以及校内培养人才向校内外共同培养人才的转变。

四、着眼未来，明确校企合作发展方向

校企合作要实现共建专业、共建课程、共建课堂、共建师资队伍、共同开发教材、共同进行技术革新与研发、共同完成校外实践教学，形成学生共育、过程共管、成果共享的育人新机制。学校坚持做到“三个推进”：一是推进学校人才培养模式改革，促使学校进一步了解现代企业发展的趋势，进一步明确办学方向，提高办学水平，提升学校为地方经济建设与社会发展的服务功能；二是推进共建人才培养基地，利用学校的设施设备、教育管理、师资和企业实训场所、技术指导等优势资源，开展学生实习、订单培养、企业项目与课程引进等多种形式的实践教学活动，造就企业所需要的应用型人才；三是推进学校实验室建设，通过校企共建实验平台完善实验（训）基地，现已把学校数控加工、众创中心等特色专业实验（训）基地和创新实践平台建成为以学校为中心、辐射区域企业的生产、研发基地，让学校、学生、企业三方共享校企合作成果。目前，通过不断努力与实践，学校已形成校企协同育人良好的基础条件与环境，为产教深度融合育人搭建了平台。

第二节 探索协同育人路径，夯实校企合作基础

产教融合、校企合作是高素质应用型人才培养的必由之路。只有与企业形成优势互补，给予企业实际的帮助，或提高产量，或提升效率，或转变性能，或引领发展，才能对企业有吸引力；唯有校企双方有着共同的利益和目标，在彼此认同和信任的基础上才有可能形成相对稳定、健康、持久的合作关系。合作不可能一蹴而就，需要一个由浅入深的过程，只有不断夯实基础，关系才能稳固而持久。学校的产教融合、校企合作工作的初期开展便是在充分把握国家政策导向的前提下，结合行业企业进行的市场调研和论证，进行的很好的顶层设计和规划。在具体执行层面，学校根据应用型人才培养目标，结合试点专业科学规划校企协同育人战略，在制度保障、目标管理、过程规范、成果共享运行机制下开辟了由浅入深的校、政、企、行多元协同，共赢发展的育人格局。学校产教融合、校企合作先后经历了四个发展阶段。

一、关系初创阶段

关系初创阶段的主要做法是在企业设立校外实习基地，邀请企业的专业技术人员或企业高管到学校举办讲座，指导学生校外实习和就业。企业希望通过这种校企合作形式获得人力资源，学校希望与企业合作满足实践教学需要。校企合作仅仅呈现“点状”，即围绕“实习”和“就业”这两个点，缺乏广度和深度。要建立良好的深度合作关系，必须要有合作基础。2012—2013 年学校与企业基本处于关系初创阶段，在试点专业“3+0.5+0.5”的人才培养模式中不断夯实合作基础，初见育人成效。

二、内容扩张阶段

在这一阶段，校企合作不再局限于“实习”和“就业”这两个点，而是扩展到“合作育人”这一条线。2014—2015 年，学校进行大胆改革与尝试：成立了由行业企业专业人士和学校教师共同参与的专业建设指导委员会，共同制订人才培养方案；采取“请进来”“走出去”互兼互聘的人才引进模式；与企业共同开发课程和教材；接受企业资金和设备投入，共建富有企业仿真和全真环境的实践平台；根据企业岗位需求，实施校企合作“订单式”培养。在此阶段，校企合作形式更加丰富多样，在广度和深度方面实现创新突破，多元协同育人机制逐渐形成，充分彰显了学校办学发展的生机与活力。

三、内涵发展阶段

在这一阶段，校企合作不仅在人才培养方面展开，也体现在科技研发、技术服务、人员培训等多个方面。2015—2017 年，学院的校企合作逐渐由“线”向“面”推进，走向深入，走向常态化。学校在相关专业领域实现了产教融合、协同育人的内涵式发展，依据企业生产需求实现企业的技术革新与研发；围绕专业集群，依托行业、企业、政府资源共建富有新兴

产业特色和人才需求的“智能制造学院”“全球供应链与跨境电商学院”“泛 IT 学院”等创新实践平台，为深化教育教学改革，实施学科交叉、专业交叉的复合型人才培养搭建舞台。

四、层次提升阶段

层次提升重点体现在以“新工科”理念为指导的协同育人机制的建立。校企合作向纵深推进，不再满足于“点”“线”“面”上的合作，而以体制、机制创新为重点，大力推进专业建设创新、师资队伍建设创新、人才培养模式创新、教学模式创新、就业模式创新、科学研究和社会服务创新、校园文化创新等工作，凭借政府、行业、企业等优势社会资源让人才、资本、信息、技术等创新要素在学校实现融合与释放，协同推进产教融合、校企合作工作层次提升。这是学校今后很长一段时间努力的方向。

第三节　坚持校企合作联动机制，提高应用型人才培养质量

开展校企合作共育人才是一项系统工程，只有建立强有力的联动保障机制，才能确保校企合作共育人才事业的全面协调、可持续发展。

一、校企协同完善实践教学体系

依据应用型人才培养目标，学校提出了强化实践育人、强化教育实效、强化创新能力培养的目标定位，在试点改革中，搭建校企合作实习基地和校内实验（训）平台供学生集中学习实践，使学生的工程实践能力、创新能力和综合职业能力不断提高。在课程对接上，大胆引进企业课程，与学校课程深度融合。例如，邀请国家 863 中部软件园高级工程技术人员来学院为动画专业学生开设玛雅技术课程；邀请河南云和数据信息技术有限公司为计算机专业学生开设企业所急需的最前沿的 UI 和 HTML5 定向培养课程。课程对接和集中实践，提高了学生的专业技能，促进了知识向能力转化，满足了应用型人才的培养需求。2013 年，学校通过校企合作实践育人，加快了学校首批试点教改专业即机械制造及其自动化、计算机科学与技术、电子科学与技术、旅游管理等重点专业的建设步伐。

二、校企协同推进双师型教师培养

为了缩短学生与当代企业人才需求的差距，培养出具有优良作风、奉献精神、精湛技术、善于管理现代企业的高素质应用型人才，学校采取了多种方法加大了兼职教师和双师型教师的培养力度。一是“请进来”，从行业和企业聘请高级技术专家和管理人才走进学校“科技讲坛”，介绍现代企业发展趋势，传授前沿科学技术；二是“走出去”，选派专业教师到行业企业挂职锻炼。学校制定了《关于选派专业教师到行业企业挂职锻炼的实施办法》，利用校企合作平台，鼓励教师分别到郑州宇通、中联重科、长城汽车等知名企业进行锻炼，教师直接参与行业企业生产经营活动，实现了专业素养的有效提升和历练。“请进来”“走出去”的教师

培养模式是以学校的“两站”建设，即校内“行业企业名师工作站”和校外“企业教师工作站”为载体开展具体活动的。校企合作资源平台的有效搭建为双师型教师培养打下了坚实基础。

三、突出应用，开展职业培训和技能鉴定

目前，学校不仅是河南省人力资源与社会保障厅直属的国家职业技能鉴定机构，还是行业特有工种技能培训和考核单位，可组织开展电子类、机械类、数控类、汽车类、食品类等不同领域的 17 个中、高级职业技能培训和鉴定项目。另外，学校在经管类、计算机类、艺术类等不同专业领域里还组织开展了人力资源师、跨境电子商务等各类认证培训项目 20 多个，历届毕业生专业技能证书平均取证率高达 85%以上，为企业用人持证上岗和毕业生顺利就业开辟了绿色通道。

四、主动“联姻”，形成校企合作长效机制

校企“联姻”，建立校企共创双赢的长效运行机制，推动校企合作健康发展。学校长期与中联重科、郑州海尔、郑州宇通、长城汽车等知名企业保持紧密联系，分别在学生实习、学生就业、教师培养、项目合作等方面深度合作。与行业企业的紧密互动加快了校企合作的进程，使学校在专业设置、课程建设、教学仪器设备配置方面更加符合中原经济区承接产业转移的发展要求。在学校主动寻求合作的 140 余家企业中，30%的企业为紧密型合作企业，50%的企业为较稳定型合作企业，20%的企业为一般型合作企业。

第四节　完善校企合作创新机制，拓宽应用型人才培养途径

为了满足学生“求知、增能、成才”的需求，大学教育除了应担负起传道授业解惑的任务，还应为学生搭建平台、创造机会和提供终身教育，培养具有可持续竞争力的创新型人才。因此，完善校企合作创新机制，拓宽应用型人才培养途径，是现代职业教育赋予学校的历史使命。产教融合、协同育人是多年以来各类职业院校及新建本科院校一直在探索的育人模式，有成功也有失败。在新的历史形势和教育环境下，校企协同育人模式又被赋予了新的历史使命和更高标准。产教融合、校企合作、工学结合是实现应用技术型大学人才培养目标的必经之路和重要手段。实践证明，以各种合作模式为载体，完善过程管理和服务保障体系，健全考核与评价机制，突出学生应用能力和职业能力培养，才能使蓬勃发展起来的校企合作事业充满生机和活力。

一、优势互补，共建校内实验（训）基地

校企合作模式能有效整合社会资源，开展产学研一体化办学探索。学校先后与中联重科、郑州海尔、苏州瑞仪等行业内知名企业建立共建关系，目前校企共建实验（训）基地和特色

创新实践平台有 16 个，如与中联重科开封工业园区共建的“农业机械工程技术培训中心”、与郑州海尔共建的“海尔家电实验室”、与苏州瑞仪共建的“电子产品设计实验室”等。同时，学校紧密围绕新兴产业发展和人才需求，在新工科理念的指导下，结合专业集群布局，依托行业、企业、政府资源，充分遵循“政府引导、市场运作、产教融合、资源共享、服务开放”的建设原则，着力优化“功能互补、统筹规划、分步实施”的总体建设思路规划和发展学院的众创中心，依托中国机械行业企业资源共建“智能制造学院”，依托外经贸行业企业资源共建河南省首个“全球供应链与跨境电商学院”，与河南云和数据公司共建“泛 IT 学院”等。学校与企业共建“产业学院”，集人才培养、创业孵化、技术研发、社会服务于一体，打造成为办学体制机制创新的先行区、产教融合校企合作的试验区、人才培养模式改革的示范区、技术服务创业孵化的集聚区，形成以郑州为中心辐射中原地区特色鲜明的创新实践综合体。

二、因材施教，提高企中校人才培养效益

校企合作模式能发挥企业具有的生产、科研设施等条件优势，有效发挥和利用校企双方合理区间，把学生的实践教学三段式的实习模式（认识实习+生产实习+毕业实习）搬到企业，实习基地的选择遵循专业对口和相近原则，在实习过程管理中实行“双导师制”（即企业导师和学校导师双结合负责制），按照教育部要求规范实习教学、保障学生实习权益，学生稳定性强，实习效果好，有效培养了学生的专业素养和职业素养，受到企业的高度评价和广泛认可。到企业中去的实践，能够增进学生对实际工作技能和产业发展的感知与把握，促进学生专业技能的培养。通过多年的合作实践，学校已与郑州宇通、郑州海尔、中联重科、长城汽车、南京喜之郎、苏州瑞仪等省内外知名企业保持紧密关系并挂牌建立校外实习（实训）基地。140 余家校外基地不仅满足了学院各个专业的校外实践教学需求，还承担了合作办学、定向培养及科技研发、教师培养等深度校企合作任务，为学校的应用型人才培养提供了支撑和保障。

三、精准就业，广泛开展校企合作“订单”培养

教育部《关于全面提高高等职业教育教学质量的若干意见》提出了“积极推行订单培养，探索工学交替、任务驱动、项目导向、顶岗实习等有利于增强学生能力的教学模式”。订单培养的全过程可以概括为 5 个“共”：订单学生校企共选、培养计划校企共定、教育资源校企共享、教学过程校企共监、学生就业校企共管。订单培养学生既可在新生中招收，也可在老生中选拔。其实质是学校与用人企业针对社会和市场需求共同制订人才培养计划，签订用人订单，在学生实习前就对学生进行职业技能培训，包括面试、语言表达、写作技能、沟通技巧等，帮助学生形成一套企业工作的系统思维。目前，这种合作模式在学校相关专业中早已广泛推行，学校与苏州瑞仪合作共建的电类专业冠名为“瑞仪工程师班”，与云和数据公司合作共建“VR”“HTML5”工程师班等。截至目前，学校共组织“订单”培养班 65 个。订单培养实现了学校“共性教学”和“个性教学”的有机结合，实现了高质量就业，深受学生的喜爱和欢迎，真正实现了学校、学生、企业、社会多方共赢的合作格局。

四、量化管理，建立科学的考核评价体系

为了推动学校各分院校企合作共育人才工作全方位开展，学校每年都会对各分院校企合作的情况进行量化考核与绩效评价。考核要素主要包括：一是各分院对校企合作工作的重视程度；二是校外实习基地建设情况；三是校外实习工作的组织管理和效果；四是订单培养、产学结合等多样化人才培养模式的运行情况；五是校企共建校内实践育人基地情况；六是各分院教师与企业结合，参与科技研发，实现成果转化情况；七是社会服务情况。学校根据需要，制定了多项具体考核标准和实施细则，推动了校企合作工作健康有序开展。

第五节　落实校企合作推广机制，推动应用型人才脱颖而出

校企合作共育人才是满足社会主义市场需求、适应经济增长方式转变的客观需要。在呼唤应用型人才的今天，对学校和企业资源进行优化组合、实现优势互补，对于提高应用型人才的培养质量、实现企业产品升级换代有着重要作用。

一、制定政策，加大学生实践创新能力培养

学校成立了大学生科技创新协会，建立了大学生创新实验室，鼓励学生参加实践创新活动。为使学生在学习阶段尽快融入科研，学校搭建起了科技创新平台，出台了学生参与科研项目、资源利用、经费支持、论文发表、成果奖励等方面的鼓励政策；每年将学生的毕业论文择优发表在《郑州科技学院学报》上。学生在校企合作协同育人机制中受益，产生创新灵感。例如，食品科学与工程学院 7 名学生申报了“食品中重金属含量快速筛查方法及食用安全试剂盒的研制”“至美卉花业有限公司”“弘珍食品股份有限公司”“煎炸植物废弃油快速鉴别试剂盒的研制”4 项创新项目。其中有 3 项入选河南省大学生创新创业训练项目，1 项入选校级大学生创新创业重点训练项目，现已全部结项，并发表两篇中文核心论文，获得两个实用新型专利。又如，机械工程学院“桌面 3D 打印机”创新项目在中国科学技术协会主办的“全国青少年科技创意大赛”中获得“全国科技创意大赛一等奖”；在北京发明协会、中国科学技术协会主办的“第十届北京发明创新大赛”中获得金奖；被评为 2016 年和 2017 年中国科技周北京主会场展出“最受公众喜爱的项目”。可以说，产学结合的创新型人才培养硕果累累。

二、校企协同，优化综合素质教育

为了让学生毕业走出校门后能尽快适应社会，学校不断优化育人模式，提升综合素质教育。第一课堂主要培养学生的 6 种能力（政治鉴别能力、专业知识能力、实践动手能力、外语能力、计算机应用能力、科学研究能力）。第二课堂，校企协同搭建创新实践平台，在“新工科”理念指导下，组建了“精英班”“新卓班”，培养学生的组织管理能力、协调办事能力、社交活动能力、改革创新能力，提升学生的综合素质，使学生的专业素质和职业技能得到充

分锻炼。可以说，利用校企共建的创新实践平台，学校有效帮助学生完成了富有成长意义的综合素质提升。

三、跟踪服务，主动满足地方经济发展需要

增强社会功能，服务地方经济发展。学校充分发挥高校服务社会的功能，利用人才、技术优势，推动校企合作横向项目蓬勃开展。学校先后与郑州航空港区、二七区、经开区、高新区等地政府建立了战略合作关系，利用学校优势的教育资源，成立了应用技术研究中心和企业管理咨询等十余个专业研究所，制定了科研管理制度，鼓励教师和学生针对郑州乃至周边地区企业的实际情况和技术难题组织科技攻关，并积极将所取得的成果向周边企业辐射，以服务于当地经济和社会发展。学校企业管理咨询研究所已与驻地的马寨工业园区紧密合作，共同建立了马寨产业集聚区企业培训中心，不仅为企业员工提供专业培训，还与工业园区管委会联合开展了“郑州马寨食品工业园现状及存在问题分析”“郑州市马寨产业集聚区建设与发展研究”“马寨镇‘新型城镇化’的典型探索”等合作项目，取得了《应用性人才培养模式的创新研究——政府、高校和企业联手的途径与方法》《民办高校电子科学与技术专业应用型人才培养模式研究与实践》等高质量研究成果。目前，学校与地方各级政府在人才储备、项目带动、创新培养等方面的合作已经开始，校、政、企、行四方协同发展，学校将迎来更好的发展。

四、满足需求，学生就业质量和水平不断攀升

新时代，个人职业发展需求与成功要素不断发生变化，人们只有在理想与价值观、见识与知识、实践与能力、文化与素质等方面全面发展，才能具备适应未来社会发展的可持续竞争力。学校准确定位，逐渐形成了基于“需求导向”的行业定向培养、“联培共育”的嵌入式培养、“弹性学期”的工学交替培养等特色人才培养模式。由于学校人才培养定位准确，技术技能教育措施得力，社会用人单位对学校毕业生给予了“有工作魄力”“有创业实力”“有发展潜力”等高度评价，学生的就业竞争能力不断提高。如今，通过校企合作搭建起来的就业服务平台已成为学校毕业生的吸纳器，就业率连年保持在95%以上。学校利用每年的毕业生就业市场民办类分市场的有利条件，定期发布人力资源供求信息，连年举办就业双选会和专场招聘会，几乎每年都有六七百家企业莅临学校现场招聘和选拔人才。招聘会由于规模大、质量高，受到了学生、家长、企业的一致好评，学校被媒体称为全省民办高校毕业生就业的“根据地”。学校与郑州海尔、中联重科开封工业园区等开展校企合作人才培养项目，分别在2015年、2016年获得省级认定优秀校区合作项目并获得100万元的发展资金与扶持，进一步彰显了地方应用型本科高校服务区域经济的办学特色与风采。学校先后获得“全国学生就业示范民办高校”“河南省普通大中专毕业生就业工作先进集体”“河南省就业政策落实先进单位”“河南省普通高校就业工作优秀单位”等荣誉称号。

以学校为主导，以企业、行业为主体，深度开展产教融合、协同育人是一项系统工程，需要政府、教育行政主管部门给予大力指导和扶持。学校将继续坚持校企合作、创新驱动、稳步发展、提高质量的办学思路，努力提升应用型人才的培养质量和水平，为中原经济区建设发展提供人才和智力支持，为社会培养和输送更多更好的高素质应用型人才。

第八章　质量管理与管理队伍

办学 30 年来，学校始终坚持“以教学工作为中心”，坚持“规范教学是基本，教师提升是关键，质量监控是手段，持续改进是目的，提高质量是目标”，践行“艰苦朴素创业，大公无私奉献，团结实干拼搏，锐意改革创新”的精神，规范教学管理，充实管理队伍，不断完善各项教学管理制度，严格实施质量监控，形成了自我约束、自我评估、自我完善的教学质量管理机制。

第一节　教学质量监控

一、设立专门机构，逐步完善教学管理制度

2004 年，学校为了加强对教育教学工作的研究及教学督导工作，成立了教育教学研究督导室，主要围绕教育教学研究和督导两个方面开展工作。为把学生培养成专业技能型人才，学校加强了师资队伍建设，督导室对教师和学生全面监控，提高教学质量。

2008 年，学校加大投入力度，加强教学管理，成立了督导办公室、思想政治教育工作督导组，重点对青年教师进行培养，保证青年教师站稳讲台，并对学生的思想政治教育进行督导和监控。

2012 年，学校成立了教学质量管理中心，建立了校、院（系、部）两级教学管理机构。教学质量管理中心下设督导办公室和评估办公室，专职进行教学工作的督导、评估和教学质量的监控。院（系、部）是教学质量管理及监督机制正常运行的基本单位，其工作重点是确保所办专业的培养目标符合学校办学定位和社会需求，不断完善教学计划，确保计划按质按量完成。

2016 年，教学质量管理中心领导班子重组，充实了管理队伍，加强了领导力量，明确了职责范围，确立了工作思路，深化了工作内容和形式，并修订了《郑州科技学院教学督导工作规定》。

另外，学校不断完善规章制度。在教学管理方面，形成了《教学质量监控与评价暂行管理办法》《主要教学环节质量标准》《教学管理制度汇编》《教师工作管理手册》《日常教务管理工作流程汇编》等 8 套教学管理制度，涵盖人才培养方案、教师管理、教学运行、学科专业、课程建设、教材建设、实践教学、教学改革与研究、考试规范等方面，极大地推进了教学管理科学化、制度化和规范化。

二、建立三维体制，拓宽教学质量监控渠道

1. 一维：学校维度的标准制定与督导

学校作为教学管理的实体，通过其教学管理职能部门——教学质量管理中心、教务处对教学工作进行管理与监控，是教学质量监控体系的主要维度。教学质量管理中心每年对质量监控体系的实施情况进行检查，开展专业评估和院（系、部）本科教学工作规范评估，撰写年度教学质量报告，开展日常教学督导等。教务处组织学生进行网上评教，每学期反馈一次，通过收集有关教学工作的信息，进行统计、分析、诊断和评价，及时督促相关部门、人员进行整改，实现教学过程的闭环管理。学校采取教学信息周报反馈制度、教学信息员月报反馈制度、处院（系、部）联系制度、主要教学环节抽查制度、调停课分析制度等制度，以及网络监控上课情况等措施加强日常教学信息的收集和反馈，全面监控教学活动各个环节质量。

2. 二维：院（系、部）维度的全面检查与考核

院（系、部）既是教学质量的监控者，又是教学质量的被监控者；既是制度具体的贯彻实施者，又是学校职能部门和基层教师的联系渠道，可以说是整个教学质量监控体系的中间维度。学校每学期开展期初、期中、期末定期检查，注重检查结果的分析和整改措施的制定及落实，规范教学各环节过程管理，通过开展专业评估、规范检查、教学督导、问卷调查、学生信息员座谈会、教师座谈会等活动，形成了促进院（系、部）教学质量提高的长效机制。

3. 三维：教研室的自我监控与互评

教研室是学校教学管理的基层单位，教学质量监控体系的作用最终需要通过教研室发挥出来，因此教研室可以说是教学质量监控体系的基础维度。教研室既要接受学校的直接监控、院（系、部）实施的监控，又要接受同行及学生的监控；每学期按课堂教学质量标准，通过教案检查、同行听课、教学研讨、教师评学等方法监控教学质量；制定对主要教学过程和环节不合格项的识别、纠正、改进和预防措施。

三、完善质保体系，确保教学工作中心地位

1. 落实应用型人才培养中心地位

学校牢固树立人才培养是根本任务、质量是生命线的理念，以教学质量提升为核心，扎实推进各项工作。学校按照《教育部关于全面提高高等教育质量的若干意见》要求，先后制订和修订了《郑州科技学院本科人才培养方案汇编》《郑州科技学院教学质量监控与评价暂行管理办法》《郑州科技学院教学质量管理手册》等制度文件，完善了信息采集与收集及自我评估机制，建立健全了质量监控组织和管理队伍。学校通过教学督导、教学管理和专项评价三条线进行教学质量监控；从政策导向、队伍建设、质量监控等方面，确保应用型人才培养工作的中心地位。

学校依法建有董事会领导下的校长负责、党委保证监督、教授治教、民主管理的体制机制。董事会、党政领导班子高度重视本科人才培养工作，多次召开了董事会、校务委员会、

学术委员会会议和其他不同类型、不同层次的专题研讨会，专题讨论学校在应用型人才培养理念、培养目标、培养模式、培养组织实施、质量监控、评估考核及保障机制等方面存在的问题及改进的办法和措施。全校教职工通过研讨达成了共识，振奋了精气神，对应用型人才培养产生了许多新理念、新思路、新方案和新做法，并形成了《应用型人才培养教育教学思想大讨论论文选编》。这体现了学校上下对应用型人才培养有了更深层次的理解，并积极投入到学校的建设和发展工作中来。

2. 建设教学质量保障体系

学校建立了教学管理规章制度，完善了教学主要环节的质量标准，加强了质量监控队伍建设，推进了教学管理科学化、制度化和规范化。

（1）明确管理职责，加强教学管理队伍建设。学校进一步明确了教务处、教学质量管理中心、院（系、部）督导组在教学质量管理方面的职责，对各单位的要求更加清晰。

（2）完善质量标准，形成闭环机制。学校修订了教学相关规章制度，进一步完善了教学各环节质量标准，形成“监督、指导、评价、反馈、改进”的闭环机制；强化了课堂教学、考核办法及毕业设计（论文）等关键环节，修订《郑州科技学院毕业设计（论文）专业质量标准》（郑科院教〔2015〕27号），对本科各专业毕业设计（论文）做出更明确的质量要求，加强了对毕业设计（论文）工作的组织管理。

（3）完善教学督导制度，推进校院两级教学督导工作。学校坚持并完善了校院两级教学督导制度，在学校督导办的指导下，注重发挥院（系、部）督导组的作用。在常规督导方面，评价的客体以拟评聘中高级职称教师、新入职教师和部分新专业教师为主，重点考查其课堂教学内容、教学方法等是否符合应用型人才培养要求，对多名课堂教学效果好的教师，以简报的形式宣传他们的教学特点和成功经验，反响较好；对存在问题的教师，校督导办公室及时帮助其分析原因，提出改进意见，并酌情向院（系、部）或教研室反馈。在专题调研方面，校督导办公室通过问卷调查、访问座谈、实地考察等多种方式了解情况，分析问题，相继形成了《郑州科技学院慕课试点情况调查报告》《郑州科技学院本科学生早晚自习状况调查报告》。同时，校督导办公室深入教研室观摩教研活动，提出合理的意见和建议，帮助教研室改变其教研活动的模式，提高教研活动的质量。

（4）加强教学信息员队伍建设，完善信息收集反馈系统。学生信息员是学校实施教学质量监控的重要组成部分。加强学生信息员队伍建设，有利于充分发挥学生参与教学管理和自我管理、自我教育的主体作用。教务处对学生信息员收集的教学信息进行筛选、归类、汇总，以周报分析和教学简报的形式把教学过程中的各种信息及时反映到教学管理部门、相关职能部门、各教学单位和学校主管领导，有效促进了教学质量的稳步提高。

3. 强化日常监控及运行

（1）强化教学常规检查工作及教学评价。近年来，学校每学期都会开展期初、期中、期末检查，编写教学信息动态，形成院（系、部）联系总结报告，撰写周报分析、教学信息反馈、日常抽查通报，并提交常规教学质量分析报告。

教学信息周报分析反馈制度和学生信息员月报反馈制度的实施已成为常态。学校通过汇总学生合理化建议，督促校、院（系、部）及时解决学生反映的问题；根据全面日常监控情况形成了《教学周报分析汇编》和《教学运行质量分析汇编》，更好地规范了教学各环节过程管理。

为进一步发挥院（系、部）在教学工作中的主体作用，促进教学管理工作更加规范化和科学化，学校于2015年下半年首次开展了本科教学工作规范评价活动，由校领导、教务处、教学质量管理中心、实践中心、校企办、各院（系、部）领导及学生代表组成的评价小组，通过听取汇报、实地考察、查阅资料、师生座谈等形式，全面了解和掌握了学院教学工作动态；从定量与定性的结合上，着重就院（系、部）办学定位、师资队伍、专业与课程建设、教学效果等进行全面评价，并将评价结果与年度考评挂钩，在院（系、部）引起了较大反响，巩固了教学工作的中心地位。

（2）开展教学工作满意度调查。学校开展了“教师和学生对学校教学工作的满意度”调查，全面了解师生需求，不断改进教学工作，提高教学质量；进一步完善教学信息反馈与改进环节，对校、院（系、部）督导员及教学信息员反映的问题由专人负责分类处理与反馈，形成分析报告，对热点、难点问题及时上报、研究解决。

（3）强化毕业生质量跟踪监控。学校进一步完善了毕业生质量跟踪调查、用人单位需求调查、招生录取状况年度分析、毕业生就业质量年度报告等常规制度，对毕业生质量跟踪调查、招生录取状况、本科教学基本状态数据采集情况及专项评估情况等进行了汇总、分析，总结出取得的成绩、存在的问题及产生问题的原因，并反馈给有关部门。

四、深化教学督导，创新教学质量监管模式

学校建立了校、院（系）两级督导系统，督导员通过听课、开座谈会、展开调研等措施了解教风学风状况，发现问题并提出解决措施。学校以《郑州科技学院教学督导工作规定》为依据，深化教学督导改革，创新质量监管新模式。新模式主要从5个方面对教学质量进行监管，即以考查培养方案和教学大纲为起点，以巡查常规课堂教学为抓手，以抽查学生试题试卷、抽查实践教学和查阅学生毕业论文（设计）为重点，实现教学工作设计—实施—评价—反馈—改进的全程监管。

1. 考查培养方案和教学大纲

培养方案和教学大纲是高校教育教学工作的指导性文件。质管中心主要从考查培养方案和教学大纲是否合理，以及与培养目标是否契合程度等方面展开。具体分为以下几个观测点：

（1）培养方案与开课计划是否一致。

（2）各课程是否有教学大纲。

（3）教学大纲的设计是否与本专业的培养目标相一致。

（4）课程教学目标设计与教学大纲是否一致；教学内容与教学实施过程是否与教学大纲相契合。

（5）教学大纲的格式、内容和基本构件是否完整规范。

（6）新设专业的教学大纲是否及时进行了修订。

（7）是否建立了及时调整、修订教学大纲的机制。

2. 巡查常规课堂教学

质管中心深入各院系或通过网络选择不同类型课程和不同类型教师进行听（观）课，着重从教学水平、教学内容、教学态度、教学方法，以及学生的学习风气等方面进行考查，并辅以学生、青年教师、专业负责人、教学管理人员座谈会。具体分为以下几个观测点。

（1）考查教师的教学方法是否多样；是否还在采用“满堂灌”的教学方法；能否调动学生的学习积极性。

（2）是否有课程教学内容更新的相关制度与要求；教学内容如何体现人才培养目标。

（3）各院系在推进课堂教学改革上采取了哪些措施，有哪些好的经验做法，效果如何等。

（4）教学内容是否紧扣教学目标；课堂气氛是否活跃。

3. 抽查学生试题试卷

试题考查的主要观测点集中在命题的信度、效度、难度、区分度等指标及命题标准、命题格式等方面。具体分为以下几个观测点。

（1）命题质量：命题是否符合大纲要求；重要的知识点是否突出；题量和难度是否合适；题号、字体是否统一；试卷重复率是否合适。

（2）评阅质量：评阅是否规范；试卷分析是否客观科学；给分点、签名是否符合要求。

（3）卷面质量：卷面设计和试卷装订是否符合要求；试卷分析表是否和试卷内容、分数统计有机结合。

4. 抽查实践教学

实践教学环节包括实验、课程设计、实习（实训）、社会调查与实践等活动。巡查以现场察看、访问座谈、随机测试等方式进行，主要了解学生的综合素质、创新精神与实践能力的提升情况。具体分为以下几个观测点：

（1）各实践教学环节是否与专业培养目标和教学计划安排相吻合。

（2）实验题目是否与课程教学大纲相吻合；实验课、课程设计是否深化或拓展了课堂讲授内容。

（3）在实践教学环节实施中，岗位责任制是否落实、安排是否周到、开展是否有序；是否有因材施教的措施。

（4）是否关注协同育人，较好地利用和调动了社会资源；学生和协同单位是否满意。

5. 查阅学生毕业论文（设计）

在毕业论文（设计）环节，主要看共性的优点和不足，包括开题、立论、资料收集、方案比较、调查、实验、总结、结论等内容，重点考查论文（设计）选题质量、学生的能力水平、成果质量、评阅与答辩的程序与规范等方面。具体分为以下几个观测点。

（1）选题质量：选题是否联系实际；选题是否符合专业培养目标；题目难易度和工作量是否适中。

（2）能力水平：学生是否具备查阅文献资料能力、综合运用知识能力、研究方案的设计能力、研究方法和手段的运用能力等。

（3）成果质量：毕业论文（设计）的写作水平、写作规范、篇幅、成果的理论价值或实践价值等如何。

（4）评阅与答辩：是否有指导教师和论文评阅人评阅意见、答辩委员会意见，成绩评定是否恰当；指导教师和评阅教师是否结合论文进行针对性评价。

在全面巡查基础上，质管中心开展了教学质量定期反馈和教学巡查“回头看”工作，及时总结经验，肯定好的做法，深入剖析问题，提出相应的意见和建议，督促院系制定整改方案，积极推进整改，并及时向主管部门和学校有关领导汇报结果。

质管中心的巡查工作要努力体现出 3 个转变：从以“督”为主转为以“导”为主；从一般规范化监管转为发展式监管；从以往的总结性评价为主转为诊断性评价与形成性评价有机结合。如此，以诊断问题、摸清家底为基本导向，不定统一标准，不排名，力求真实客观地了解教学工作运行情况；通过自查自纠，把学校内涵式建设和发展的基本理念落到实处。

质管中心从创新质量监管模式的行动计划落实、教学督导月报表及锻炼督导队伍等方面，总结督导工作经验（图 8-1）。

图 8-1 教学督导工作会议

质管中心重点持续改进质量监管模式行动计划，牢固树立“立德树人”理念，关爱学生，钻研督导业务，强化合作，以求把教学督导工作做好，取得更好的成绩。

五、加强专业评估，推进专业建设健康发展

随着办学层次的提升，学校本科专业的数量逐年递增，从 2008 年第一批 4 个本科专业增加到 2018 年 39 个本科专业。作为新建本科院校，学校高度重视学士学位授权专业评估和河南省教育厅本科专业评估工作，建立了各种专业评估组织机构，制订了《郑州科技学院院（系、部）本科专业评估方案》，坚持“以评促建、以评促改、以评促管、评建结合、重在建设”的方针，保证高等教育基本教学质量，促进学校形成自我约束、自我发展的机制。

1. 学士学位授权专业评估

升本以来，学士学位授权专业评估工作已常态化，学校定期对本年度新增专业进行检查评估。截至目前，教学质量管理中心已对28个本科专业进行了专业评估。评估专家严格按照《专业评估指标体系》和组织程序对相关专业进行了听取汇报、召开师生座谈会、听课、查阅材料等多方面考查，形成了评估专家组意见和建议。各个专业结合自身实际进行整改，通过专业评估加强了学校本科专业的监督和管理，对促进学校应用型人才培养质量的提高和办学定位的实现起到了一定的推动作用。

2. 河南省教育厅专业评估

自本科专业评估工作开展以来，学校领导高度重视，多次召开工作会议研究专业评估相关事宜（图8-2）。会议按照河南省教育厅《关于做好2017年河南省普通高等学校本科专业评估工作的通知》要求，依据《本科专业评估指标体系》评价各专业建设情况和办学水平，全面了解学校本科专业建设和人才培养情况，为进一步优化学科专业结构、合理配置教育教学资源、加强宏观调控和进行科学决策提供了依据，促进了各院系继续加强专业内涵建设。

图8-2　专业评估工作会议

六、编制质量报告，主动公开接受社会监督

为贯彻落实教育规划纲要部署，进一步完善高等学校教学质量年度报告发布制度，实施高等教育教学质量常态监测，学校从2012年开始每年编制《本科教学质量报告》。编制发布《本科教学质量报告》是建立健全高等教育质量保障体系的重要举措，也是高等学校向社会展示办学特色、宣传办学理念和教学成果的重要途径。

学校《本科教学质量报告》内容如下。

（1）本科教学基本情况。主要有本科人才培养目标、本科专业设置情况、全日制在校生情况、本科生源质量情况等。

（2）师资与教学条件。主要有师资队伍的数量及结构、本科生主讲教师及承担课程、教学条件等。

（3）教学建设与改革。主要有专业建设与教学改革、课程与教材建设等。

（4）质量保障体系。主要有应用型人才培养中心地位落实、教学质量保障体系建设、日常监控及运行、开展专业评估等。

（5）学生学习效果。主要有学风建设、学生学习满意度、学习效果、应届本科毕业生毕业、学位授予及攻读研究生情况、毕业生就业社会用人单位对毕业生评价情况等。

（6）特色发展。主要有密切对接地方产业发展，形成学科专业集群，强力搭建创新实践平台，提升应用能力，着力创新综合素质教育，提高人才培养质量等。

（7）需要解决的问题。主要有强化人才强校战略、深化人才培养模式改革、推进开放办学等方面的问题。

学校以编制发布《本科教学质量报告》为契机深化教育教学改革，进一步增强了社会责任意识；继续以服务地方经济社会发展为宗旨，坚持以教学工作为中心、以人才培养为根本，以评促建，提高教育教学水平，全面提升人才培养质量，为地方经济社会发展培养“下得去、用得上、干得好”的应用型技术技能人才。

第二节　教学管理队伍

一、狠抓管理队伍，激发管理活力

学校实行校、院（系、部）两级教学管理体制，教学管理人员职责明确，分工协作，服务意识较强。学校现有专职教学管理人员29人，其中副高及以上职称17人，约占58.62%；硕士及以上学历10人，约占34.48%。学校聘请了多名省内知名高校专家教授充实教学质量管理队伍，加强了教学质量管理领导力量；在二级学院设立了专职教务员，优化了教学管理队伍人员配置，逐步形成了精细化管理；选拔年轻的副教授担任教学副院长（副主任），激发院（系、部）管理活力；选配中青年骨干教师担任教研室主任，发挥教研室的管理效力。管理队伍结构基本合理、人员稳定、素质优良、精干高效。

学校建立了校领导联系院（系、部）制度、教务处与院（系、部）联系制度、各类人员听课制度和学生信息员教学信息反馈制度等一系列促进教学管理规范化运行的制度。学校教务处被授予“河南高等教育教学工作先进集体”“郑州地方高校教育教学工作先进单位”等称号。

二、强化培训学习，提高管理水平

学校重视管理队伍的专业化水平建设，通过校内培训、校外学习与教学研究相结合建设管理队伍。

（1）加强校内培训。学校定期邀请国内外知名专家来校就应用型高校建设发展做专题报告，校领导多次就学校建设思路和管理理念进行宣讲，积极参加教育部全国高校教师网络培训中心组织的高校教学管理人员职业能力发展培训等各种形式的网络培训，为管理人员提升能力、转变观念打下良好基础。

（2）注重学习交流。学校鼓励教师互访和进行学术交流，多次参加教育行政部门、高等教育学会、民办教育协会组织的各项培训和交流会议，开阔了管理人员的视野。

（3）支持项目研究。学校鼓励教学管理人员针对本职工作开展研究，立（结）项课题和论文数量逐年增加。全校教学管理人员主持或参与教学科研项目约 340 项，发表论文约 420 篇，获得各级各类教研科奖励约 180 项，有效促进了教学水平的提升。

第三节　教学质量管理成效

1. 获得荣誉

通过学风建设，全校形成了浓厚的学习氛围，大多数学生学习目的明确，学习态度端正，整体到课率较高。近年来，我校学生中有 25 人获国家奖学金，合计 20 万元；2 452 人获国家励志奖学金，合计 1 226 万元；20 122 人获国家助学金，合计 5 595 万元；8 600 人获校内奖学金，共计 364.13 万元；128 人被评为“河南省优秀大学毕业生”，37 人被评为“河南省优秀学生干部”，97 人获得为“河南省三好学生”称号，27 人被评为“郑州市优秀学生干部”，76 人获得“郑州市三好学生”称号。

2. 竞赛获奖

自 2010 年以来，在校生共获省部级及以上竞赛奖 519 项，其中全国青少年科技创意大赛、中国工程机器人大赛暨国际公开赛工程越野项目竞技赛等国家级奖项有 62 项（含单项），获第十届北京发明创新大赛（金奖）、河南省青少年科技创新大赛、“明匠杯”第三届河南省大学生机器人竞赛等省部级奖 457 项。

3. 学生体质达标

学校积极开展阳光体育运动，全面实施《国家学生体质健康标准》。近年来，参加体质健康测试的学生及格率为 95%以上，良好率为 24%以上，优秀率为 1%左右，学校连续 4 年被评为河南省《国家学生体质健康标准》测试优秀组织单位。

4. 毕业生就业、社会用人单位对毕业生评价情况

近年来，学校利用设在校内的河南省大中专毕业生就业市场民办类分市场，连续 8 次举办河南省民办类高校毕业生就业双选会和专场招聘会，学校也被评为“河南省大中专毕业生就业工作先进集体”“河南省毕业生就业评估优秀单位”等。

根据《郑州科技学院本科毕业生就业调查的通知》要求，学校积极对用人单位和毕业生进行了跟踪调查。根据调查对象和内容不同，主要采取了上门拜访、电话回访、纸质问卷调查等多种方式方法。调查结果显示，用人单位对毕业生的工作满意度较高，认为郑州科技学院毕业生综合素质高，能够留得住、静下心、稳发展。

第九章　荣誉与社会评价

郑州科技学院自建校30年来，始终秉承“艰苦朴素的创新精神、大公无私的奉献精神、团结实干的拼搏精神、锐意改革的实践精神”，不断深化教育教学改革，不断创新人才培养模式，提高教育质量，受到了党和政府及社会各界的广泛好评。

第一节　教学荣誉

学院坚持“实基础、重实践、强能力、会创新”的应用型人才培养目标，不断进行教学改革，创新实施“学历证+技能证+综合素质证”的人才培养模式，进一步深化产教融合、校企合作，注重培养大学生的实践能力与综合素质，坚持服务地方区域经济和社会发展，形成了工学优势突出，经管特色明显，艺术、文学、教育协调发展的学科专业结构。学校曾先后荣获“河南省民办教育先进单位”“全省民办教育十大品牌院校”等荣誉称号，部分荣誉展示，如表9-1所示。

表9-1　2001年以来学院教学荣誉获奖情况（市级以上）

年度	获奖名称	授予单位
2001	CUBA联赛河南赛区第五名	河南省教育厅
2002	CUBA联赛河南赛区第三名	河南省学生体育总会
2003	职业教育先进集体	郑州市教育局、人力资源和社会保障局
2004	教育管理年活动先进单位	河南省教育厅
2004	高等教育自学考试示范助学单位	教育部
2005	中国民办教育创业与发展贡献奖	中国成人教育协会 陈香梅教科文奖办公室
2006	全市职业教育先进集体	郑州市教育局、人力资源和社会保障局
2007	郑州市民办教育先进单位	郑州市教育局、人力资源和社会保障局
2008	郑州市民办教育先进单位	郑州市教育局、人力资源和社会保障局
2008	河南省民办教育先进单位	河南省民办教育协会
2009	中国十大品牌本科民办大学	中国教育电视台
2009	河南省十大教育品牌	大河报社
2010	全省民办教育工作先进集体	河南省民办教育协会
2010	郑州地方高校教育教学工作先进单位	郑州市教育局
2010	河南十大教育品牌	大河报社
2010	全省民办教育工作先进集体	河南省民办教育研究会
2010	2010年度优秀民办学校	河南省教育厅
2011	全国计算机等级考试优秀考点	郑州市教育局
2011	郑州地方高校2010年度德育工作先进集体	郑州市教育局
2011	全国大学英语四六级考试优秀考点	郑州市教育局

续表

年度	获奖名称	授予单位
2011	中国民办高等教育优秀院校	中国民办教育协会
2011	民办教育十佳单位	郑州市教育局
2011	全省首批优质民办教育资源	河南省民办教育研究会
2012	河南省高等教育教学工作先进集体（教务处）	河南省教育厅
2012	河南省民办教育先进集体	河南省民办教育协会
2012	全省民办教育系统先进集体	河南省民办教育研究会
2012	十大品牌民办高校	新浪教育
2012	十大民办高校	腾讯教育
2013	郑州地方高校教育工作先进单位	郑州市教育局
2013	2012年度全国计算机等级考试优秀考点	郑州市招生考试办公室
2013	全省民办教育十大品牌院校	河南省民办教育研究会
2013	十佳民办职业教育学校	郑州市教育局
2014	市级重点实验室	郑州市教育局
2014	十佳民办教育职业学校	郑州市教育局
2014	河南省自学考试助学先进单位	河南省民办教育协会
2015	河南省第二届大学生物流仿真设计大赛优秀组织奖	河南省教育厅
2015	2014年度机械工业职业技能鉴定工作先进集体	机械工业职业技能鉴定指导中心
2015	2014年全国计算机等级考试优秀考点	郑州市招生考试办公室
2015	第八届全国高校校园文化建设优秀成果二等奖	教育部思政司
2015	河南省民办教育先进办学单位	河南省民办教育协会
2015	河南省优秀职业技能鉴定所	河南省人力资源和社会保障厅
2015	第一届郑州市地方高校职业技能大赛优秀组织奖	郑州市教育局
2016	2016年度河南省优秀民办学校	河南省教育厅
2016	河南省民办教育先进学校	河南省民办教育协会
2016	郑州市科协科普教育基地	郑州市科学技术协会
2016	郑州市科技局科普示范基地	郑州市科技局
2016	第三届郑州地方高校技能竞赛优秀组织奖	郑州市教育局
2017	河南十大民办领军高校	河南日报社
2017	第二届河南省高校信息安全与对抗大赛团体二等奖	河南省教育厅
2017	河南省优秀民办学校	河南省民办教育研究会
2017	郑州市科技创新工作先进集体	中共郑州市委组织部
2017	河南省青少年科学素质知识竞赛优秀组织奖	中共河南省委宣传部 河南省教育厅
2017	第七届数控技能大赛河南赛区选拔赛优秀培养单位	河南省人力资源和社会保障厅

第二节　学科竞赛荣誉

近年来，学校出台了相关的鼓励政策，积极引导广大师生参加学科竞赛，将竞赛纳入第二课堂，在实践中检验教与学的成果，培养学生的实践能力和创新精神。通过竞赛活动，不断拓宽学生视野、加深学生知识广度，真正体现了“发展民办高等教育事业，服务地方经济社会发展，为科技兴国、科技兴豫、实现中原崛起贡献力量”的办学宗旨，更好地培养应用型人才。学校学生先后在全国性学科竞赛中崭露头角，取得优异的成绩，荣获2018年中国工程机器人大赛暨国际公开赛工程创新设计物联创新设计一等奖、2018年中国工程机器人大赛暨国际公开赛二等奖、首届全国高校创新创意跨平台动漫游戏设计大赛三等奖、2018年全国田径大奖赛第一名、第十届“高教杯”全国大学生先进成图技术与产品信息建模创新大赛一等奖、2017年中国旅游暨安防机器人大赛二等奖、第十一届ICAN国际大赛全国总决赛二等奖、2017年中美青年创客大赛总决赛优秀奖、2017年“外研社杯”全国英语阅读大赛三等奖、2017年全国大学生英语竞赛全国总决赛B类二等奖、2016年中国工程机器人大赛暨国际公开赛“工程创新设计项目”一等奖、2016年全国科技活动周最受公众喜爱的科普项目奖、2016年全国大学生物联网设计竞赛全国总决赛二等奖、第八届“高等学校信息技术创新与实践活动”技术发明组一等奖、2015年全国青少年科技创意大赛十佳科技创意之星、2015年全国青少年科技创意大赛一等奖等荣誉，部分荣誉展示如表9-2所示。

表9-2　2012年以来学科竞赛获奖情况（国家级）

年度	奖项	授予单位
2012	全国信息技术应用水平大赛Android应用开发团体赛国家级二等奖	教育部教育管理信息中心
2012	全国信息技术应用水平大赛知金最具商业价值奖国家级铜奖	教育部教育管理信息中心
2013	第八届全国信息技术应用水平大赛安卓智能终端创意项目	教育部教育管理信息中心
2013	第八届全国信息技术应用水平大赛单片机应用设计项目团体赛全国二等奖	教育部教育管理信息中心
2013	第八届全国信息技术应用水平大赛“安卓越”卓越团队奖评选全国优秀奖	教育部教育管理信息中心
2014	第九届全国信息技术应用水平大赛国家级二等奖、国家级三等奖	教育部教育管理信息中心
2015	第十届全国大学生“飞思卡尔”杯智能汽车竞赛优秀奖	教育部高等学校自动化类专业教学指导委员会
2015	全国青少年科技创意大赛十佳科技创意之星	中国科学技术协会青少年科技中心
2015	全国青少年科技创意大赛一等奖	中国科学技术协会青少年科技中心
2015	第五届全国国际贸易职业能力竞赛	中国对外贸易经济合作企业协会、中国职业技术教育学会国际商务教育研究会
2015	国际学生运动舞蹈教育成果展演IDSU第四节国际运动舞蹈大赛第一名	联合国教科文组织、国际运动舞蹈联盟（IDSU）、亚洲运动舞蹈联盟（ADSU）、成都市高新区党工委
2016	中国工程机器人大赛暨国际公开赛“工程创新设计项目”一等奖、“工程创新设计项目”二等奖	教育部高等学校创新方法教学指导委员会、国际工程机器人联盟中国委员会、中国自动化学会机器人竞赛工作委员会、中国人工智能学会认知系统与信息处理专业委员会
2016	第九届“高教杯”全国大学生先进成图技术与产品信息建模创新大赛机械类建模单项二等奖	教育部高等学校工程图学课程教学指导委员会、中国图学学会制图技术专业委员会、中国图学学会产品信息建模专业委员会

续表

年度	获奖名称	授予单位
2016	中国工程机器人大赛暨国际公开赛二等奖、三等奖、季军（特等奖）	教育部高等学校创新方法教学指导委员会、中国自动化学会机器人竞赛工作委员会、中国人工智能学会认知计算与信息处理专业委员会、国际工程机器人联盟、中国工程机器人大赛暨国际公开赛组委会
2016	全国大学生物联网设计竞赛全国总决赛	教育部高等学校计算机类教学指导委员会
2016	全国智能制造（工业4.0）创新创业大赛	中国电子信息行业联合会、工业和信息化部国际经济技术合作中心
2016	中国机器人大赛	中国自动化学会、长沙市人民政府
2016	全国应用型人才综合技能大赛机械设计与制造综合技能大赛三等奖、创新创意设计大赛三等奖	教育部、科学技术部、工业和信息化部
2016	第八届“高等学校信息技术创新与实践活动”	高等教育学会、中国发明协会、中国教育技术协会
2016	全国三维数字化创新设计大赛全国总决赛“科普创客3D之星”大赛二等奖、“数字建筑设计”大赛三等奖	科学技术部、教育部、工业和信息化部、中国科学技术协会
2017	中国工程机器人大赛暨国际公开赛卡通动漫项目卡通设计优胜奖、工程设计创新项目三等奖	教育部高等学校创新方法教学指导委员会、国际工程机器人联盟
2017	2016—2017年全国啦啦操联赛公开青年丙组双人花球自选动作省级第一名	国家体育总局体操运动管理中心
2017	第十届“高教杯”全国大学生先进成图技术与产品信息建模创新大赛机械类尺规绘图一等奖、机械类建模二等奖	教育部高等学校工程图学课程教学指导委员会、中国图学学会制图技术专业委员会、中国图学学会产品信息建模专业委员会
2017	2017中国旅游暨安防机器人大赛机器人越野I型抢道二等奖	中国自动化学会、教育部高等学校自动化类专业教学指导委员会
2017	2017年应用型人才技能大赛三等奖	教育部学校规划建设发展中心
2017	第13届中国青少年创造力大赛金奖	教育部主管中国智慧工程研究会
2017	2017中美青年创客大赛总决赛优秀奖	教育部、中国（教育部）留学服务中心、清华大学、英特尔公司和北京歌华文化发展集团
2017	第十一届iCAN国际大赛全国总决赛二等奖	国际iCAN联盟、教育部创新方法教学指导分委员会、全球华人微纳米分子系统学会、北京大学
2017	第五届全国大学生农业建筑环境与能源工程相关专业创新创业竞赛	教育部高等学校农业工程教学指导委员会
2017	全国大学生英语竞赛（全国总决赛）B类优秀奖	高等学校大学外语教学指导委员会、高等学校大学外语教学研究会
2018	中国工程机器人大赛暨国际公开赛工程创新设计物联创新设计一等奖、双足竞步项目体操赛二等奖	教育部高等学校创新方法教学指导委员会、国际工程机器人联盟中国委员会、中国自动化学会机器人竞赛工作委员会、中国人工智能学会认知系统与信息处理专业委员会
2018	全国大学生英语竞赛全国总决赛优秀奖	教育部高等学校大学外语指导委员会、高等学校大学外语教学研究会
2018	中国工程机器人大赛暨国际公开赛工程越野项目竞技赛二等奖、卡通动漫项目卡通设计赛三等奖	教育部高等学校创新方法教学指导委员会、科技部中国生产力促进中心服务机器人专业委员会
2018	首届全国高校创新创意跨平台动漫游戏设计大赛UI组LOGO设计三等奖、策划组非命题三等奖	工业和信息化部人才交流中心
2018	2018年全国田径大奖赛第一名	国家体育总局田径运动管理中心、中国田径协会

第三节　质 量 工 程

学院重视教学内涵水平提升，通过政策保障、加大投入、深化改革等措施，进一步突出重点、强化优势、示范带动、彰显特色，形成了省、市、校三级质量工程项目，在数量、层次上均居位居河南省同类高校前列。学校拥有河南省重点学科 3 个、特色专业 2 个、品牌专业 9 个、综合改革试点专业 4 个、高校实验教学示范中心 4 个、高校技术研究中心 1 个，郑州市急（特）需专业 2 个、示范专业 3 个、重点专业 4 个、重点实验室 5 个、示范性实训基地 2 个、优秀教学团队 4 个、精品课程及精品资源共享课程 8 门、名师工作室 3 个，校级以上教学质量工程项目位居河南省同类高校前列（表 9-3）。

表 9-3　教学质量工程一览

项目类别	建立时间	名称
河南省重点学科	2018 年 3 月	电力电子与电力传动
	2018 年 3 月	计算机应用技术
	2012 年 10 月	机械制造及其自动化
河南省品牌专业	2018 年 6 月	食品科学与工程
	2018 年 6 月	音乐学
	2017 年 4 月	计算机科学与技术
	2017 年 4 月	市场营销
	2016 年 5 月	国际经济与贸易
	2015 年 6 月	视觉传达设计
	2014 年 6 月	土木工程
	2013 年 9 月	电子科学与技术
	2012 年 9 月	机械设计制造及其自动化
河南省综合改革试点专业	2017 年 1 月	交通运输
	2015 年 1 月	食品科学与工程
	2015 年 1 月	轨道交通信号与控制
	2013 年 7 月	旅游管理
河南省高校实验教学示范中心	2016 年 8 月	现代汽车技术实验教学示范中心
	2013 年 11 月	电子信息工程与控制技术实验教学中心
	2012 年 11 月	现代制造技术工程实践中心
河南省高校技术研究中心	2012 年 3 月	数控加工工程技术研究中心
河南省汽车实训基地	2008 年 2 月	汽车维修示范性实训基地
河南省特色专业	2013 年 6 月	电子科学与技术
	2012 年 10 月	计算机科学与技术
郑州市急（特）需专业	2015 年 10 月	机械设计制造及其自动化
	2015 年 10 月	电子科学与技术
郑州市示范专业	2014 年 10 月	计算机科学与技术
	2012 年 10 月	机械制造与自动化
	2010 年 12 月	应用电子技术

续表

项目类别	建立时间	名称
郑州市重点专业	2014年10月	视觉传达设计
	2012年10月	食品科学与工程
	2012年10月	旅游管理
	2006年11月	工商企业管理
郑州市重点实验室	2014年10月	大学物理实验室
	2013年10月	郑州市机电智能化重点实验室
	2012年10月	食品分析实验室
	2008年10月	电工电子实验室
	2010年12月	数控技术实验室
郑州市示范性实训基地	2016年7月	金工技术训练中心
	2016年7月	汽车综合技术训练中心
郑州市精品资源共享课程	2016年7月	汽车构造
	2016年7月	室内设计
	2014年10月	数控加工技术
	2014年10月	食品工艺学
郑州市精品课程	2013年11月	模拟电子技术
	2013年11月	管理学
	2012年11月	食品工艺学
	2010年12月	数控加工编程与操作
郑州市优秀教学团队	2016年7月	机械设计制造及其自动化
	2016年7月	大学英语
	2014年10月	大学物理
	2013年11月	建筑工程技术
郑州市名师工作室	2015年10月	机械设计及其自动化

第四节　社会评价

学校的办学成效得到了《中国教育报》《河南日报》《大河报》等多家核心媒体的广泛报道（表9-4）。

表9-4　主要媒体报道一览（部分）

时间	刊载媒体	文章题目
2017年5月17日	《河南日报》	《勇做新时期人才培养探路者》
2017年5月17日	河南省教育厅网站	《郑州科技学院获第13届中国青少年创造力大赛金奖》
2017年5月23日	河南教育新闻网	《郑州科技学院努力打造无手机课堂》
2017年6月1日	《河南日报》	《“陶瓷3D打印机”享誉全国》
2017年6月7日	《中国教育报》	《改革创新　内涵发展　建设应用型本科高校——郑州科技学院应用型人才培养的实践探索》
2017年6月26日	《大河报》	《郑州科技学院：倾力打造“新工科”人才培养平台》
2017年8月24日	河南省教育厅网站	《郑州科技学院努力建设特色优质地方高校》
2017年9月6日	河南教育新闻网	《郑州科技学院开展暑期教师培训活动》
2017年9月12日	河南省教育厅网站	《郑州科技学院：完善中青年教师培训长效机制》
2017年9月20日	河南教育新闻网	《郑州科技学院在第三届高等院校学生BIM应用技能网络大赛中喜获佳绩》

续表

时间	刊载媒体	文章题目
2017年10月24日	河南省教育厅网站	《郑州科技学院："三评一审"加强教师考核工作》
2017年10月31日	河南教育新闻网	《郑州科技学院应用型课程说课比赛展现教改新成果》
2017年11月29日	《郑州晚报》客户端	《传统陶瓷实现3D打印，郑州高校学子再拿国际大奖》
2017年12月21日	河南教育新闻网	《郑州科技学院泛IT学院大学生举行VR新产品发布会》
2018年1月21日	河南省教育厅网站	《郑州科技学院：深挖中原特色文化资源 打造文化育人新模式》
2018年3月12日	大河网	《2018年WDC国际标准舞亚洲巡回赛落幕，郑州科技学院斩获50项大奖》
2018年3月15日	河南教育新闻网	《2018年郑州地方高校教育教学工作会议在郑州科技学院召开》
2018年3月29日	河南一百度	《郑州科技学院：积极推进国际化办学努力提升内涵建设》
2018年4月10日	《中国教育报》	《新工科建设与地方发展同频共振》
2018年4月13日	大河网	《四所"创新学院"揭牌成立 郑州科技学院打造新工科培养平台》
2018年5月22日	大河网	《郑州科技学院：培养一流"新工科"卓越人才"三步走"实现就业零距离》
2018年5月23日	《河南日报》	《依托"互联网+"探索思想政治教育新路径》
2018年5月31日	河南省教育厅网站	《郑州科技学院：紧扣时代脉搏 推进高水平民办大学建设》
2018年7月10日	人民网	《郑州科技学院在"全国高校教师教学竞赛分析报告"中榜上有名》

《中国教育报》报道："郑州科技学院创建于1988年，2008年开始实施本科教育，2016年顺利通过国家教育部门本科教学工作合格评估。该校建校29年来，始终坚持立足地方、突出应用的办学定位，深化教学改革，优化过程管理，创新驱动发展，走上了一条具有郑科特色的应用型人才培养之路，受到了社会、家长和考生的广泛好评和高度关注。"

《河南日报》报道："因时而变，人才培养紧跟地方产业发展需要和未来产业发展，培养具有创新创业意识、数字化思维和跨界整合能力的新工科人才。这是郑州科技学院领导班子在新时代面前做出的回答。为了定向化、精准化培养应用型人才，该学院深入社会了解人才需求，邀请专家教授、企业精英、政府领导经过反复商讨论证后，在专业设置方面坚持与地方经济接轨。"

第二部分

院（系、部）教育教学建设及发展概览

第十章　机械工程学院

第一节　学 院 概 况

机械工程学院成立于 2012 年，其前身为 2003 年成立的机械工程系。学院现设有机械设计制造及其自动化、材料成型及控制工程、机械电子工程 3 个本科专业，设有机械制造与自动化、数控技术、机电一体化等 3 个专科专业。

2008 年学校升本后，机械设计制造及其自动化专业成为全校首批设置的本科专业之一。2011 年，材料成型及控制工程专业正式获批并开始招生。2012 年，机械设计制造及其自动化专业通过本科学士学位授予权评估。同年，食品类专业从机械工程系分离，独立成为食品与科学工程系。2013 年，汽车类专业从机械工程学院分离，独立成为车辆与交通工程系。2016 年，机械电子工程专业正式获批并开始招生。

学院多次获得校“应用型本科教学示范单位”“校企合作先进单位”等荣誉，教学、科研等各项工作成效在全校名列前茅。其中，“3D 打印系列研究”项目在全国青少年科技创意大赛中获“全国科技创意大赛一等奖”；在第十届北京发明创新大赛中获金奖，被评为 2016 年和 2017 年中国科技周北京主会场展出“最受公众喜爱的项目”（图 10-1）。柱坐标陶瓷 3D 打印机在第八届高等学校信息技术创新与实践活动中获技术发明组一等奖。彩色黏土 3D 打印机在第 13 届中国青少年创造力大赛总决赛中获得金奖，并受邀参加了第 32 届美国匹兹堡 INPEX 国际发明联展和第 69 届德国纽伦堡国际发明展。

图 10-1　桌面彩色 3D 打印机参加中国科技周北京主会场展出

第二节 教 师 队 伍

学院结合专业发展与人才培养的需要，将专业建设与教师队伍建设相结合，实现了教师队伍结构的调整及优化配置。

院长刘军教授是硕士生导师，是河南省民办高校品牌专业负责人、郑州市特聘高层次人才、专利审查协作河南中心技术咨询专家、全国高校制造自动化研究会理事。近年来，主持、参加完成省部级项目 4 项，发表论文 9 篇（其中 6 篇被 EI 收录），主编教材 3 部，申请专利 16 项，成果获奖 7 项。

学院下设机械制造及自动化教研室、机械电子工程教研室、材料成型及控制工程教研室、机械自动化教研室、机械设计教研室 5 个教研室。学院以教研室建设为抓手，多措并举，组建了一支专业知识扎实、实践动手能力强、具有创新精神、学历学缘结构合理的教师队伍。

（1）实施青年教师导师制。安排教学和科研水平较高的教师作为新进教师的导师，对新进教师的教学方式和方法进行严格的指导，鼓励和要求其加入适合的科研团队并确定今后的科研方向。

（2）设立“双站”。在企业设立企业教师工作站，有计划地将中青年教师派往企业挂职锻炼，使他们真正接触生产、了解现场，培养他们吃苦耐劳、勇于实践的精神，积累生产实践经验和培养解决实际问题的能力。在校内设立技术技能名师工作站，从企业聘请高级技术专家和管理人才走入学院，传授最新专业知识和技能。近 5 年，学院先后选派了 35 名教师到企业挂职锻炼，机械设计制造及其自动化名师工作室被评为“郑州地方高校技术技能名师工作室”。

（3）加大外出培训学习力度。近 5 年，学院先后选派 40 余人次参加多种教学和科研研讨会，深入了解国内外机械学科发展现状及研究前沿领域。

（4）选拔专业带头人培养对象。为保证专业建设工作的持续性和稳定性，保持专业发展的活力，学院根据学校统一安排在设立各本科专业带头人的同时，还选拔了一批中青年骨干教师作为专业带头人培养对象。一方面，保证专业带头人切实发挥其在引领学科发展、提高人才培养质量等方面的作用；另一方面，注重对专业带头人梯队力量的储备和培养，为专业建设发展储备充分的人才资源。

（5）抓项目组团队，多措并举提升青年教师的业务素质。通过开展新任教师岗前培训、在职教师全员培训、现代教育技术培训、校内教学研究讨论、校际间合作交流、教学技能竞赛、精品课程网络培训、中青年骨干教师培养、硕博学位进修、教学团队培育等活动，助推教师素质提升和专业发展。

（6）聘请“三高”（高学历、高职称、高技能）人员参与专业建设和人才培养。

目前，机械工程学院有专任教师 90 余人，其中自有教师 60 人，自有教师中有副高以上职称者占 25%以上，硕士以上学历者占 80%以上。机械设计制造及其自动化专业教学团队被评为“郑州地方高校优秀教学团队”。机械制造及其自动化教研室被评为“河南省优秀基层教学组织”，机械电子工程教研室获批为“郑州科技学院优秀教研室”。2016 年，机械工程学院还组织承办了河南省民办高校机械类专业课骨干教师培训班，受到省内同类高校专业教师的充分肯定和一致好评。

第三节　专业建设与培养方案

学院以教学工作为中心，始终坚持应用型人才培养定位，教育教学质量逐年提高。各专业人才培养目标分别如下。

（1）机械设计制造及其自动化（本科）：主要培养适应社会主义现代化建设需要，德、智、体、美全面发展，具有机械设计制造传统工艺、现代先进机械设计与制造技术、企业基层管理等知识，具备较好的人文社会科学素养、团队合作意识和创新创业能力，能够在机械产品、机电一体化产品领域内从事设计、制造、技术分析等方面工作的应用型工程技术人才。

（2）材料成型及控制工程专业（本科）：主要培养适应社会主义现代化建设需要，德、智、体、美全面发展，具备扎实的材料理论基础与成型工艺、材料成型设备及控制等专业理论知识和技能，能在冲压模具、塑料模具设计与制造等领域从事技术研究、应用开发、生产及经营管理等方面工作的应用型人才。

（3）机械电子工程（本科）：主要培养适应社会主义现代化建设需要，德、智、体、美全面发展，具有机械设计与制造、电工电子技术、计算机技术、自动控技术、液压与气压传动控制和工业机器人等知识，具备机电产品与系统的初步设计、控制、安装、调试和维护等能力，具备计算机辅助设计、计算机辅助管理等能力的应用型工程技术人才。

（4）机械制造与自动化（专科）：主要培养德、智、体、美全面发展，具有强烈的责任感和高尚的职业道德，掌握一定的机械设计制造理论知识和较强实践技能，在工业生产一线上从事机械设计、制造及自动化方面的高级技能型专业人才。

（5）机电一体化技术（专科）：主要培养德、智、体、美全面发展，具有强烈的责任感和高尚的职业道德，掌握机械技术和电气技术的基础理论和专业知识；具备相应实践技能及较强的实际工作能力，熟练进行机电一体化产品和设备的应用、维护、安装、调试、销售及管理的高级技能型专业人才。

（6）数控技术（专科）：主要培养德、智、体、美全面发展，具有强烈的责任感和高尚的职业道德，掌握数控设备操作、安装与调试、故障诊断与维修等基础知识和专业技能，具备完成数控机床维护、组装、调试及设计改造等能力；掌握数控机床操作、数控工艺设计、数控高级编程基础理论和专业技能，具备数控机床操作、复杂形状零件数控加工工艺编制等能力的高级技能型专业人才。

机械工程学院结合行业、企业调研实际，根据地方经济发展对人才的需求状况、市场需求变化和对人才规格的具体要求，进行职业能力需求分析，剖析确认具体职业岗位（群）的职业能力需要，针对企业需求，修订人才培养方案，把专业培养目标调整到企业需求上来，保证职业教育适应地方经济建设和社会发展的需要。同时，根据专业培养目标和知识、能力、素质要求，讨论确定核心课程和主干课程，围绕核心和主干课程形成课程群。根据教学环节的科学性、系统性、综合性和连续性的要求，合理构建理论课程体系和实践课程体系，努力做到人才培养与企业需求对接，课程标准与岗位职业标准对接，教学过程与企业生产过程对接，课程内容与企业生产任务对接，教学管理与企业管理对接。

近年来，学院人才培养质量稳步提升，毕业生走俏省内外，初次就业率达90%以上。教学工程建设项目成果丰硕，现有省重点学科1个、河南省民办高校品牌专业1个、河南省工程技术研究中心1个、河南省高等学校实验教学示范中心1个、郑州市急（特）需专业1个、郑州市示范专业1个、郑州市精品资源课程1门、校级特色专业1个、校级优势专业1个，郑州市地方高校技术技能名师工作室1个、郑州市优秀教学团队1个（表10-1）。

表10-1 机械工程学院教学质量工程项目汇总

序号	项目类别	项目名称	文件号
1	河南省重点学科	机械制造及其自动化学科	豫教高〔2012〕78号
2	河南省民办高校品牌专业	机械设计制造及其自动化专业	豫财教〔2012〕239号
3	河南省高校工程技术研究中心	数控加工技术工程研究中心	豫教科技〔2012〕78号
4	河南省高等学校实验教学示范中心	现代制造技术工程实践中心	豫教高〔2012〕1102号
5	郑州市地方高校急（特）需专业	机械设计制造及其自动化专业	郑教高〔2015〕70号
6	郑州地方高校技术技能名师工作室	机械设计制造及其自动化专业名师工作室	郑教高〔2015〕70号
7	郑州地方高校优秀教学团队	机械设计制造及其自动化专业教学团队	郑教明电〔2016〕344号
8	郑州市示范专业	机械制造与自动化专业	郑教高〔2012〕147号
9	郑州地方高校精品资源共享课程	数控加工技术	郑教高〔2012〕147号

第四节 课程建设与教学改革

课程建设是教学基本建设的重要内容之一，加强课程建设是有效落实教学计划、提高教学水平和人才培养质量的重要保证。深化教学改革是加强课程及专业建设的核心，是提高课程建设水平、提升教学质量的源泉。因此，必须将课程建设与教学改革两者有机融合。

1. 课程建设和教学改革措施

机械工程学院主要从以下几方面重点落实，保证成效。

（1）加强课程建设的组织领导，保证课程建设工作的有效开展。学院成立了以各教研室主任、组长为成员的课程建设领导小组，负责专业课程开设论证、课程建设规划、课程建设实施。同时，逐步试行课程负责制，从课程教学大纲制定、教材选定、授课过程等各环节开展合格课程的建设、指导、验收和检查，并在此基础上积极组织申报精品课程等，从而为课程建设工作的有效开展提供组织保证。

（2）加强教师队伍建设，确保课程建设可持续发展。学院鼓励在职教师进行进修和攻读博士学位，不断提高教学科研水平；充分开发利用校内教学资源，加强对青年教师的指导和帮助，迅速提高青年教师的教学水平；巩固现代教育技术培训取得的成果，在教师中开办现代教育技术培训班，全面提高教师运用现代教育技术改革教学方法、手段的能力；提高外聘教师的质量，聘请知名教授来校任教。

（3）强化教改立项研究与课程建设的有机结合，不断更新课程建设内容。为使课程建设内容不断更新，学院在加强对原有教改立项项目管理、强化教改研究成果的实践和应用的基础上，重点支持与课程建设关系密切的、以改革教学方法、教学手段和考试方式等为内容（含实践教学）的研究项目，使先进的教学经验和教改成果及时融入课程建设，从而不断提高课程建设水平。

2. 课程建设与教学改革建设成效

（1）开设了专业拓展课。设置了与学生就业岗位和职业发展相关的课程和创新必修课程，增强了学生对工作的认识程度，强化了学生的职业素质和就业能力，激发了学生创新发展动力。

（2）强化了实践教学。实验、实训、实习、课程设计、职业资格取证培训和毕业设计（实习）六体一位的实践教学体系更加完善。企业综合实习力度不断加大，学院各专业实践学时比例在 40%以上。各个实验课均列出了实验项目，实验教学与学校现有设备结合更加紧密，实验开出率得到有效保障。

（3）不断推进共享课程建设。在原有精品课程建设基础上，学院不断更新和拓展教学资源，逐步实现课程资源共享服务。目前，数控加工技术获批为郑州市精品资源共享课程，同时正在积极准备建设河南省精品在线开放课程。材料成型工艺基础、计算机绘图（AutoCAD）、机械设计、单片机应用技术 4 门慕课课程团队也已建成；新开设一门慕课——3D 打印技术与应用。

（4）专业导论课程实施成效显著。2013 级机械设计制造及其自动化专业试点开设的专业导论课程，使学生在入学之初就对本专业的人才培养目标、基本要求、课程设置、主干课程以及所涉及的研究领域等有了较全面的认识。同时，采取课题引领式教学，使学生带着思考进行学习，受到学生的普遍好评。

（5）教学改革方面，近年来学院申报各类教改课题 10 余项，发表教改类论文 20 余篇，教学改革成果有效地促进了课程及专业建设。

第五节　实践教学条件与实践教学

机械工程学院共投入资金 3 000 多万元建设相关专业实验室和实习基地，拥有力学、液压与气动、数控故障诊断、数控加工仿真、金相、热处理实验室、公差、测绘、数控故障诊断与维修、3D 打印技术实验室、机械创新等 38 个实验室，车工、钳工、焊工、铣工、电工、数控等 12 个实训车间，数控工程技术研究所、工业机器人研究所、现代材料成型技术研究室 3 个研究机构，在众创中心设有智能制造学院支撑学院专业建设。2012 年，数控加工工程技术研究中心获准建设河南省高校工程技术研究中心，这也是学校目前唯一一个省高校工程技术研究中心（图 10-2～图 10-4）。

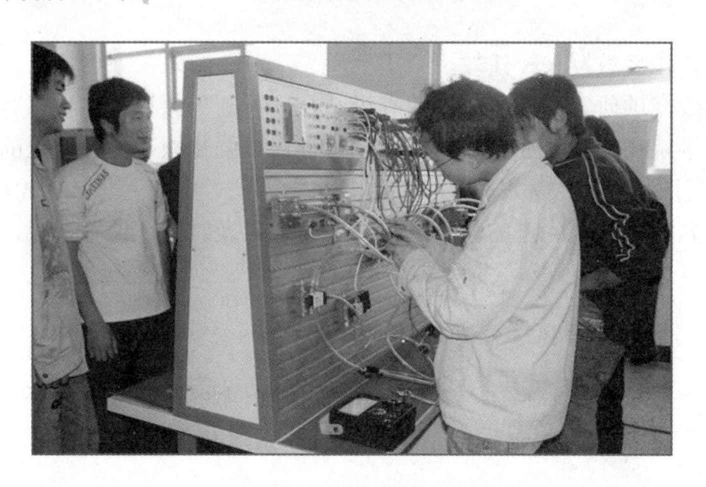

图 10-2　液压与气动实验室

图 10-3　机械工程创新实验室

图 10-4　数控技术工程技术训练中心

学院在中联重科（开封）工业园、瑞仪（苏州）有限公司、中国一拖集团、马鞍山新粤美集团、海信集团、郑州海尔等20家企业建立了稳定的实习实训基地。

在雄厚的实践教学条件支撑下，学院逐渐完善了实践教学体系和课程体系。学院针对应用型人才培养的目标，不断增加实践教学项目及取证培训，如增加了高级车工、钳工、焊工取证培训，使实践教学训练与职业资格标准并轨；以赛事带动训练，促进学生学习，构建符合应用型人才培养的实践教学体系；各专业实验、实训、实习开出率近 100%；通过开放性实验室，将理论教学和实践融为一体，使学生在做中学、学中做，启发了学生的创新性思维。

第六节　产教融合与协同育人

结合学校发展规划及人才培养需求，学院主动与政府、企业、行业、高校“联姻”，形成政企行校合作长效运行机制。

（1）探索政校合作。为了更好地服务地方经济，结合中原经济区建设发展和郑州国家中心城市建设目标，机械工程学院与郑州市教育局、市人力资源和社会保障局等政府部门在文化交流、人才培训、科研服务、人才需求与输送等领域建立合作关系。

（2）深度校企合作。根据应用型人才培养的特点，为推动人才培养与实际结合，更好地为企业所用，学院先后与宇通客车、郑州海尔、中联重科、华强方特、瑞仪光电（苏州）有限公司等省内外 20 余家知名企业建立校企协同育人合作关系。校企合作订单培养模式实现“共性教学”和“对口培养”的有机结合，使人才培养与就业零距离对接。机械工程学院与企业合作，先后建立了 10 个校企共建实验室，15 个校外实践育人、科研基地，开设订单班 9 个（如与中联重科开封工业园共建了“中联重科工程师班”，与郑州海尔共建了“海尔工程师班”），为企业定向培养了基层管理和技术人员 1 200 余人，同时每年开展职业培训与技能鉴定工作 3 000 余人次（图 10-5 和表 10-2）。

图 10-5　与中联重科开封工业园共建农业机械工程技术训练中心

表 10-2　订单班情况统计

序号	订单班名称	班级人数	共建单位
1	瑞仪工程师班	24	瑞仪光电（苏州）有限公司
2	富士康工程师班	33	鸿富锦精密电子郑州有限公司
3	海尔工程师班（第二期）	61	郑州海尔空调器有限公司
4	长城班	34	长城汽车股份有限公司
5	方特订单班	40	郑州华强文化科技有限公司
6	中联重科订单班	18	中联重科开封工业园
7	中联重科班	35	中联重科开封工业园
8	瑞仪工程师班	30	瑞仪光电（苏州）有限公司
9	精信工程师班	35	郑州世纪精信有限公司

在学校支持下，机械工程学院与郑州海马集团和恒天重工共建的“现代制造技术工程实践中心”被评为河南省实验教学示范中心，与中联重科和海尔集团合作的两个项目均被评为河南省“优秀校企合作项目”，并获得100万元资金奖励。

（3）积极与行业对接。行业协会作为政府与企业等之间的桥梁，拥有丰富的社会资源。机械工程学院积极与行业协会进行对接，通过发挥行业协会协调作用，在创新平台搭建、人才培养、创业引导、就业指导、社会服务等方面实现了突破。学院与河南中机联共建的智能制造学院，整合了中国机械工业联合会内的行业专家、知名会员企业、科研院所等资源。该学院是一个涵盖智能制造装备技术、数控技术、智能机器人技术、3D打印技术、机电控制技术、自动化生产线技术等多种功能的创新研究、实验教学、综合实训、技术培训育人平台。目前，已有20余名毕业生经该学院培训后在苏州赛腾电子科技有限公司从事技术工作。

（4）加强校校合作。学院先后与郑州大学机械工程学院、河南理工大学动力与机械工程学院、河南科技大学机电工程学院等十多个省内外高校的对应院系建立了深度合作关系（图10-6和图10-7），充分发挥了民办院校办学体制灵活等特点，与其他高校进行优势互补，在创新人才培养模式、提高人才培养质量等方面取得实质进展。

图 10-6　与河南理工大学合作签约

图 10-7　与河南科技大学合作洽谈

学院通过政企行校共建专业、共建课堂、共建师资队伍，实现人才共育、过程共管、成果共享的育人机制，实现“教、学、做”的有机融合，提高了应用型人才培养质量。近几年，学院毕业生就业率、就业质量稳步提高，学生对就业岗位满意度也较高。用人单位对学院毕业生给予高度认可，普遍认为毕业生专业基础扎实、动手能力强、上手快，思想稳定、能吃苦，定位准确、角色转换快，能较快适应岗位要求。

第七节　培养特色

机械工程学院在专业建设过程中，坚持“实基础、重实践、强能力、会创新”的人才培养定位，致力于培养应用型工程技术人才。学院通过深入企业调查，了解用人单位对应用型人才的基本要求，根据有关要求对课程内容之间的关联按能力要求进行整合、重构，构建了“反向设计，正向施工”的模块化课程体系。

（1）开设课题引领式专业导论课程。使学生在入学之初就对本专业的人才培养目标、基本要求、课程设置、主干课程以及所涉及的研究领域等有初步认识。学生通过自拟课题或者从专业导论课程丰富的“课题库”中选择课题，第二至第七学期在教师的指导下通过一系列的调查研究、设计、展示等活动逐步完成课题并上交成果（研究报告、程序软件、设计图及作品），实现“学做合一”。该课程的考核形式是课程试卷+开题报告+结项报告，按 3∶3∶4 比例计入本课程总成绩。

（2）开展企业综合实习。在第六或第七学期，安排学生在企业工人师傅的指导下进行企业综合实习。要求实习带队教师全面负责实习学生的实习协调工作，要求合作企业安排专人对实习学生给予安全教育、设备操作、技术研发、职业发展等方面的指导，要求学生经过实习能够达到考核标准（表 10-3）。

表 10-3　企业综合实习项目考核标准

序号	项目（活动）	计分
1	实习期间态度端正，学习积极主动认真，责任心强，全部出勤	2
2	服从安排，积极与企业员工合作，共同制订生产计划，共同完成工作任务	2
3	开动脑筋，积极思考，提出问题，并在实习过程中对问题进行分析和解决	2
4	参与数控编程与加工实践	2
	参与企业的产品设计	2
	参与工艺设计与管理	2
	参与产品质量检验与管理	2
	参与机械设备运行与维护	2
	参与企业生产及车间管理	2
5	为企业写一份主要产品的中英文说明书（汉字 1 500 字以上）	2
	为企业决策机构提供一份专业调研报告（3 000 字以上）	2
	为企业提出合理化建议并被企业采纳	2
	接受企业培训 20 学时以上	2
6	完成 1～2 门新技术知识的学习，并提交学习总结	2
	圆满完成实习任务，取得企业实习鉴定并提交质量较高的实习报告	2
	在企业实习期间被企业评为优秀实习生	2
	实习期间表现出色且被企业定为毕业后留企工作	2

说明：

（1）以上实践项目的学分由至少两名专业教师审核通过方可认定，学生应提供相应的支撑材料。

（2）项目总学分=Ó 单项学分，总学分＜6 分为不及格，6～7 分为及格，7～8 分为中等，8～9 分为良好，≥9 分为优秀。

（3）设置创新能力课程。为了提高学生参与科研实践项目的积极性，培养学生的创新应用能力，学院在人才培养方案中增加了必修的创新能力课程。学生依托大学生科技创新协会、创新实验室等科技创新平台参加实践创新活动，最终达到创新能力课程的考核标准。

创新课程考核办法如表10-4所示。

表10-4 创新课程考核办法

项目	认定方式		学分	单项最高学分
科学研究	提交科研报告并获认可	每项	1～4	4
创新产品、专利	提交证书	每项	2～4	4
讲座	提交书面报告	每4次	1	1
学科竞赛 文体竞赛	国家级	每项	6～8	8
	省级		4～6	
	厅级		3～5	
	市级		2～4	
	校级		1～2	
专业学术论文	在核心期刊发表论文	每篇	2～6	6
技能证书 职业资格证书	全国大学英语六级考试通过	425分以上	2	2
	全国计算机等级考试通过	二级以上	2	
	获本专业职业资格证书		2	
	获跨专业职业资格证书		2	
	获更高一级职业资格证书		2	

说明：创新能力成绩按五级分记，低于6分为不及格，6～7分为及格，7～8分为中等，8～9分为良好，≥9分为优秀。

（4）毕业设计“真题真做”。积极探索“从企业选、在企业做、为企业用、校企双指导”的毕业设计“真题真做”实践教学之路，实现毕业生学业、就业顺利对接，使企业提前进行人才培养和人才储备，实现学生、学校、企业三方共赢，最后实现“毕业设计、顶岗实习与就业一体化”。来自企业的毕业设计题目统计表（部分）如表10-5所示。

表10-5 来自企业的毕业设计题目统计表（部分）

序号	课题（论文）名称	课题来源
1	自动化生产线上下料机械手	企业项目
2	多功能颈椎治疗仪器设计	企业项目
3	电动小车设计	企业项目
4	多功能切菜机设计	企业项目
5	自动售饭机设计	企业项目
6	三自由度踝关节辅助康复装置的设计	省科技团队支持项目
7	两自由度腿轮混合机器人设计	省科技团队支持项目
9	蘑菇装袋机设计	企业课题
10	重载汽车纵梁翼面专用校正机的总体设计	企业课题

通过一系列改革，机械工程学院逐渐形成了以机械设计制造及其自动化专业为核心的涵盖机械电子工程、材料成型、数控技术等专业，突出数控技术研究与应用、工业机器人设计及应用、3D打印技术研究与应用、模具设计与制造等能力，适应地方制造业发展需求的应用型人才培养专业群。

（1）通过不断加强专业和师资队伍建设，逐渐形成了“强队伍、优课堂、重实践”的师资队伍培养理念。“强队伍”就是抓理论教师和实验指导教师两支队伍。“优课堂”就是注重课前准备和教学过程优化，加强课堂管理和提高课堂教学质量。“重实践”就是要求教师要具备实验设备操作、改造、开发、科研的能力。

（2）在人才培养过程中不断探索，树立了“素质—知识—能力”三位一体的人才培养质量观，逐渐形成了“基础扎实、注重突出实践、面向需求、不断创新”的教学理念和“理论性教学+实践性教学+第二课堂”的教学模式，将理论、实践和第二课堂有机结合。

（3）坚持“以质量求生存，以特色求发展”的理念，逐渐形成了以自主分析解决问题能力、生产实践动手操作能力和创新思维能力的培养为核心的课程教学体系，即理论教学体系、实践教学体系和素质拓展体系。三个体系突出理论教学的应用性，在基本理论和基本素质与专业能力培养的同时，注意专业教学与社会需求相适应；突出了基础技能为专业技能服务，专业技能与社会需求技能结合，强化技能的综合性、设计性训练，构建了相对独立的实践教学体系。围绕专业核心能力的培养，课程体系按目标要求整合，体现了个性化、多样性、复合型、实用型、现代型的人才培养目标。

（4）通过深入整合资源，改革实验实习环境，为培养学生实践能力、创新能力搭建了良好的平台。学院逐渐形成了校内外相互结合和补充的实习基地群，搭建起培养学生实践和应用能力的平台与创业精神和创业能力的平台，培养出了知识结构全面、强实践、重能力、掌握现代化制造技术的符合市场需求的应用型人才。

近年来，机械工程学院教学质量显著提高，学生在校内开展各类创新项目 200 余项，参加各类学科竞赛并获省市级及以上奖励 140 余项。

第十一章　信息工程学院

第一节　学 院 概 况

信息工程学院前身为计算机系，于 2003 年建系，是郑州科技学院设立最早的系部之一，旨在为河南省培养信息技术高级应用型人才。

计算机系于 2003 年开设了计算机信息管理（专科）、计算机科学与技术（专科）、电子商务（专科）和建筑工程（专科）4 个专业，教师采用专职、兼职相结合的方式组织教学。

计算机系于 2004 年增设通信技术（专科）专业，于 2005 年增设软件技术（专科）专业，于 2006 年增设网络技术（专科）专业。随着专业的增加，学校对专业进行了调整，分别将建筑工程、电子商务专业和通信技术专业调入其他系部，计算机系的专业主要以计算机类专业为主。随着专业的增多，计算机系也不断引进青年教师，适应了专业和学生人数的增长。2008 年，一部分青年教师取得了中级职称，同时，学校引进硕士研究生担任教学工作。

2008 年，学校升格为本科院校，计算机科学与技术专业成为首批 4 个本科专业之一。为了更好地促进专业发展，2010 年 9 月，经学校领导决定，计算机系更名为信息科学与工程系。2011 年，申报获批通信工程本科专业。2012 年，计算机科学与工程系全面参与了学士学位授予权申报工作，计算机科学与技术也成为我校第一批获得学士学位授予权的专业。同年 9 月，信息科学与技术系更名为信息工程学院，并于 2013 年申报获批物联网工程专业，于 2017 年申报获批数字媒体技术专业，于 2018 年获批数据科学与大数据技术专业。

经过十余年的建设，信息工程学院共有本科专业 5 个，分别是计算机科学与技术、通信工程、物联网工程、数字媒体技术、数据科学与大数据技术；专科专业 3 个，分别是计算机应用技术、软件技术和网络技术。学院逐步形成了专业设置合理、学科综合交叉的良好格局。计算机科学与技术专业被评为河南省特色专业建设点、河南省品牌专业、郑州市示范专业、郑州科技学院优势专业等；通信工程专业被评为郑州科技学院特色专业。师资队伍不断成长，目前教师队伍中拥有中高级职称者占比达到 61.25%，硕士及以上学位学历者占比达到 87.5%，从而形成了一支数量、结构合理的教学队伍。课程建设方面，学院建设了三门校级精品课程，积极推动信息化课程教学，率先在课程中使用手机 APP 辅助教学。实践教学方面，学院实验、实训和创新实践条件较为完善，并建立了多家校外实训基地。学院不断深化校企合作育人，与河南云和数据科技有限公司共建泛 IT 学院，并与多家企业建立订单班，共同培养应用型人才。学生在全国、全省各级各类学科竞赛中屡获大奖，毕业生就业率与就业质量逐年提高，受到用人单位的好评。

第二节 教师队伍

从计算机系到信息工程学院，专任教师数量从10余人到现在80人，青年教师从助教一步步晋升为副教授，无不体现了学校领导对师资队伍的重视程度。经过10多年的培养，信息工程学院教师秉承学校4种精神，在教育教学战线甘为吐丝的春蚕、燃烧的蜡炬；在科研战线甘为勤耕的黄牛、蛰伏的金蝉，涌现出一大批教学、科研突出的人员。

信息工程学院现有专兼职教工80人，其中教授7人，副教授43人，高职称教师占61.25%；硕士研究生学历者63人，博士研究生学历者9人，具有硕士研究生及以上学历的教师占87.5%；大部分是30～55岁的中青年教师，职称、学历、年龄结构合理。

一大批专家、教授曾在信息工程学院任教，如严谨治学的刘德民、科研为先的谭同德、认真负责的赵秀英、事必躬亲的申石磊……老专家、老教授严谨治学的态度、兢兢业业的作风，影响了一批青年教师，体现了师德师风的传承。通过参与师德师风教育活动，青年教师树立了正确的教育观。学院注重加强专业培养，为教师教学添翼。鼓励青年教师攻读硕士、博士学位，提升专业水平；外派青年教师参加专业培训，拓展专业视野；组织青年教师参加科研项目，以项目引领促进教学水平的提升。学院以传、帮、带的形式，提升青年教师的教学能力。通过单科导师制培养的青年教师已经站稳了讲台，更重要的是继承了老教授严谨的教风。学院以挂职锻炼、企业实践等方式提高青年教师的实践能力。青年教师大多从高校到高校，理论知识扎实，但动手实践薄弱，为克服这一弊端，信息工程学院积极鼓励青年教师利用寒暑假到企业进行挂职锻炼，如到河南云和数据科技有限公司、郑州捷安高科科技有限公司等单位进行企业实践，青年教师的项目开发能力得到了迅速提升。学院通过加强青年教师的培养，使青年教师在师德、教学能力、实践能力、科研成果方面得到了很大的提高。3名教师获得河南省优秀教师称号；5名教师获得河南省讲课比赛二等奖/三等奖；在首届全国高校微课教学比赛河南省比赛中，黄于欣老师获得三等奖；多名教师在校级说课比赛、课件大赛中获得优异的成绩。科研方面，学院教师主持和参与省、市、校级项目119项，横项项目1项，其中科技厅项目11项，发表论文239篇，其中中文核心论文42篇，主编参编教材35部，获专利授权10项，获软件著作权7项，获省市级成果奖励63项，鉴定成果7项，达到国内领先水平。

第三节 专业建设与培养方案

信息工程学院现有计算机科学与技术、通信工程、物联网工程和数字媒体技术、数据科学与大数据技术5个本科专业，计算机应用技术、软件技术和计算机网络技术3个专科专业，专业设置布局与结构基本合理。郑州科技学院的办学定位是培养应用型本科人才，根据河南省中原经济区的发展需要，信息工程院在2008年开设了计算机科学与技术专业，2010年开设了计算机科学与技术专业（嵌入式软件方向），2011 年开设了通信工程专业，2013 年开设了物联网工程专业，专业设置适应了区域经济发展的需求。近年来，VR（虚拟现实）、AR（增强现实）等技术应用得越来越广泛，2017 年学院开设了数字媒体技术专业，这也符合建设数字河南的区域经济发展的需求。随着大数据技术的发展，企业对大数据人才需求的不断增大，2017 年，学院经过多方调研，积极准备申报数据科学与大数据技术专业，并于 2018 年上半年获批。

人才培养方案的制定经历了调研、起草、论证、定稿等过程。各专业带头人及骨干教师到企业进行调研（图 11-1），了解企业对人才的需求，作为制定人才培养方案的主要依据，同时结合人才培养定位和培养规格，确定课程课时。起草初稿后，经过教研室教师论证、分院论证、学校论证，并最后确定下来。

图 11-1　专业带头人及骨干教师到企业调研

学院制定的人才培养方案符合应用型本科的特点，执行情况较好。人才培养方案反映了专业培养目标，体现了德、智、体、美全面发展的要求。为突出应用型人才培养的特点，学院在制定专业人才培养方案时，加大了实践课程教学的比例，本科各专业实践教学比例均达30%以上，专科各专业实践课程占总学时的比例达 50%以上。课内实验、课程设计、综合实训、生产实习、毕业设计等实践教学环节得到进一步加强，学生通过参与课程设计、课程实训、生产实习，实践动手能力得以加强。2013 年，学院对计算机科学与技术专业进行了改革，开始实施“3+0.5+0.5”教学模式，第一个 0.5 是要求学生能够在生产实践中进行实习，提高自己的实践能力与岗位适应能力；第二个 0.5 为毕业实习和毕业设计。执行人才培养方案时，课程开出率为 100%，实践课程开出率为 95%以上，人才培养方案执行情况较好。

经过 10 多年的建设，计算机科学与技术专业已成为河南省特色专业、河南省品牌专业、郑州市示范专业、郑州科技学院优势专业，通信工程专业已成为郑州科技学院特色专业（图 11-2）。

图 11-2　学院专业建设取得的部分荣誉

第四节　课程建设与教学改革

（1）各专业教学内容符合人才培养的要求，课程设置较为科学。为使教学内容满足专业发展的需要，学院在修订人才培养方案时，及时对课程进行了调整，增加了当前企事业单位需要的课程内容，针对每门课程制定了完善的教学大纲；教材选用严格遵循学校的教材选用办法，规划教材、获奖教材占 90%以上。同时，学院教师还积极参编各级各类教材，公开出版教材 30 余部。学院绝大多数课程采用了多媒体教学，教师制作的课件在省级课件比赛、信息技术成果评选中多次获得一、二、三等奖。学院积极创建精品课程，使学生能够在课上和线上同时学习专业知识，目前学院的校级精品课程有 VB.net 程序设计、计算机网络和软件工程。

（2）积极开展教学改革和考试改革。学院紧紧遵循“服务地方，服务 IT 产业，面向中原经济区建设和航空港区建设发展”的指导原则，根据社会需求，每年深入企事业单位进行调研，了解用人单位的需求，根据调研结果，对人才培养方案进行修订，同时对课程教学内容进行微调，人才培养方案体现了“实基础、重实践、强能力、会创新”的人才培养目标。学院建立了学教并重的教学结构，加大了主干课程的课时量，舍弃了传统的教学结构，体现了以学生为本的教学新理念。提高教学质量的有效途径是深化教学改革，对课程内容、教学手段和方法进行分段改革，以激发学生的学习动机。修订后的人才培养方案加大了主干课程的教学学时，帮助学生夯实基础、掌握技能。例如，程序设计基础课程的课时增加到 104 学时，Java 程序设计课程的课时增加到 108 学时。

（3）加强实践教材建设，打破课程的界限，进行课程内容改革，强调对学生动手能力的培养，实现“以知识为本”向“能力为本”的转变。学生根据教学实际对课程进行整合，改革课程内容的设置；鼓励教师自编教材和实验指导书，如《计算机网络技术实验指导书》《交换机与路由器实验指导书》。

（4）实施分层分类教学，兼顾学生的学习兴趣和能力差异。教师在授课的时候要兼顾大多数的学生求知欲，这对学生的内部学习动机起到了很好的激发作用。在计算机课程中引入良性的竞争，能够促进学生的学习兴趣。教师要因材施教，努力挖掘学生的潜能，把学生培养成适合专业岗位的应用型人才。对于学有余力的学生，教师组织他们在开放实验室开发创新项目，组建创新团队，加强专业指导，取得了丰硕的成果。

（5）教学科研相结合，提倡学生参加教师的科研工作，培养学生的创新能力。学院积极开展科研工作，把科研成果引入教学，使教学和科研相互促进，促使学生参与到各种应用软件的开发和设计中，激发学生的创作热情，提高了学生的创新能力和科研能力。

（6）教师在教学过程中，为满足应用型本科人才培养的要求和当前企业对人才的需求，积极在教学方法上进行改革，提出了案例教学方法、项目驱动法等多种教学方法来提高学生实际运用知识的能力。教师积极利用信息化教学手段辅助教学，如在课堂上使用了“翻转校园”“蓝墨云班课”等 APP，学生参与度高，从填鸭式学习转变为主动参与式学习，教学效果突出。学院对考试也进行了改革，不再只以卷面成绩作为考核评价标准，对一些课程，如程序设计类课程，采取了上机操作考核为主的考核方式，通过不断改进考试方法，促进学生实践能力的提升。近年来，学院青年教师积极总结教学改革方法，立项省市级课题 10 余项，撰写了 15 篇论文。

（7）毕业设计联系实际，综合运用所学知识。毕业设计是最后一个教学环节，最能反映学生培养质量。从 2012 届毕业生开始，学院提出毕业设计真题实做，要求论文成果具体化，鼓励学生到企事业单位进行调研，以提高学生综合运用知识的能力。计算机科学与技术专业学生的毕业设计要包括软件开发、硬件研究与设计、模拟仿真、综合网站设计、网络控制等多种知识，绝大多数学生的毕业设计能出成果、能应用，实现了人才培养的目标（图 11-3）。

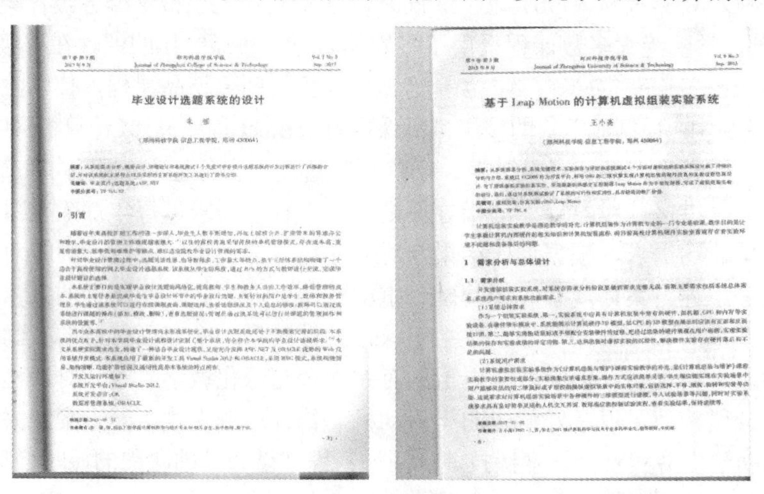
毕业设计选题系统的设计

0 引言

基于 Leap Motion 的计算机虚拟组装实验系统

1 需求分析与总体设计

图 11-3 学生毕业设计论文公开发表

第五节　实践教学条件与实践教学

信息工程学院有综合布线、计算机网络、计算机组装、计算机组成原理、物联网技术、光纤通信等 8 个专业实验室和 7 个通用实验室，能够满足正常教学需要。科教中心还建有信息技术创新实验室和机器人与微系统实验室，用于学生进行创新实验。两个创新实验室主要以项目研发为主，学生利用课余时间参与的研发项目有 10 余项，如便捷式无线充电器、柔性空间机械臂、智能车视觉系统研究、智能门禁系统等项目已顺利结项。物联网机器人项目参加了全国工程机器人大赛，并获得全国一等奖。目前创新实验室共申报 8 个项目，其中省科技厅项目一项、教育厅项目一项（图 11-4）。

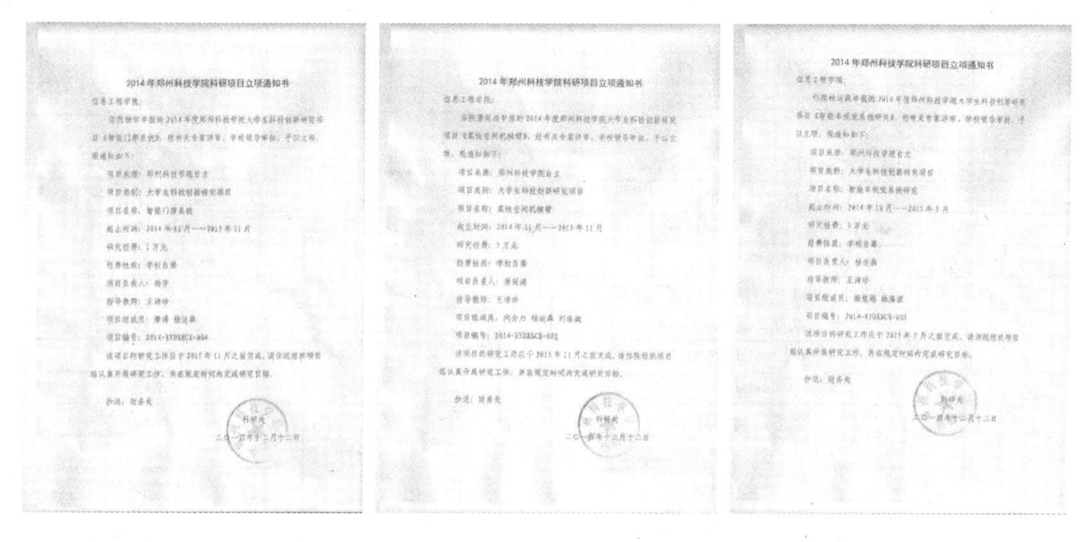
2014年郑州科技学院科研项目立项通知书

2014年郑州科技学院科研项目立项通知书

2014年郑州科技学院科研项目立项通知书

图 11-4　大学生科技创新项目立项通知书

众创中心泛 IT 学院拥有 VR 实训平台、云计算聚合研究实训平台、大数据分析处理一体化研究发实训平台、网络空间安全教学与科研平台、MOOC 在线教育研发中心和技术体验中心等多个平台。针对每个平台，目前已列出创新项目，泛 IT 学院投入使用后，将有一大批学生参与到项目当中，通过创新项目，提高学生的专业知识和实践能力。泛 IT 学院在教育教学方面主要以新工科试点班和实验班教学为主。随着 VR 和 AR 技术的广泛应用，从事 VR 和 AR 技术开发的人员供不应求，就业形势较好。因此，学院依托泛 IT 学院建设了基于 VR 技术的新工科“试点班”，在 2015 级中实施，招生人数为 30 人，并结合泛 IT 学院的实际情况，开设了 VRP、计算机三维、Unity 3D 开发等专业课程。在创新实践改革方面，在保证正常教学的前提下，学院积极组织学生参与第二课堂的创新项目研究。目前，学院已组织教师申报了各级创新实践项目，具体项目名称及对应功能模块如表 11-1 所示。

表 11-1 泛 IT 学院学生创新实践项目一览

序号	项目名称	对应功能模块及学院	项目负责人
1	虚拟试衣间	VR 教学实训室	周丽
2	虚拟陶瓷工坊		黄海燕
3	VR 旅游		刘强 尹丹丹
4	VR 校园漫游——郑科院		尹丹丹 刘强
5	VR 科目二考试模拟器		李瑞霞
6	Lost Tomb 密室逃脱游戏		何建仓
7	勇气舞台——播音主持测试系统		杜远坤
8	《幸存者》游戏		于海燕
9	VR 装修		王玉萍
10	《星座串环》游戏		李胜辉
11	大数据应用总体架构	大数据分析处理一体化研发实训平台	李志伟
12	大数据存储与处理		李志伟
13	大数据高级分析与可视化		何建仓
14	大数据与企业级应用的整合策略		何建仓
15	大数据试用与评估		何建仓
16	基于大数据的多元教学评价系统		付晓豹
17	学生网络行为评测系统		孙洪涛 李振峰
18	学生网络行为评测系统开发项目		孙洪涛 李振峰
19	网络舆情预警项目		孙洪涛 李振峰
20	基于物联网的指纹识别多媒体控制台开关系统		崔志远 孙洪涛
21	“ZIT 战队”大赛项目	网络空间安全教学与科研平台	孙洪涛 董五营 侯泽民 巨筱
22	网络探测实战项目		侯泽民
23	系统入侵实战项目		侯泽民
24	木马与后门实战项目		侯泽民
25	网络欺骗实战项目		侯泽民
26	攻防对抗实战项目		侯泽民
27	Linux 主机加固实战项目		巨筱
28	足迹与侦察实战项目		巨筱
29	会话劫持实战项目		巨筱
30	DNS 安全实战项目		巨筱
31	Oracle 数据库安全基础实战项目		巨筱
32	云服务建模	云计算聚合研发实训平台	李志伟
33	云服务接口的实现		郑睿
34	云计算平台的搭建		郑睿
35	云存储的实现		郑睿
36	云数据中心设计		薛丽香
37	家庭私有云搭建		薛丽香
38	云计算平台运维		薛丽香
39	企业级云平台项目案例		孙洪涛
40	“抱团”学习云平台的设计		李志伟
41	卓智“未来星”培训项目		孙洪涛 孔令天 付晓豹 李志伟

续表

序号	项目名称	对应功能模块及学院	项目负责人
42	Linux 基础课程	MOOC 在线教育研发中心	付晓豹
43	Linux 系统管理课程		付晓豹
44	Linux 服务与安全课程		李志伟
45	Linux 发行版本新特性课程		李志伟
46	Arch Linux 专题课程		何建仓
47	Ubuntu 专题		何建仓
48	KVM 虚拟化入门		付晓豹
49	Linux 集群原理与实践		李志伟
50	Linux 虚拟化进阶与提高		何建仓
51	做实验、学存储		何建仓

学院各专业实验课程教学大纲完备，实验课程开出率达到 95%以上，综合性实验、设计性实验的占比较高。在实习实训方面，校内实训以课程实训和课程设计为主，校外实习与省内外 IT 企业紧密联系。学院目前与河南云和数据科技有限公司、郑州捷安高科股份有限公司、郑州众诚科技有限公司、河南 863 软件孵化器有限公司等单位签订了校外实习协议，学生可深入企业实习，了解企业使用的最新技术，增加自己的专业知识。学院还利用节假日、寒暑假组织学生参加社会实践，通过多样化的社会实践教学，把理论教学与实践教学结合起来，通过给学生提供自学、思考、研究、创新的环境，加深了学生对理论的认识，提高了教学的实效性和吸引力。

实验室建设方面，学院于 2013 年 3 月将机器人创新实验室、信息技术创新实验室、物联网技术实验室、嵌入式实验室进行整合申报了郑州市重点实验室——郑州市机电智能化重点实验室，并获批（图 11-5）。2015 年 10 月，通过 3 年的建设，郑州市机电智能化重点实验室顺利通过郑州市科技局的结项验收。机器人与微系统实验室被评为郑州市二七区科普示范基地（图 11-6）。

图 11-5　设备精良的实验室

图 11-6　实验室建设获得的部分荣誉

第六节　产教融合与协同育人

信息工程学院积极探索产教融合、协同育人的新模式，与省内外多家企业签订了校企合作协议，在人才培养方案制定、课程教学、学生实习实训等方面进行合作，共同培养应用型人才。

信息工程学院积极与省内外知名企业签订校企合作协议，在人才培养方面进行产教融合、协同育人。学院与河南云和数据信息技术有限公司、河南 863 软件孵化器有限公司、郑州捷安高科科技有限公司、北京蓝科教育服务有限公司、北京天圣达科技有限公司等单位共建了校内外实训基地。学院依托企业的资源，深入了解企业用人需求，与企业共同制定符合市场需求的人才培养方案。课程共建方面，学院积极聘请企业技术人员到校讲解专业前沿知识、企业解决方案等，使学生能够在第一时间了解专业前沿知识和企业开发流程，提高了学生的实践能力。例如，为了开发 HTML 5 程序课程，学院聘请河南云和数据信息技术有限公司的开发人员进行讲解，授课中融入企业的案例和项目，学生不仅学习了专业知识，也更多地了解了企业项目开发的流程。课程设计和实训方面，学院聘请企业人员与教师共同指导学生，通过一个个真实项目使学生的实践能力得到增强。课程共建方面，学院与麦子学院共建了网络课堂，其中有数百门免费的 IT 类课程可供学生进行课外学习（图 11-7）。

图 11-7　与企业合作开展课程建设

在校外实习方面，学生在实习期间，深入企业，接触真实项目，与企业人员一起进行项目开发，提高了工程开发意识，增强了进行软件开发的规范性；学生到合作企业进行项目开发和毕业设计，得到了企业技术人员的指导，完成了一大批毕业设计作品，实现了“课题从企业中来，课题在企业中做，课题被企业采用”。实习结束，很多学生直接在实习单位就业（图 11-8）。

图 11-8　专业实习基地建设及学生校外实习

学院实行订单培养，使学生实现定向学习和就业，有针对性地走向工作岗位。学院与北京蓝科公司组建了 iOS、HTML 5 订单班，与河南云和数据信息技术有限公司组建了“新卓班”，与天圣达科技有限公司组建了嵌入式班等。学生通过订单班的培养，重点掌握了就业单位对知识的要求，毕业后能够立即上岗，减少了岗前培训环节，得到了企业和学生的好评。订单班学生就业形势良好，目前已有一部分订单班学生走上了公司的管理岗位（图 11-9）。

图 11-9　校企合作开展订单培养

第七节　培养特色

1. 培养模式特色鲜明、课程体系建设日趋完善

学院不断深化应用型本科人才培养模式改革，实施“学历+技能+综合素质”培养。从 2012

年起，学院试点实施了应用型专业人才培养模式改革，通过优化课程体系，整合课程内容，开设项目引导式专业导论课程和创新能力课程，使学生从大一就开始了解专业知识，以项目引导进行学习和专业技能训练；强化实践教学和校企合作人才培养，学生前六个学期在校内学习，第六或第七学期在企业进行综合实习，最后一学期结合企业真实课题进行毕业设计和毕业实习，知识应用能力得到提高，迈出了转型发展的实质性步伐。

学院通过优化课程体系，整合课程内容，构建实验、实习、实训、课程设计、职业资格培训、毕业设计“六位一体”的实践教学体系，使学生的专业实践能力由理论验证到综合应用转变，由专业素质向职业能力转变。另外，学院不断进行教学改革。2012年，计算机科学与技术专业被河南省教育厅批准为河南省特色专业建设点，2014年被郑州市教育局批准为郑州市示范专业。软件工程和计算机网络两门课程已成为校级精品课程，校编教材《计算机应用基础》被河南省教育厅认定为河南省“十二五”普通高等教育规划教材。

2. 校企结合成绩显著、学科竞赛结硕果

学院强化企业实践育人，与企业结合开展认识实习、生产实习、毕业实习和订单培养；实施毕业设计真题实做，使学生深入企业生产经营一线进行实践锻炼，全面熟悉企业管理制度、生产流程、经营理念，接受企业文化熏陶；发现和解决一线问题，进行技术技能综合应用，提升自身职业素养和技能水平。学院将创新课程纳入必修课，鼓励和引导学生参加学科竞赛、科技开发和项目实做，激发学生创新活力。

近年来，学院与北京蓝科新宇教育科技股份有限公司、国家863中部软件园等知名企业合作，开设社会急需的人才订单班，如iOS、HTML 5班、Java特色班等。结合学院独具特色的培养模式，特色班学生极大地得到了社会认可，每届特色班学生都被社会用人单位提前预订。校企合作基地能够满足学生实习需求。学院在众创中心建立的泛IT学院，为学生创新创业提供了更大的创新创业空间。

学院非常注重学生创新思维和工程实践能力的培养，依托信息技术创新实验室和机器人与微系统实验室，积极开展第二课堂活动，在李志伟、王清珍等教师的指导下，组建了智能手机应用软件研发团队、机器人研发团队，成立了晨曦网络协会和智能E-life社两个科技类学生社团；根据学生不同的兴趣爱好以及针对计算机类学科竞赛的特点，成立了Java编程、C语言编程、单片机开发、网站建设等兴趣小组，组建了针对各学科的稳定竞赛团队，让学生在课堂学习之余拓宽了视野，激发了学习热情。

学院还组织学生参加了全国职业院校技能大赛河南赛区选拔赛，并获得了信息安全技术及应用项目优秀奖、计算机网络及应用项目优秀奖；进入第七届、第八届和第九届全国信息技术应用水平大赛全国总决赛，并获得二等奖五项，李志伟、董海芳、巨筱、刘筠筠等教师被评为大赛最佳指导教师；参加第三届蓝桥杯全国软件专业人才设计与创业大赛，获得河南赛区一等奖，全国总决赛一等奖和二等奖；参加了全国大学生电子设计竞赛、第九届“飞思卡尔”全国大学生智能车竞赛，在对赛制、赛题以及规则都不熟悉的情况下，教师和参赛学生共同努力，分别获得河南赛区三等奖和华北赛区三等奖。学院将继续以锻炼学生工程实践能力为目标，依托两个创新实验室和专业实验室，开展第二课堂教学活动，拓展学生的知识面，鼓励学生参加级别更高的学科竞赛，帮助学生取得更大的进步（图11-10）。

全国三维数字化创新设计大赛
National 3D Innovative Design Competition

龙鼎奖
（全国总决赛）

获得奖项：二等奖
参赛院校：郑州科技学院
参赛团队：漫游者
指导教师：牛庆丽
团队成员：武红方 梁文龙 王萌 刘威
参赛作品：指尖上的华尔兹
参赛板块：行业/企业热点命题
参赛方向："科普创客·3D之星"大赛

2016年12月

科学技术部　教育部　工业和信息化部　中国科学技术协会　指导
大赛官网：http://3DDS.3DDL.net

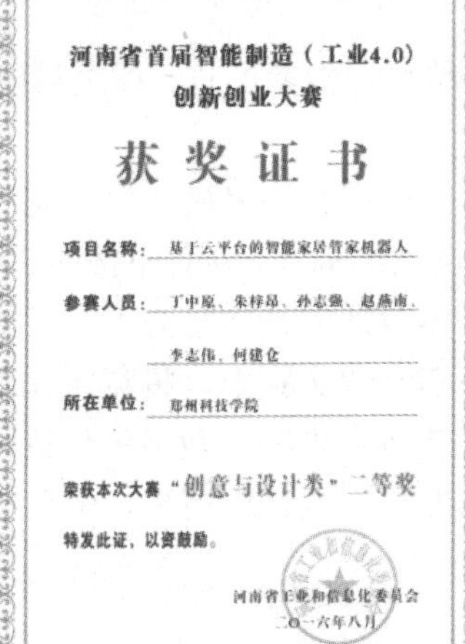

河南省首届智能制造（工业4.0）
创新创业大赛

获奖证书

项目名称：基于云平台的智能家居管家机器人
参赛人员：丁中原、朱梓昂、孙志强、赵燕南、李志伟、何建仓
所在单位：郑州科技学院

荣获本次大赛"创意与设计类"二等奖
特发此证，以资鼓励。

河南省工业和信息化委员会
二〇一六年八月

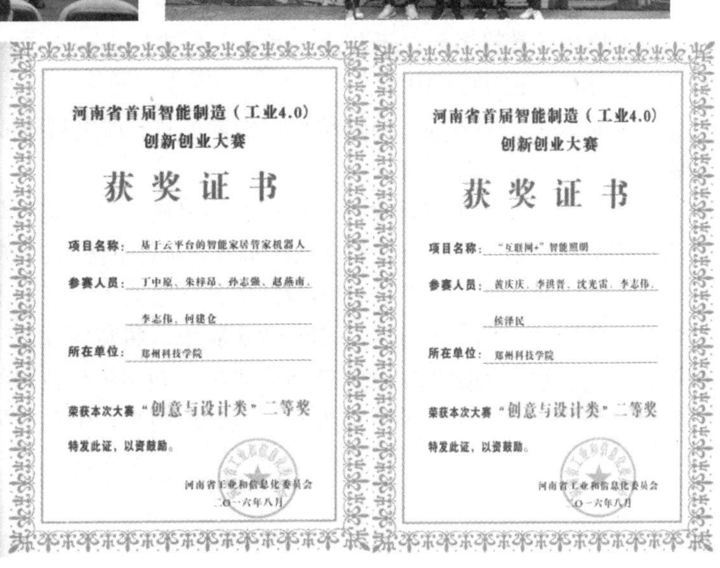

河南省首届智能制造（工业4.0）
创新创业大赛

获奖证书

项目名称："互联网+"智能照明
参赛人员：黄庆庆、李洪晋、沈光雷、李志伟、侯泽民
所在单位：郑州科技学院

荣获本次大赛"创意与设计类"二等奖
特发此证，以资鼓励。

河南省工业和信息化委员会
二〇一六年八月

蓝桥杯大赛

获奖证书

郑州科技学院杜远坤：
指导王小高荣获第五届"蓝桥杯"全国软件和信息技术专业人才大赛河南赛区 JAVA 软件开发本科 B 组二等奖。
特发此证，以资鼓励。
证书编号：050503050

2014年4月10日

荣誉证书

张猛、刘超华、马令匀同学参加第八届全国信息技术应用水平大赛，获得"中兴杯"安卓智能终端创意团体赛全国二等奖，指导教师李志伟、董海芳。

2013年12月

获奖证书

二等奖

特发此证。

2016年5月29日

图 11-10　学生获奖情况

3. 科研成绩突出、以科研提升教学水平

学院科研项目无论在数量上还是质量上都实现了突破，组织申报省、市级课题近73项，其中主持和参与河南省科技厅项目8项，最具代表性的河南省科技厅科技攻关项目“全自动精密称重包装机设计”获得立项，并获得10万元的经费。青年教师主持立项河南省科技厅项目两项，有两项河南省科技厅项目获得河南省科技厅成果鉴定。在项目结项方面，学院所立项项目均能按时并且保质保量地完成。

在著作出版和论文发表方面，学院教师主编、参编教材21部，其中“十二五”规划教材1部，实验指导教材多部。近年来，教师共发表发表论文239篇，其中在中文核心期刊发表42篇，被SCI、EI收录10篇。

在科研成果获奖方面，学院教师积极参加省、市级科研成果评奖，有37项成果获奖，获奖层次和获奖等级逐年提高。

另外，学院在实验室建设方面取得重大突破，以学院教师为主体参与的郑州市机电智能重点实验室获得郑州市科技局的重点实验室立项，下拨的30万元经费全部用于实验室的建设。

在学院领导的带领下，在全体教师的共同努力下，各专业努力将最新科研成果应用于教学、教材建设、大面积基础实验和专业实验中，将科研课题引入本科学生的创新与实践活动及毕业环节，定期为学生举行科技前沿讲座，向学生传授科学研究方法，使他们了解学科前沿和研究热点，培养学生创新能力和团队合作精神，带动成果转化。

第十二章　土木建筑工程学院

第一节　学 院 概 况

郑州科技学院土木建筑工程学院，源于 1988 年建校初的工业与民用建筑专业，先后分属于工程系、电子工程系。2010 年 7 月，根据学校发展需要，土建系成立，2012 年年初更名为土木建筑工程学院。学院现有建筑环境与能源应用工程（原建筑环境与设备工程）、土木工程、工程造价 3 个本科专业，以及建筑工程技术、建筑装饰工程技术 2 个专科专业。

土木建筑工程学院坚持贯彻学校“立德树人、质量立校、人才强校、特色兴校”的办学理念，铭记“敬业 博学 诚信 奉献”的院训，坚持“以人为本、用心治学、抓住根本、办出特色”，树立以质量求生存、以质量求发展的办学思想，提倡“温馨管理，创建和谐家园”的管理模式，坚持以教学工作为中心，培养具有创新精神和基础扎实、素质高、实践能力强、适应经济社会发展需求的应用型高级专门人才。

第二节　教 师 队 伍

一、师资队伍基本情况

土木建筑工程学院现有结构工程教研室、施工技术教研室、岩土工程教研室、建环教研室、建装教研室和工程造价教研室，拥有一支教育理念先进、爱岗敬业、结构合理、学历较高、治学严谨的教师队伍。截至目前，学院现有教师 95 人，其中专任教师 71 人，外聘教师 24 人；拥有学生管理人员 9 人，均长期从事学生的教育与管理工作，具有丰富的学生管理经验。现有教师的职称结构、学历结构、年龄结构如图 12-1～图 12-3 所示。

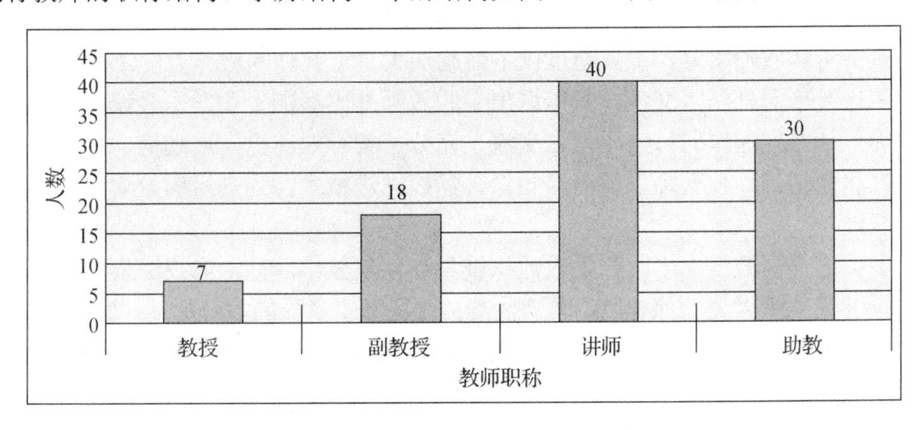

图 12-1　现有教师职称结构柱状图

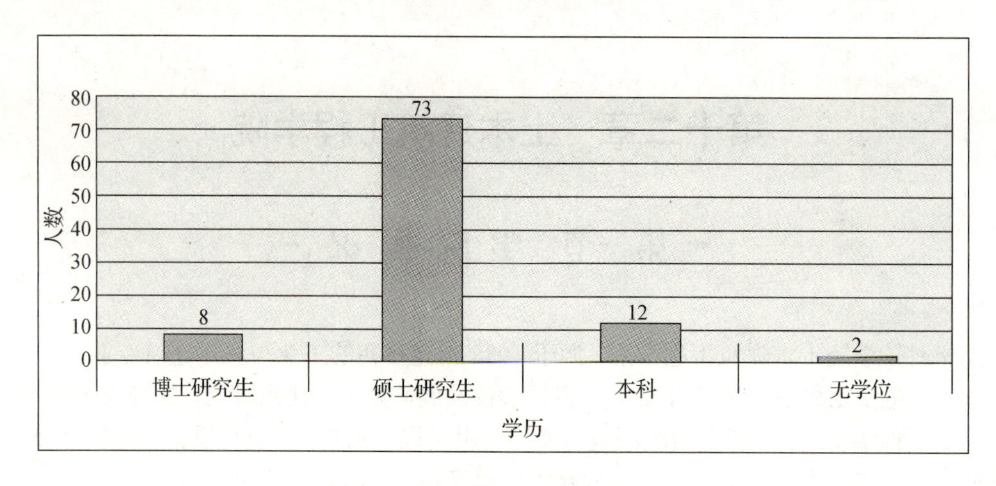

图 12-2　现有教师学历结构柱状图

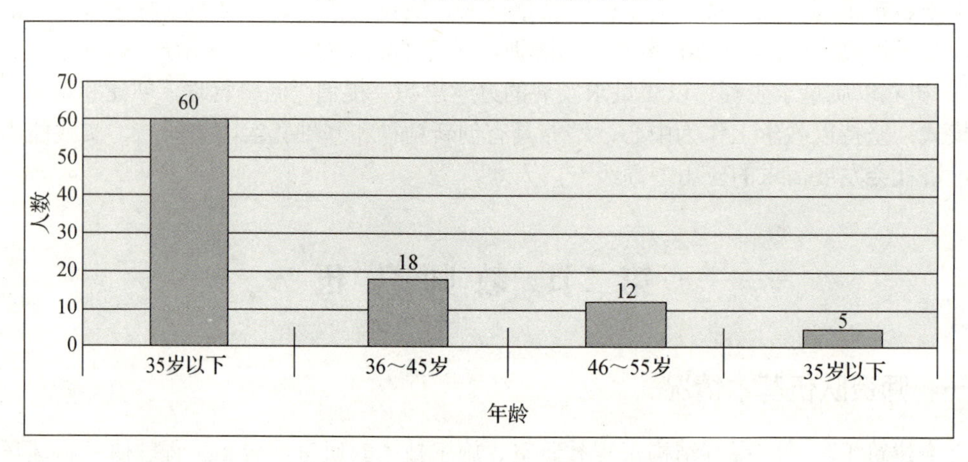

图 12-3　现有教师年龄结构柱状图

二、师资队伍培养

学院具有副教授以上职称的教师人数约占教师总数的26.32%，具有硕士研究生以上学历者约占教师总数的85.26%，中青年教师人数约占教师总数的82.11%。学院非常重视师资队伍建设，注重中青年教师培养，主要通过以下措施加大青年教师的培养力度。

（1）积极开展对外学术交流。每年派出专职教师外出参加专业学术会议、短期研讨班、专题会议等，让教师通过研讨、学习、交流，充分了解行业前沿发展趋势，以及新技术、新材料的研究和使用等，使教师了解前沿知识、掌握先进技术，为今后的教学和学科专业建设奠定良好基础。

（2）多渠道提高教学水平。鼓励教师积极参与各项教学活动，如校级说课、多媒体课件大赛、“说专业”大赛及省市级微课、慕课大赛；开展形式多样的教研活动；加强老中青教师、外聘教师和专职教师之间的导师制培养等。通过多种渠道，提高教师队伍教学水平和科研能力。

（3）加强现代教育技术培训。学院开展了以网络教学、计算机辅助教学、电化教学为主要内容的现代教育技术培训，重在树立先进教育理念，加强课件制作能力的培养。

（4）深入企业挂职锻炼。学院鼓励青年教师利用假期到企业或工程一线挂职锻炼，深入设计、施工、管理、造价等专业企业，通过参与项目工程，深入了解整个工程的设计、施工程序，将理论与实践有机结合。到企业挂职，很好地锻炼了青年教师的工程实践能力，为丰富课堂教学、做好科研工作提供思路和素材。

（5）积极开展各类教学技能比赛及学科竞赛。以教研室为单位每学期组织教学观摩及说课比赛等活动；鼓励教师带领学生积极参加各类学科竞赛，加强师生的动手能力及团队合作能力。

（6）充分发挥学院二级督导作用。学院成立了以院长为组长的二级督导组，通过在课堂教学、教研活动中督促指导，及时反馈、交流来逐步提高青年教师教学水平。学院还加强高职称教师的引进与聘任工作，定期为青年教师进行专题讲座，做到“传、帮、带”，实现了青年教师自身的提高和老教授知识的传承。

自 2012 年土木建筑工程学院成立以来，通过导师制单科培养、网络培训、岗前培训、暑期培训、外出学习、工地参观等培训模式，青年教师的教学能力得到了很大提高。教师参加培训情况如表 12-1 所示，教师培训证书如图 12-4 所示。

表 12-1　教师参加培训情况一览　　单位：人次

年份	导师制单科培养	岗前培训	暑期培训	外出学习	工地参观	企业挂职	网络培训
2012	2	7	22	0	4	0	6
2013	2	4	26	4	6	2	5
2014	17	24	48	10	10	6	6
2015	11	8	52	17	15	9	6
2016	7	11	56	27	22	9	0
2017	10	0	56	16	12	3	12
2018	0	0	71	24	18	3	0

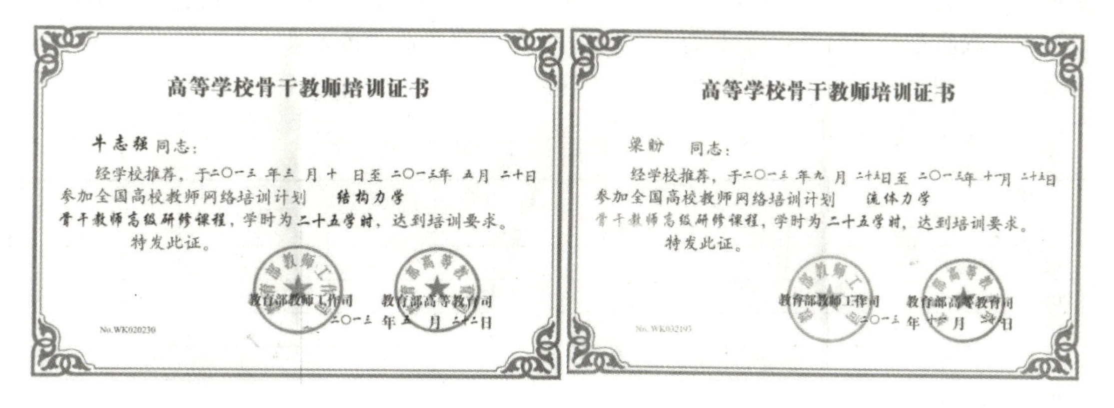
高等学校骨干教师培训证书

牛志强 同志：

经学校推荐，于二〇一三年三月十日至二〇一三年五月二十日参加全国高校教师网络培训计划 结构力学 骨干教师高级研修课程，学时为二十五学时，达到培训要求。

特发此证。

教育部教师工作司　教育部高等教育司

No.WK020230

高等学校骨干教师培训证书

梁韵 同志：

经学校推荐，于二〇一三年九月二十五日至二〇一三年十一月二十五日参加全国高校教师网络培训计划 流体力学 骨干教师高级研修课程，学时为二十五学时，达到培训要求。

特发此证。

教育部教师工作司　教育部高等教育司

图 12-4　教师培训证书

三、教研室建设

教研室是学校实施教学管理、开展教学活动的基层组织，是发挥教师集体力量、开展教学研究、深化教学改革的重要组织形式。加强教研室建设，对促进教师专业发展、提高课程实施水平和学校教育教学质量具有十分重要的意义，对形成学校的办学特色具有不可低估的功能和价值。学院非常重视教研室的建设工作，主要体现在以下几个方面。

（1）加强教研组长的选拔。教研组长是学科教学研究、教学管理的带头人和责任人，教研组长作用发挥的好坏直接关系到学院教学质量的高低。因此，学院非常重视教研组长的选聘工作，选拔思想品德好、教学水平高、科研能力强、有较高的群众威望、有一定组织和协调能力的骨干教师担任教研组长。学院制定了《教研室工作职责》《教研室组长工作职责》，明确了教研组长的工作职责，积极吸收教研组长参与学院有关教学工作的研究、决策和管理，充分调动他们的积极性和创造性。

（2）落实常规教学，保证正常的教学秩序。教研室作为学校基础的教学研究和管理单位，其基本责任是组织学科教学研究，抓好教学常规落实。自学院成立以来，教研室严格按照课程要求和学校的教学管理规定，加强对备课、上课、作业、辅导、考试等教学环节及学习、培训、研讨等教研活动的指导，并协助学院做好教学常规的管理与检查，及时发现、反馈、矫正教学教研过程中的不当行为，树立先进典型，推广成功的做法和先进的经验，保证了学院教学、教研工作的正常运转。

（3）搭建研究平台，开展丰富的教研活动。加强教研室建设是促进教师专业化成长的主要途径。教研室是教师专业成长的基地，是教师间“有效互动”“合作共进”的最有效组织。教研活动的有效开展，能帮助教师学习教育理论，更新教育理念，掌握先进的教学策略和教学技术，提高专业素养和施教水平。同时，利用教研室这一载体，有利于创设激励教师主动发展的氛围，搭建教师交流互动的平台，培养教师学习反思与合作研究的习惯，使广大教师走上一条快速成长的科研之路，在学习中提高，在研究中提升，在合作中成长。自2015年学校要求各教研室公开教研活动以来，学院各教研室认真按照学校要求，共同制定教研室公开教研活动计划，积极开展教研活动，具体开展情况如表12-2所示。

表12-2　各教研室开展公开教研活动一览　　单位：次

学年学期	结构工程教研室	施工技术教研室	岩土工程教研室	建环教研室	建装教研室	工程造价教研室
2014—2015学年第一学期	6	6	6	5	6	1
2014—2015学年第二学期	4	5	6	6	4	1
2015—2016学年第一学期	5	7	5	6	6	
2015—2016学年第二学期	4	9	4	6	4	6
2016—2017学年第一学期	6	8	16	5	4	7
2016—2017学年第二学期	5	8	4	6	5	8
2017—2018学年第一学期	5	10	4	6	6	6
2017—2018学年第二学期	5	8	4	6	5	6

（4）开展课题研究，提升教师的科研素养。课题研究是促进教师专业成长的重要途径，要求教师用研讨方法研究解决教学中的问题，做到教学带动科研，以科研促进教学。倡导教师采用课题研究的形式进行研究，积极承担教科研部门和学校指定的科研任务，选择课程改革和教学实践中的难点和热点，确立符合学科特点和教师经验与需要的研究课题，凝聚集体的智慧和力量，开展教育教学改革的实践探索；同时积极撰写教育教学论文，及时总结、推荐教改经验和科研成果。自学院成立以来，学院教师共申报项目 137 项；发表论文 235 篇，主参编教材 36 部，研究报告 41 篇，鉴定成果 7 项，申请专利 40 项，获奖成果 40 项。

（5）开展教学技能竞赛，提高教师教学水平。教学技能竞赛是加强教师队伍建设和调动广大教师教学积极性、主动性、创造性的一种方式，是推动教学改革创新、促进教师职业发展的重要手段，也是教师教学水平评价的直接体现。教学技能竞赛可促进教师之间互相学习、共同提高。自学院成立以来，教师积极参加学校组织的说课比赛、课件大赛、“说专业”比赛，同时参加其他组织的教学技能竞赛，如微课大赛、第六期应用型课程建设大课堂说课比赛等。除此之外，学院教师积极带领学生参加各类学科竞赛，均取得了不错的成绩，主要比赛及获得荣誉如表 12-3 和图 12-5 所示。

表 12-3　学生参加学科竞赛情况一览

序号	赛事名称	主办单位	比赛时间	获奖等级	获奖人	指导教师
1	第二届河南省大学生制冷空调科技竞赛	河南省制冷学会	2015 年 3 月 28 日	河南省一等奖	孔高峰 罗凤引 梁准	张晓静
2	“比泽尔杯”第九届中国制冷空调行业大学生科技竞赛	教育部高等学校能源动力类专业教学指导委员会、中国制冷空调工业协会	2015 年 6 月 15 日	全国三等奖	孔高峰 罗凤引 梁准	张晓静 梁盼
3	2017 中国工程机器人大赛暨国际公开赛	教育部高等学校创新方法教学指导委员会、国际工程机器人联盟	2017 年 5 月 27 日	全国三等奖	肖航 房文龙 杜影	耿晓雯 王璞
4	“建科杯”河南省第五届大学生结构模型设计竞赛	河南省建设教育协会	2016 年 11 月 11 日	优秀奖	刘宁 刘延丽 吴从从	郭阳
5	第二届全国高校 BIM 毕业设计作品大赛	中国建筑学会施工管理分会	2016 年 6 月 6 日	三等奖	梁准 郭亚章 胡永辉 张封皓 崔一琼	张晓静
6	河南省建设类院校“广联达杯”第一届工程造价技能大赛	河南省建设教育协会	2016 年 9 月 24 日	本科组三等奖	张贝贝 黄圆媛 王潘	韩灵杰
7	河南省建设类院校“广联达杯”第三届工程项目管理沙盘技能大赛	河南省建设教育协会	2016 年 9 月 24 日	本科组三等奖	孙昆明 王景璐 张内利 高鹏	韩灵杰
8	第六届中南地区（七省）高校土木工程专业“结构力学竞赛”	华南理工大学和广东省力学协会	2017 年 2 月 27 日	二等奖	王阿勇	龚耀清 牛志强

图 12-5 学科竞赛荣誉证书

（6）加强团队合作，打造优秀教师团队。教研室是教师合作文化建设的有效载体，学院充分发挥教研室的作用，以教研室为主体，组建导师制教学团队及学科和课程教学团队，利用专家教授的传帮带作用和教学团队的互帮活动，使青年教师的业务能力得到明显提高。学院现有“建筑工程技术”和“建筑装饰工程技术”两个教学团队，其中“建筑工程技术”教学团队为市级优秀教学团队，曾被评为“郑州市优秀教学团队”（图 12-6）。学院非常重视团队的建设工作，自团队成立以来，制定了团队建设方案及团队导师制培养计划，以此为基础，扎实做好“结对子”“团队带教”等教师培养工作，以充分发挥专家教授及团队骨干教师的引领作用，让教师在群体的学习、研究、实践、反思中不断突破自己的能力上限，实现个体的迅速成长与发展，从而打造优秀的教师团队。

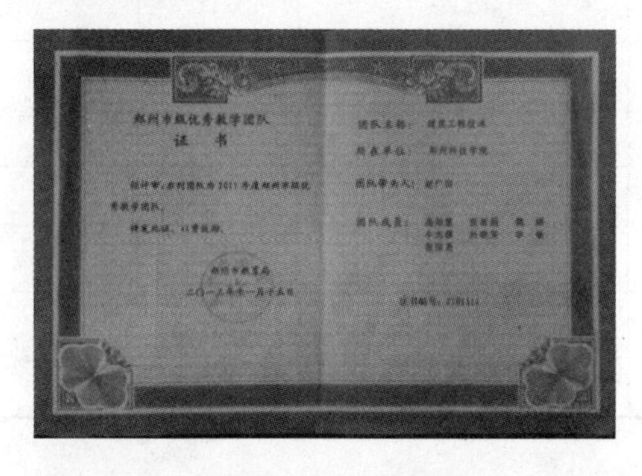

图 12-6 市级优秀教学团队证书

第三节 专业建设与培养方案

土木建筑工程学院现有土木工程、建筑环境与能源应用工程、工程造价 3 个本科专业，以及建筑工程技术、建筑装饰工程技术 2 个专科专业。专业设置情况如表 12-4 所示。

表 12-4 现有专业一览

序号	专业代码	专业名称	学制/年	招生时间	学科门类
1	081001	土木工程	4	2012 年	工学
2	081002	建筑环境与能源应用工程	4	2011 年	工学
3	120105	工程造价	4	2015 年	工学
4	560301	建筑工程技术	3	2002 年	土建大类
5	560102	建筑装饰工程技术	3	2002 年	土建大类

一、专业建设

对于 3 个本科专业，学院根据自身的发展规划，制定了详细的专业发展规划。各专业发展规划内容翔实、目标明确、任务分解合理，具有较强的可操作性。2014 年，土木工程专业被评为河南省民办高校品牌专业（图 12-7），为使专业建设顺利进行，学院制定了《土木工程品牌专业建设发展规划》。为了满足社会经济发展对高级应用型人才的需求，学院坚持优化学科专业结构，稳步调整学科专业布局，在保持原有专业的基础上，拟在 2020 年之前使本科专业达到 5 个。下一步将以现有学科专业为基础，以区域内产业集群为服务对象，发挥专业特色，充分考虑专业集群资源优化与共享、专业结构的布局与产业结构的调整，加强校企合作、产教融合，加强双师双能型教师培养，通过土木建筑类专业集群建设，打造在土木领域内人才培养和服务地方经济的竞争优势与核心竞争力。

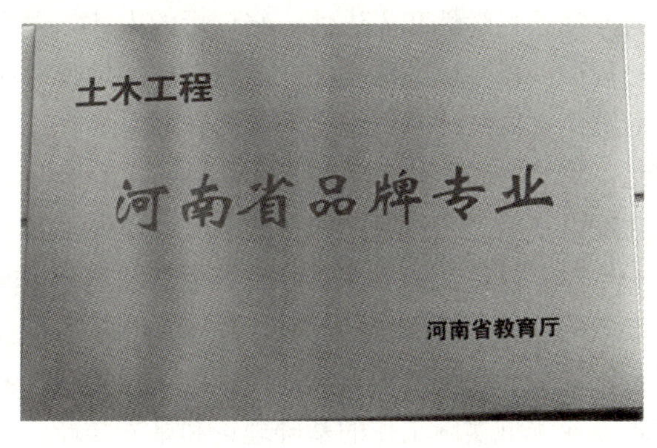

图 12-7 河南省品牌专业

二、人才培养方案的制定与修订

人才培养方案是高等院校人才培养的纲领性文件，集中体现了高等院校的教育思想和办学理念，是实现人才培养目标的前提与基础，是学院组织教学、实施教学管理、实现专业培养目标的重要依据，是学院对教学质量进行监控和评价的基础文件，决定着专业培养的方向和顶层设计。学院非常重视人才培养方案的制定与修订工作，根据《郑州科技学院关于制定本科专业教学计划的原则意见》（院教〔2008〕2号）和《郑州科技学院关于修订本科专业人才培养方案的指导性意见》（郑科院教〔2015〕28号），学院制定和修订的人才培养方案具有以下特点。

（1）坚持德、智、体、美等全面发展。学院制定和修订的人才培养方案，全面贯彻党和国家的教育方针，以工作第一线的技术和管理人员的素质与能力要求为导向，围绕培养目标对人才的知识结构、能力结构和专业技能的要求，坚持本科以应用型培养、专科以技能型培养为主线，坚持课内外教学活动与校内外教育活动相结合，正确处理德育与智育、理论与实践的关系，正确处理传授知识、培养能力和提高素质三者之间的关系。

（2）主动适应社会发展对人才的需求，注重培养方案的可行性。制定和修订人才培养方案之前，学院经过大量的社会调查，走访同类院校、企事业单位，掌握第一手资料，由教研室起草人才培养方案，最后由高校、企业人员组成专家组对人才培养方案进行论证并最终定稿。修订后的人才培养方案，更加注重分析与研究经济建设和社会发展中出现的新情况、新特点，重点关注社会主义市场经济和专业领域技术的发展趋势，使人才培养方案具有鲜明的时代特点。另外，人才培养方案注重体现社会需求的多样性和多变性，根据实际需要（如订单班、实验班、精英班等）、人才培养目标、人才培养模式、教学内容与教学方法等柔性化特征，与社会对人才需求保持一致性；同时，注重教育教学规律，很好地处理了社会需求与教学工作的关系，以及社会需求的多样性、多变性与教学工作相对稳定性的关系。

（3）突出应用型、针对性，注重核心课程和专业技能的合理分配。修订后的人才培养方案，以适应社会需求为目标，以培养应用型人才为主线；从专业建设入手，根据专业培养规格的要求，确定了合理的课程体系；基础理论以“必需、够用”为度，强化以应用为重点；专业课加强了针对性、实用性和操作性。

（4）体现了人才培养方案的科学性和先进性。修订后的人才培养方案，其课程体系既符合教学规律，又符合认知规律；在明确各课程在专业教学中的地位和作用的基础上，合理安排了各课程的学时和先后顺序；同时注重课程之间的内在联系，在充分调研论证的基础上，进行了课程的整合与重组。除此之外，修订后的人才培养方案充分考虑了教学内容的更新，增加了与本专业有关的新理论、新工艺、新技术和新方法，体现了人才培养方案的先进性。

（5）注重实践能力的培养。修订后的人才培养方案更加注重理论与实践、知识传授与能力培养相结合；在保证必需的理论教学内容的同时，重点加强了各类实践教学环节，构建以能力培养为本的教学体系；增加和保证实训、实践课程的教学实践，减少了演示性和验证性实验，使学生掌握从事本专业领域实际工作的基础理论和基本技能；同时部分实践教学内容与国家制定的职业资格制度相适应，实训要求和考核标准与对应的职业资格标准相协调，充分体现了“学历证+技能证+综合素质证”的三证育人模式。

三、人才培养方案的实施

人才培养方案体现了教学目标及达到这个目标必须完成的教学内容，对最终能培养出什么样的人才起至关重要的作用。自本科专业人才培养方案制定以来，根据社会需求及各专业发展需要，学院分别于 2013 年和 2016 年对原人才培养方案进行了修订。根据人才培养方案，各专业实施情况具体如下。

（1）严格执行教学计划，使人才培养过程符合专业培养目标，有较强的可操作性，使人才培养的各项要求能在教学过程中具体落实。在执行过程中，重视教学计划的权威性。到目前为止，各专业已开课程均按计划执行，执行情况良好。

（2）制定并完善了各种教学制度，规范教学行为。专业基础课及专业课的教学大纲、实验大纲、课程设计大纲和实验指导书由课程小组集体讨论，并由教研室主任审核、院长审定通过；各任课教师按教学大纲认真备课、精心组织教学。严格执行学院的各种规章制度，坚持每学期院领导、学院二级教学督导、教研室主任及教师听课制度。严把考试质量关，坚持试卷审核制度，严格考试纪律。积极配合学校开展期初、期中、期末教学检查，在教学检查过程中，对检查组反馈的问题认真分析并制定详细的整改措施。

（3）优化课程体系，重视课程建设。根据专业人才培养方案和人才市场需求，设置了专业课程和专业选修课程，突出专业特点，强调理论教学与实践教学相结合，从而达到人才培养目标的知识、能力和素质要求。目前正在申报 3 门校级精品课程，并积极进行“赛课（Sakai）”网络学习平台建设，课程资料全部上传至网络学习平台。

（4）探索新的教学方法和教学手段。对专业基础课和专业核心课程，采用案例教学、多媒体教学、小组讨论、专题研究、网上教学等多种教学手段，拉近了理论教学与实际的距离；不定期组织教师和学生到工地参观实习，邀请高校与企业人员给教师和学生做报告、讲课，走校企合作办学之路；各专业所开课程的 90%以上采用多媒体教学，教学效果良好。

（5）加强教材建设，保证教学质量。严格执行学院关于教材编写、评价和选用制度，各专业课程都选用获奖教材或面向 21 世纪教材或国家规划教材，有实验的课程都选用或自编了配套的实验指导书，并在教学实践中不断完善和提高。

（6）强化实践教学，培养学生解决实际问题的能力。制定实验大纲、课程设计大纲、实习实训大纲及指导书，建立“课程实验、课程设计、认知实习、生产实习或企业综合实习、毕业设计和毕业实习”的实践教学体系。在完善专业课程体系的基础上体现知识、能力、素质的协调发展，提高学生的工程实践能力。

（7）激发学生学习兴趣，培养工程实践能力。积极倡导素质教育，为学生提供了大学生创新创业平台。积极鼓励学生参加各种竞赛，如全国大学生数学建模竞赛、全国结构模型设计大赛、中南地区高校土木工程类专业结构力学竞赛、全国高等院校建筑软件技能认证大赛、全国工程机器人大赛等，开辟第二课堂活动，鼓励学生参与老师科研项目等，取得了良好效果，学生专利证书及作品分别如图 12-8 和图 12-9 所示。

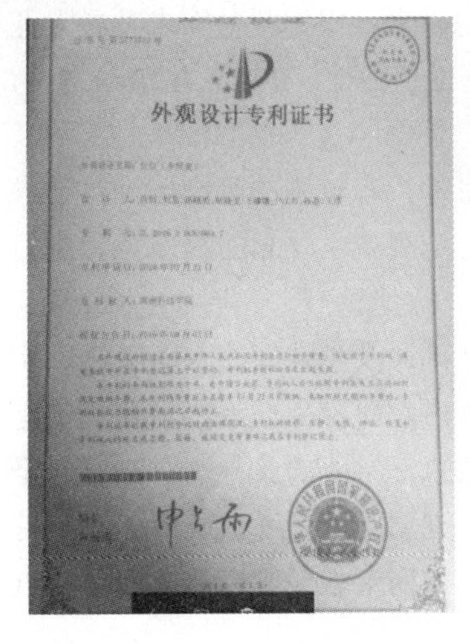
外观设计专利证书

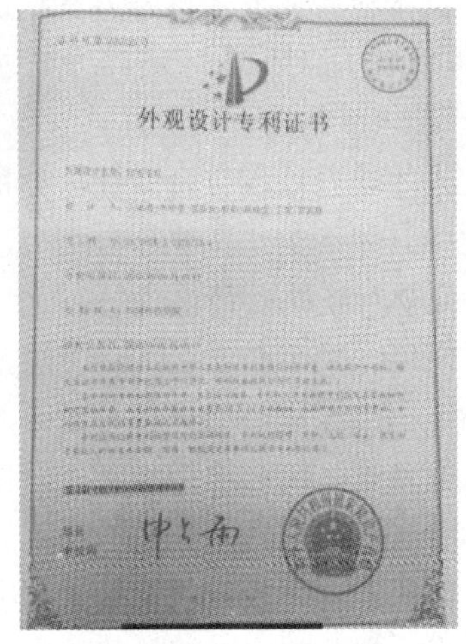
外观设计专利证书

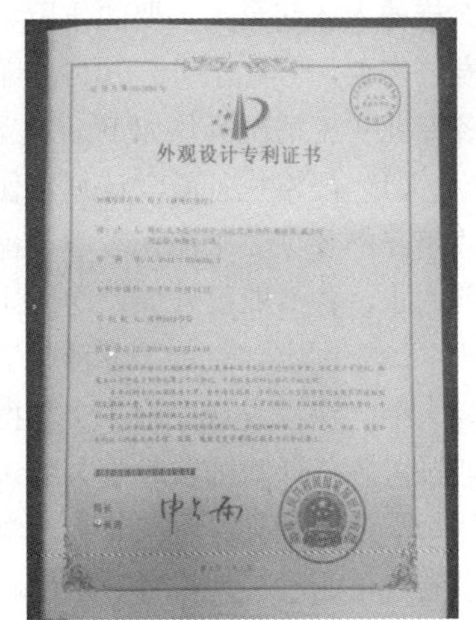
外观设计专利证书

图 12-8　学生专利证书

图 12-9　学生作品

四、新工科建设

根据学校培养应用型人才的办学定位和董事长提出的探索“新工科”的战略思路，学院按照国家大力推进建筑业发展改革和行业着力推进建筑信息模型（BIM）技术应用的指导性意见，组建了智慧建筑实验班和数字建筑精英班，制定了详细的管理制度和具体实施方案，形成了智慧建筑实验班人才培养方案，构建了“四维一体”的实践教学课程体系（图 12-10）。

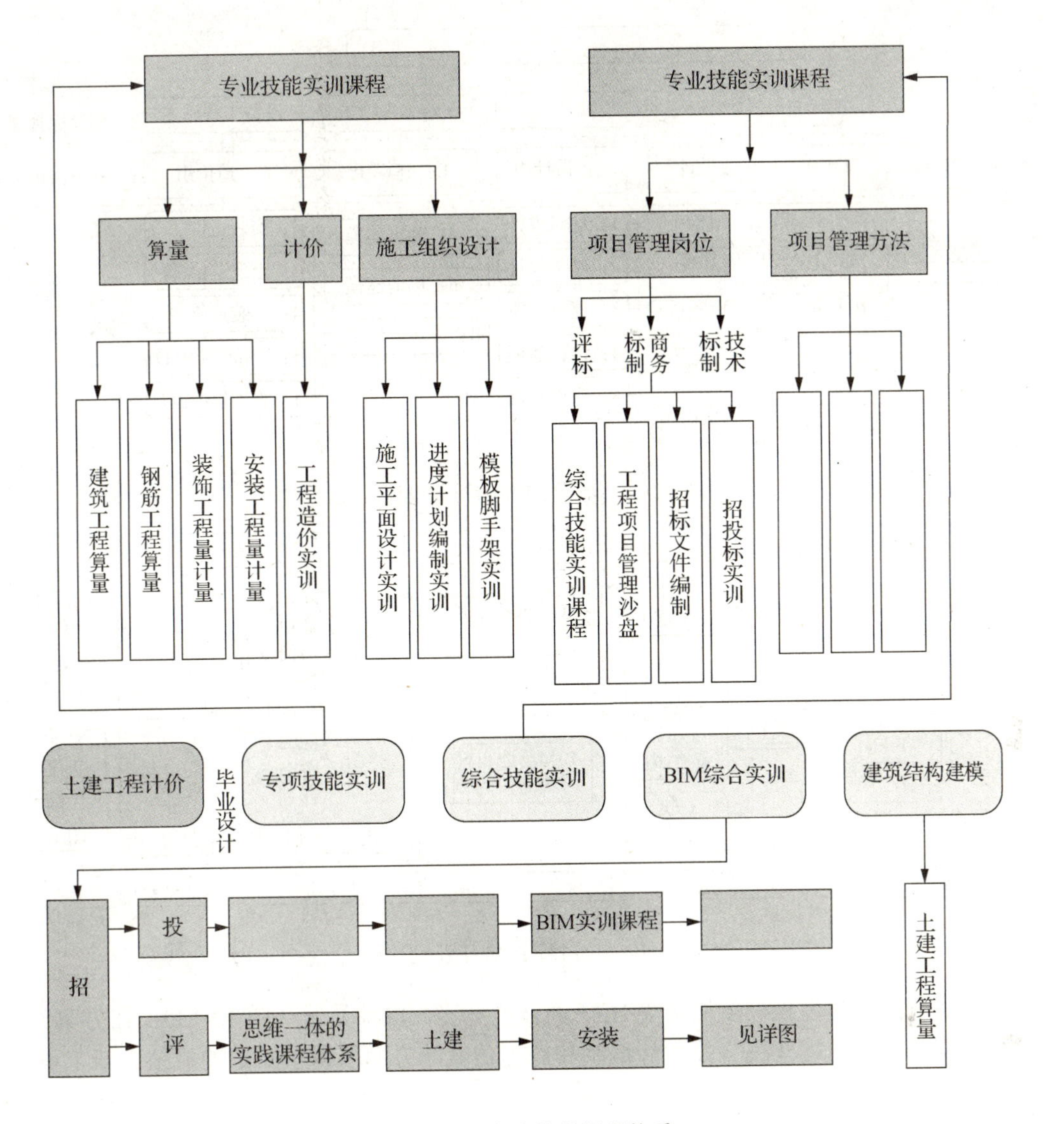

图 12-10　实践教学课程体系

数字建筑精英班制定了基于 BIM 的毕业设计方案（图 12-11），细化毕业设计分类，构建了满足建筑、结构、设备等条件的工程建模，实现从设计到招投标，再到施工阶段的全过程 BIM 毕业设计模式（图 12-12）。

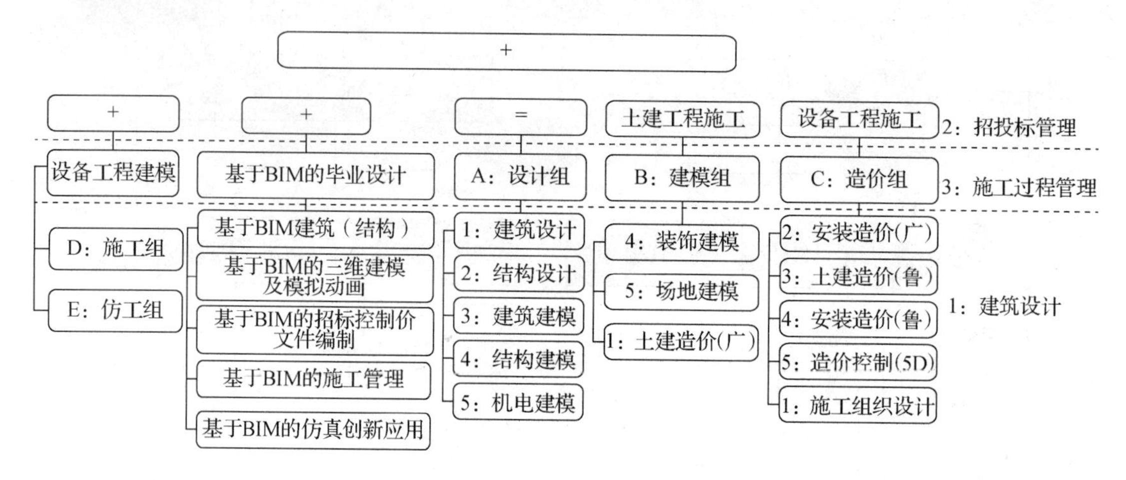

图 12-11　基于 BIM 的毕业设计方案

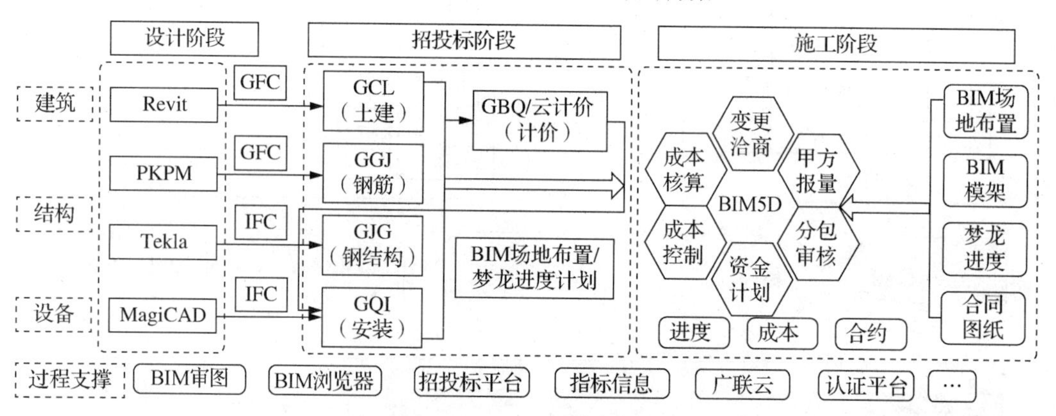

图 12-12　全过程 BIM 毕业设计模式

在竞赛方面，学生积极参加各类 BIM 类技能竞赛，成绩显著（图 12-13）；在方案设计、招投标编制、建筑结构建模、技术标编制和施工仿真等方面取得了一定的成绩。新工科建设成效展示如图 12-14 所示。

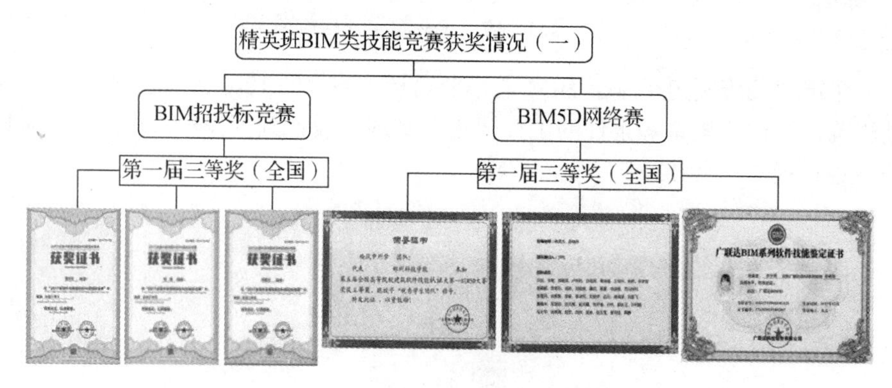

图 12-13　BIM 技能竞赛获奖情况

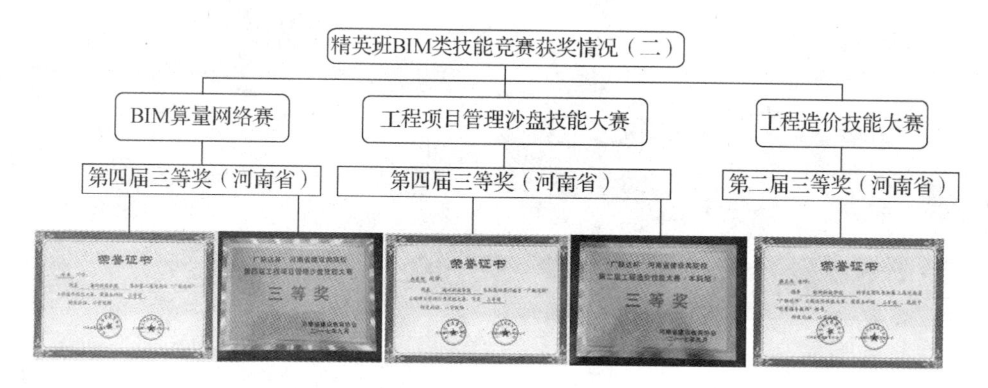

图 12-13　BIM 技能竞赛获奖情况（续）

综合办公楼方案设计

郑州科技学院幼儿园项目建模

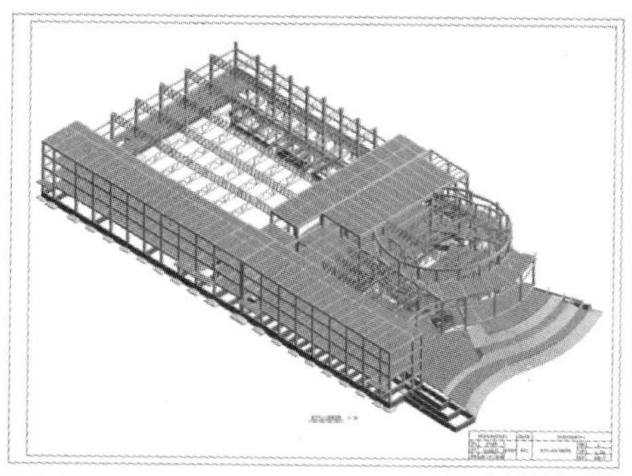

郑州科技学院众创中心建筑建模、体艺中心结构建模

图 12-14　新工科建设成效展示

郑州科技学院体艺中心技术标编制、施工仿真

郑州科技学院场地布置

图 12-14　新工科建设成效展示（续）

第四节　课程建设与教学改革

一、课程建设

（1）课程体系建设。修订后的人才培养方案，在充分调研论证的基础上，进行了课程的整合与重组，使课程目标与专业培养目标衔接紧密，课程知识目标与技能目标进一步明确，符合学院办学定位，符合学生实际，符合岗位职业能力要求，旨在培养学生的学习能力、应用能力、协作能力和创新能力。

（2）课程内容建设。根据专业发展及社会需求，及时更新课程内容，吸纳新知识、新技术、新工艺、新设备、新材料和新标准。整合教学内容，强化实践环节，使课程体系更具科学性、实践性和应用性。

（3）师资队伍建设。师资队伍建设是课程建设的重要内容，学院不断推进师资队伍的学历结构、职称结构和年龄结构的提升与优化，通过推进双师双能型教师队伍建设，使专兼职教师队伍日趋合理；通过外引内培打造了一支思想素质好、专业知识水平高、专业技术强、结构相对合理的教师队伍。

（4）教学方法和手段建设。根据课程特点，积极探索符合教育规律、符合岗位职业能力要求、符合学生实际的教学方法，以精品课程、微课、慕课和赛课网络平台为基础，不断丰富和完善教学资源库，积极有效应用现代化教育技术手段，取得了良好的效果。

（5）教材建设。教材建设是高等院校的一项基本建设，高水平、高质量、有特色的教材是实现高等学校人才培养任务的重要保证。根据《郑州科技学院加强教材建设与管理的规定》（院教〔2009〕10 号），学院选用了一些"面向二十一世纪专业规划教材"、"十二五"普通高等教育规划教材、"十三五"普通高等教育规划教材、国家重点教材、教育部推荐教材及相关专业指导委员会优秀教材。各专业采用上述教材的比例达到 95%以上，使用近 3 年出版的新教材的比例达到 95%以上。学院鼓励教师积极编写出版有特色的应用型教材。自学院成立以来，学院教师共主参编教材 36 部，部分教材如表 12-5 所示。

表 12-5　教师主参编教材一览

序号	教材名称	出版单位	出版时间	ISBN
1	《建筑工程施工技术》	武汉大学出版社	2016 年	9787307178328
2	《我国建筑业可持续发展系统评价与仿真研究》	新华出版社	2015 年	9787516620809
3	《建筑工程测量》	武汉大学出版社	2015 年	9787307165823
4	《城市雨水利用技术开发及推广应用研究》	中国水利水电出版社	2015 年	9787517033530
5	《建筑工程测量》	黄河水利出版社	2015 年	9787550911352
6	《画法几何与土木工程制图》	武汉大学出版社	2015 年	9787307111967
7	《建筑 CAD》	国家行政学院出版社	2015 年	9787515013718
8	《工程地质》	黄河水利出版社	2015 年	9787550909878
9	《建筑工程监理概论》	国家行政学院出版社	2015 年	9787515013725
10	《建筑力学（上下册）》	郑州科技学院	2014 年	自编教材
11	《工程力学》	电子科技大学出版社	2014 年	9787564714048
12	《房屋建筑学》	航空工业出版社	2014 年	9787516500156
13	《建筑力学与结构》	哈尔滨工业大学出版社	2013 年	9787560341231
14	《建筑装饰工程制图与识图》	机械工业出版社	2013 年	9787111427469
15	《建筑力学》	南京大学出版社	2013 年	9787305118340
16	《工程地质实训指导书》	黄河水利出版社	2013 年	9787550904750
17	《工程测量实训指导与报告书》	学校内部教材	2013 年	自编教材
18	《建筑工程测量（第 2 版）》	北京理工大学出版社	2013 年	9787564073732
19	《〈建筑工程测量〉实验实习指导及报告书》	学校内部教材	2012 年	自编教材
20	《建筑施工组织设计》	中国海洋大学出版社	2012 年	9787810678360

二、教学改革

（1）教学方法和教学手段改革。改变传统的单向灌输式教学法，实行启发式、讨论式、仿真式等多样化教学方法，注重因材施教，重视学生在教学活动中的主体地位，恰当处理知识传授和能力培养的关系，鼓励学生独立思考，激发学生的学习兴趣和自主学习的潜能，充分调动学生学习积极性、主动性和创造性。积极推行现代教育信息技术，充分利用校园网络及多媒体技术教学，利用多媒体教学课程达到 90%以上。

（2）考试改革。为推进应用型人才培养教学改革工作，强化大学生应用能力考核评价，按照《郑州科技学院关于开展课程考核评价方式改革工作的意见》（郑科院教〔2015〕21 号）文件要求，学院分别在 2015—2016 学年第二学期和 2016—2017 学年第一学期进行了考试改革，分别为土力学与地基基础、工程力学、测量学、建筑工程制图和结构力学。对于课程考试改革，均由任课教师根据课程性质提交申请，教研室和学院严格审核，考试结束后对考试改革结果及时分析，查找原因并认真总结，所有考试改革整体情况良好。

（3）积极开展教学研究，并将研究成果运用于教学。学院鼓励教师积极开展教育教学改革，探索与实践符合时代发展和学院特色的教育规律、教学内容、教学管理和教育技术，解决学校教育教学中存在的问题。根据《郑州科技学院教学改革研究项目管理办法》（郑科院教〔2010〕38号），学院教师积极申报各类教学改革项目，取得了一定的成效，为学院教育教学改革奠定了良好基础。部分教育教学改革项目如表12-6所示。

表12-6 教师参加教育教学改革项目一览

序号	项目名称	项目编号	项目来源	立项时间
1	基于应用型人才培养模式建筑结构课程实践教学改革	2016JGYB011	校级教改项目	2016年
2	基于校企合作培养人才模式的土木工程专业改革研究	2016JGYB013	校级教改项目	2016年
3	基于AHP的“混凝土结构设计原理”课程考核方式的评价研究	2016ZJKYBG52003	郑州市教育科学研究课题	2016年
4	基于应用型人才培养模式的“建筑工程制图”课程教学改革研究	2016JGYB09	校级教改项目	2016年
5	“土木工程施工”课程项目化教学改革研究	2016JGYB012	校级教改项目	2016年
6	提高建环专业毕业设计质量的研究与实践	2015JGZD05	校级教改项目	2015年
7	基于应用型人才培养模式的“混凝土结构”课程教学研究	2015JGYB05	校级教改项目	2015年
8	提高民办本科院校土建类专业实训基地利用率的对策研究	2014ZJKYBG52011	郑州市教育科学研究课题	2014年
9	“土力学与地基基础”课程教学方法、手段以及考评内容和方法的改革研究与实践	2014JGYB12	校级教改项目	2014年
10	“建筑装饰施工”教学方法、手段及考评办法的优化研究与实践	ZZJG-A6028	郑州地方高校新世纪教育教学改革及人才培养工程项目	2013年
11	“房屋建筑学”教学方法、手段及考评内容和方法的改革研究与实践	ZZJG-B6032	郑州地方高校新世纪教育教学改革及人才培养工程项目	2013年
12	“建筑装饰工程预算”课程教学内容和课程体系改革的深化与实践	2013ZJYB12	校级教改项目	2013年
13	“装饰装修设计员专业管理实务”课程教学实效性研究	2012JGYB07	校级教改项目	2012年
14	提高土建毕业设计（论文）质量的研究与实践	2011-JGYBJX-07	校级教改项目	2011年

第五节 实践教学条件与实践教学

实践教学是巩固理论知识和加深理论认识的有效途径，是培养具有创新意识的高素质应用型人才的重要环节，是培养学生理论联系实际、掌握科学方法和提高动手能力的重要平台。学院非常重视实践环节的教学工作，不断加大对实验室建设的力度，截至目前，学院现有土工实验室、建材实验室、力学实验室、结构实验室、建筑创新实验室、暖通空调实验室、流体力学实验室、热工实验室、测量实验室9个实验场所，实验室面积达1 864平方米，实验教学仪器设备共计 1 586 台（套），设备总价值 955.535 万元，满足本专科学生的日常教学需要。实验室情况如图 12-15 所示。

图 12-15　实验室情况

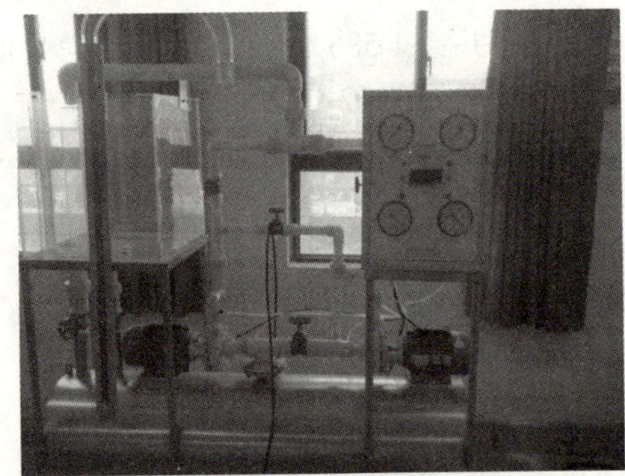

图 12-15 实验室情况（续）

学院严格执行人才培养方案，所有的实验实习实训、课程设计和毕业设计均有大纲及指导书。教师按照教学计划要求认真指导学生，填写实践环节指导记录本，指导结束后认真进行总结，所有实践环节开出率达 100%，并符合评估要求。

第六节 产教融合与协同育人

产教融合、校企合作是高等学校培养高素质应用型人才的重要模式，是实现人才培养目标的基本途径。根据专业发展需求及人才培养需要，学院积极开展校校合作、校企合作，加强与高校、企业深度合作，取得了初步成效。具体表现在以下几个方面。

一、加强与郑州大学合作

在学校与郑州大学合作的大前提下，学院多次与郑州大学土木工程学院对接，商谈具体合作事宜，双方在青年教师指导、授课、毕业设计、讲座、科研等方面取得了一些合作成果。

（1）青年教师指导：为提高青年教师的教学水平，学院安排 13 名教师到郑州大学听课，并要求教师做好听课记录；2014—2016 年，安排导师制单科培养 7 人次，导师均由郑州大学土木工程学院具有副高以上职称的教师担任。

（2）授课：学院聘请郑州大学土木工程学院具有副高以上职称或具有博士以上学历的教

师共 24 名来学院担任主讲教师。

（3）毕业设计指导：聘请郑州大学土木工程学院具有副高以上职称或具有博士以上学历教师共 13 名来学院指导毕业设计，共指导学生 260 人。

（4）科技讲坛：共安排郑州大学 3 名教师来学院进行讲座，分别是闫长斌的《长隧道（洞）TBM 施工关键技术》，李天的《钢结构的发展概况》，李洪欣的《BIM 技术》。

（5）实验室研讨：为加强 BIM 技术应用，学院举行了“河南省 BIM 高校行”活动。学院多次安排教师到郑州大学土木工程学院参加 BIM 研讨会，参观其 BIM 实验室，为学院建设 BIM 实验室提供了帮助。

（6）科研合作：2015 年参与郑州大学土木工程学院杨建中副院长主持的“全国土木工程类卓越工程师教改项目”，并共同编写《土木工程专业实践环节学习指导手册（上下册）》。

二、加强与企业的深度合作

自成立以来，学院积极开展校企合作，强化与企业的深度合作。截至目前，学院共签订合作企业 27 家，为学生实习奠定了基础。2016 年，学院与金禄市政有限公司共建实验室，在教师和学生的实践动手能力培养、科研项目合作、共同开发教材等方面进行深度合作。

第七节 培养特色

（1）多种培养模式并举，加强师资队伍建设。通过外引内培打造了一支思想素质好、教育理念先进、爱岗敬业、结构合理、专业知识水平高、专业技术强、学历较高、治学严谨的教师队伍。

（2）人才培养方案定位准确，培养目标明确，课程体系设置合理，课程目标与培养目标紧密衔接，注重实践能力培养，突出了应用型培养特点，且紧密结合社会需求和专业发展需要，体现了人才培养方案的科学性和先进性。

（3）积极开展产教融合、校企合作，不断加大与高校、科研院所、企业的合作力度，深化校企合作深度，加大校企共建、订单班、实验班培养模式实施力度，实现了社会对接、企业对接和岗位对接。

（4）积极探索新工科背景下的人才培养模式改革，进一步深化应用型人才培养改革，以市场需求为导向，以本科毕业设计为载体，以实际工程项目为依托，加强 BIM 技术培训和 BIM 技术应用推广，解决企业急需 BIM 技术人才难题，推动从业人员掌握 BIM 技术应用技能，全面提升企业 BIM 技术应用能力。

第十三章　电气工程学院

第一节　学院概况

2006年，电子工程系从原工程系中独立出来，设有应用电子技术、电气自动化技术、建筑工程技术、建筑装饰工程技术、通信工程技术5个统招专科专业。2008年，申报学院首批本科专业：电子科学与技术，第一批招生61人，分为两个行政班，采用一个教学班的体制。2009年，建筑工程技术和建筑装饰工程技术专业划为单独系。2010年，自动化专业开始招生。2011年，电气工程学院继续增加专业，新申报并获批的电气工程及自动化专业开始招生。2012年，申报电子信息工程专业，同年更名为电气工程学院。2013年调整自动化专业招生方向，该专业更名为轨道交通信号与控制专业。2015年，建筑电气专业从土木建筑工程学院调整至电气工程学院。

到目前为止，电气工程学院共有电子科学与技术、电气工程及自动化、轨道交通信号与控制、电子信息工程、建筑电气与智能化5个本科专业，以及应用电子技术、电气自动化技术、通信技术3个专科专业，基本上形成了“强弱电组合”的专业集群。

第二节　教师队伍

电子工程系在2006年成立之初，设有系主任1名，分管学生工作和教学工作的助理各1人，辅导员5人，专兼职教师43人；尚未按专业划分教研室，专职教师中既有专业课教师，也有语文、数学、英语、体育等基础课教师。随着学校办学水平的提高、师资引进力度的加大，教学更加规范化。2007年，学校统一按照专业划分教研组，电子工程系设置4个教研组，其中应用电子技术教研室4名教师、电气自动化技术教研室7名教师、通信工程技术教研室4名教师、建筑工程技术教研室3名教师，共有专职教师18名。2008年，为进一步加强师资队伍建设，引进优秀的硕士研究生扩充到专职教师队伍中，专兼职教师数量达到57人。随着专业数量的增加，电气工程学院目前有专职任课教师38人，大部分拥有硕士研究生以上学历，具有副高以上职称者约占教师总数的30%，兼职教师35名，95%以上具有副高职称，形成了一支专兼结合、职称相对合理的教师队伍，能够确保教学活动的正常、有序进行。

第三节　专业建设与培养方案

电子工程系部（学院）制定并完善了应用电子技术、通信工程技术、电气自动化技术、机电一体化技术、建筑工程技术、建筑装饰工程技术6个统招专科专业的人才培养方案，并面向全国招生，原有的学历文凭教育随着 2004 级学历文凭毕业生的毕业逐渐淡化。2008 年应用电子技术专业顺利通过评审并列为河南省教改专业。

强化应用能力培养的“六位一体”创新育人平台建设，实施“一基础、二实验、三设计”课程教学模式。为进一步突出对学生应用能力的培养，强化学生的应用能力训练，使人才培养更具社会适应性，电气工程学院大大提高了课程体系中实践教学环节的比例，实践环节占总学时的 40%。

完善实践教学体系（图 13-1），推进以学生为主体的“分层导向式”教学模式。针对学生的发展方向——学术深造（考研）、专业方向发展（就业）、企业订单培养（瑞仪光电和蓝科教育）及自主创业（双创工作），分别开展相应的教育教学，通过该项举措，近 3 年毕业生就业率达到 96.4%。其中，电气工程学院侯志宇同学 2014 年入驻学校创业园创办创宇电子维修工作室，每年获利近 20 万元；2015 年 11 月，获得河南省人社部门颁发的“大学生创业项目扶持资金”。

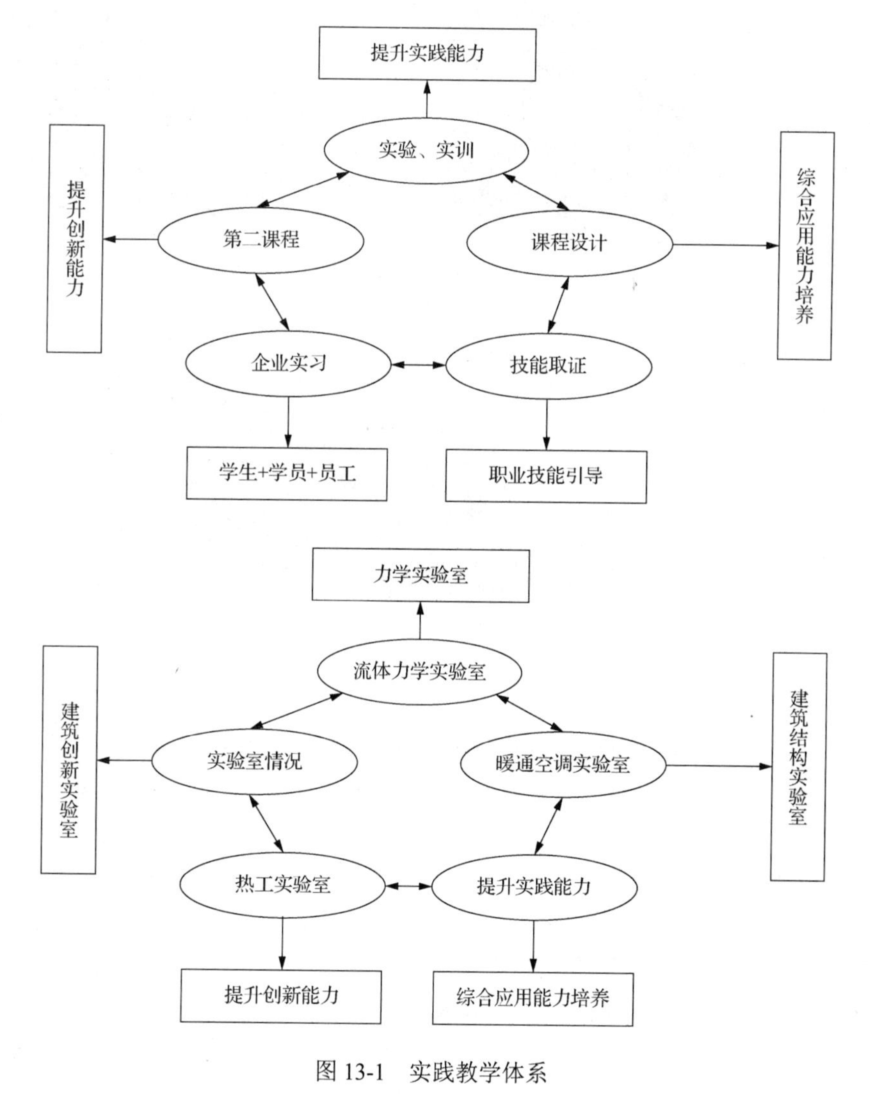

图 13-1　实践教学体系

在学校和院系领导的大力支持下，电气工程学院在学科建设、教研室建设等方面取得一定成果（图 13-2）：

2013 年 6 月，获批河南省高等学校特色专业建设点；

2013 年 6 月，获批河南省高等学校品牌专业建设点，同时取得省财政资金支持 100 万元；

2013 年，轨道交通信号与控制专业获批“专业综合改革试点”项目；

2015 年 11 月，获批郑州地方高校急（特）需专业建设点；

2015 年 12 月，获批首届校级优秀教研室；

2017 年 7 月，获评河南省优秀基层教学组织。

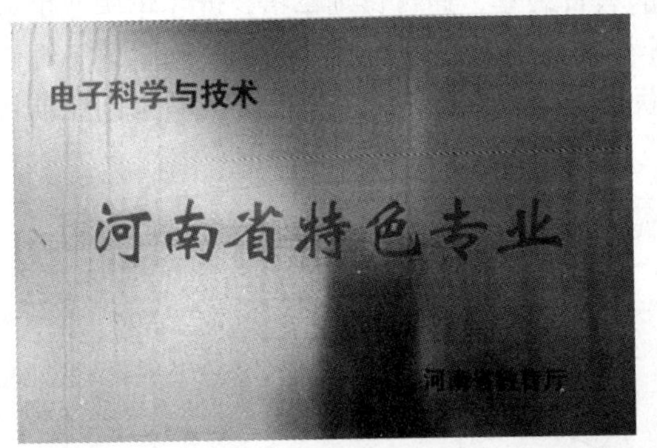

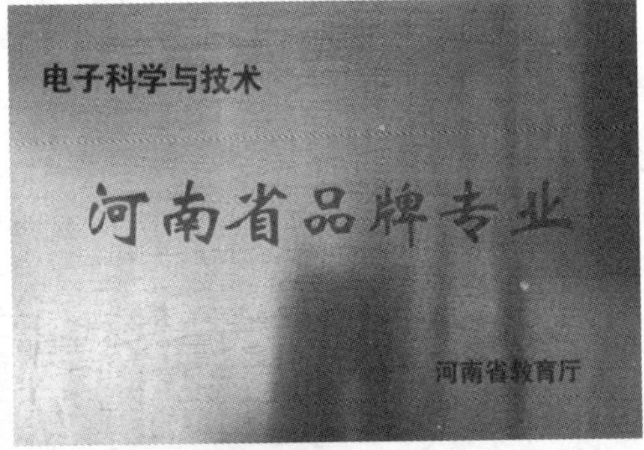

图 13-2　学院专业建设取得的部分成果

第四节　课程建设与教学改革

一、课程建设

电气工程学院始终坚持以教学为中心的原则。在 2008 年升本以前，系部（学院）开展专科专业教学，坚持“因材施教”，并对现有的专业计划进行反复的推敲和思考，制定了新的教学计划及每门课程对应的教学大纲，并装订成册。

（1）加强特色课程建设，建设了校级精品课（数字电子技术）及市级精品课（模拟电子技术），并在通识课程“应用文写作”中开展慕课教学，在基础课程“大学物理”中开展“线上线下综合教学”（该成果获得国家级课件比赛二等奖）；利用现代化信息手段，在校园网“在线学习平台”设立了课程教学论坛，建立了校级精品课程数字电子技术课程网站、市级精品课程模拟电子技术课程网站，实现了网上答疑、网上讨论及网络资源共享等功能。2013 年 11 月，模拟电子技术（本科类）课程被评为郑州市级精品课程，2014 年 8 月，《模拟电子技术》课程网站荣获信息技术教学成果一等奖（图 13-3）。

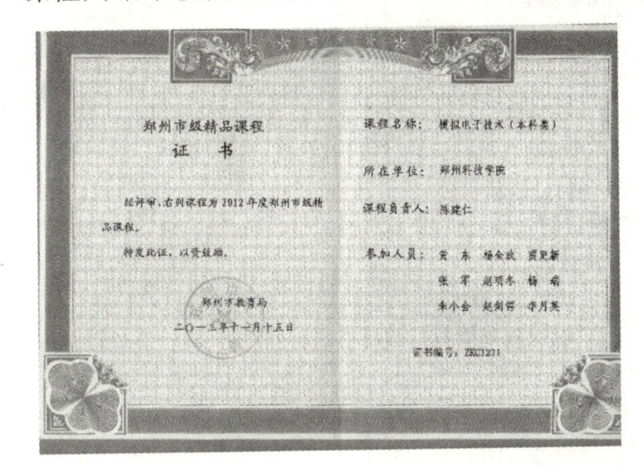
郑州市级精品课程
证　书
经评审，右列课程为2012年度郑州市级精品课程。
特发此证，以资鼓励。
郑州市教育局
二〇一三年十一月十五日

课程名称：模拟电子技术（本科类）
所在单位：郑州科技学院
课程负责人：陈建仁
参加人员：
证书编号：ZKC1271

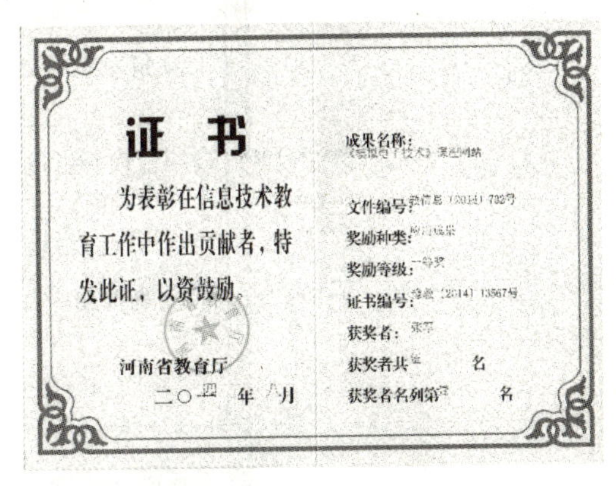
证　书
为表彰在信息技术教育工作中作出贡献者，特发此证，以资鼓励。
河南省教育厅
二〇一四 年 八 月

成果名称：
文件编号：
奖励种类：
奖励等级：一等奖
证书编号：
获奖者：
获奖者共　　名
获奖者名列第　　名

图 13-3　模拟电子技术课程立项、获奖资料

（2）在模拟电子技术、数字电子技术、单片机原理及应用 3 门专业课程中推行“一基础、二实验、三设计”的课程教学模式，即开展理论课程重点基础知识的贯彻教育，通过实验课程验证理论知识并拓宽实践能力，通过两周的课程设计环节提升学生实践水平，真正做到理论与实践合一，达到培养应用能力的目的。

（3）积极进行适合应用型人才培养的教材改革。自编专业实训教材 20 部，以适应新修订的人才培养方案。该系列实训教材覆盖本专业的所有实验、实习实训课程。同时积极与外校合作，参与编写应用型本科教材 3 部——《数学电子》《电机拖动》《电子技术》。

二、教学改革

电气工程学院围绕“育人为本、质量为先”的教学理念，以提升质量为教学工作目标，大力加强教学条件建设，持续深化教学改革，取得了显著的成效，促进了内涵发展。

1. 教改成果突出，荣获河南省教学成果二等奖

由周文玉教授主持的、学院为主要参与单位的“民办高校电子科学与技术专业应用型人才培养模式的研究与实践”教学项目荣获河南省高等教育教学成果奖二等奖（图 13-4），取得了学校历史性突破。

河南省高等教育教学成果奖
证 书

为表彰在高等教育教学改革工作中做出突出贡献，取得显著成果的集体和个人，特颁发此证书。

成果名称：民办高校电子科学与技术专业应用型人才培养模式的研究与实践

完成单位：郑州科技学院

主 持 人：周文玉

主要完成人：刘亮军 张军 刘鸪鸪 赵明冬 赵红卫 饶美丽 袁玉霞

奖励等级：二等奖

二〇一六年十月

文件号：教高〔2016〕845号　证书编号：豫教〔2016〕24163号

图 13-4　河南省教学成果奖二等奖

2. 加强教学改革研究与实践，促进教学模式改进

电气工程学院不断加强教学改革研究与实践，成效显著（图 13-5）。近几年学院获批立项各类教改课题 20 余项，学院教师发表教改论文 30 余篇，获各项教学成果奖 13 项。

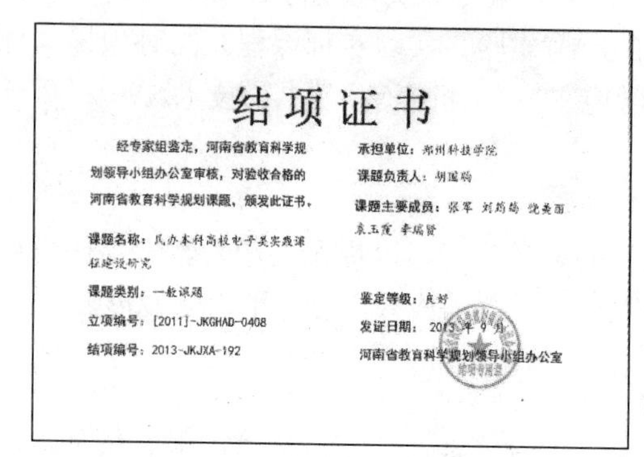

结项证书

经专家组鉴定，河南省教育科学规划领导小组办公室审核，对验收合格的河南省教育科学规划课题，颁发此证书。

课题名称：民办本科高校电子类实践课程建设研究

课题类别：一般课题

立项编号：[2011]-JKGHAD-0408

结项编号：2013-JKJXA-192

承担单位：郑州科技学院

课题负责人：[illegible]

课题主要成员：张军 刘鸪鸪 饶美丽 袁玉霞 李瑞贤

鉴定等级：良好

发证日期：2013 年 9 月

河南省教育科学规划领导小组办公室

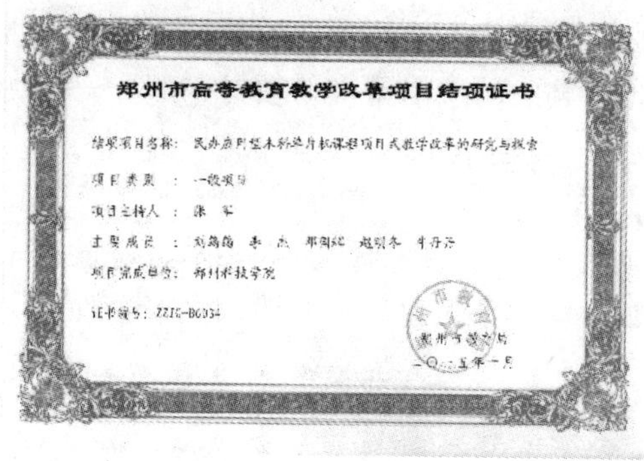

郑州市高等教育教学改革项目结项证书

项目完成单位：郑州科技学院

图 13-5　部分教学改革项目及获奖证书

图 13-5　部分教学改革项目及获奖证书（续）

第五节　实践教学条件与实践教学

近年来，电气工程学院加大实验室、实习场所的建设力度，积极搭设院内实践教学的良好平台，以适应教学组织形式与教学方法革新的需要。学院开展了远程实验课程，学生在实验室通过网络客户端，即可远程连接美国麻省理工学院的微电子实验室，开展远程实验，项目组总结成果“远程微电子实验在模电课程实验教学中应用的研究与实践”荣获郑州地方高等教育教学成果奖。

电气工程学院与蓝科教育（原尚德智远有限公司）共建“iOS 开发实验室”，与瑞仪光电共建“电子工艺创新实验室”，自建学生自我管理的“电子设计创新实验室”，自建 75kV 的光伏发电系统供学生现场实习实训，自筹资金 800 万元完善和扩建光伏应用技术实验室和机器人、3D 打印实验室等多个创新实验室，其中机器人、3D 打印实验室在国内高校中处于领先水平。此外，学院还建立了 9 家校外实训基地，组织学生进行企业参观实习、企业认识实习、暑期社会实践、顶岗实习等。

目前校内共有相关电类实验室 23 个，其中电子综合设计创新实验室 1 个，全天候开放，供学生开展科技创新设计活动，极大地丰富了学生的第二课堂。

电气工程学院尤其重视第二课堂的开展，学科竞赛大放异彩：

2011 年，参加全国大学生电子设计竞赛，获得河南省一等奖、全国二等奖（图 13-6）；

National Undergraduate
Electronic Design Contest
参赛学校　郑州科技学院
参赛队员　张亚明　严志欣　刘云

荣获二〇一一年
全国大学生电子设计竞赛
（高职高专组）全国贰等奖
特颁此证

电证字（2011）第 20120 号

教育部高等教育司　工业和信息化部人教司
二〇一一年十二月

图 13-6　全国大学生电子设计竞赛全国二等奖

2016年，参加中国工程机器人大赛暨国际公开赛工程越野项目对抗赛，荣获季军（图13-7）；

图13-7　获得中国工程机器人大赛暨国际公开赛工程越野项目对抗赛季军

2017年，参加第四届河南省大学生机器人竞赛，荣获机器人创新一等奖（图13-8）。

河南省大学生机器人竞赛

获奖证书

参赛队员：杨　强、胥双喜、纪赛赛

所在学校：郑州科技学院

辅导教师：赵明冬、李　冰

荣获第四届河南省大学生机器人竞赛机器人创新　一等奖。

特发此证，以资鼓励。

河南省科学技术协会　河南省教育厅　河南省科学技术厅

二〇一七年　七月

图13-8　获得第四届河南省大学生机器人竞赛机器人创新一等奖

第六节 产教融合与协同育人

电气工程学院力求创新，开创了一条符合民办高校电子科学与技术专业的校企合作之路。校企合作是民办高校培养应用型人才的有效途径，也是人才培养中最大的难题。为了解决这一问题，学院开创了“学生+学员+员工”的企业综合实习模式，即在校内学习是学生，在企业生产实习是学员，顶岗实习是员工。学生在企业实习的同时接受企业文化、企业管理、劳动素质等教育。实习期间，企业为学生提供一定的劳动报酬，并设立奖学金，奖励表现突出的学生。2012 年，学院与瑞仪光电进行深度合作，签订了校企合作订单协议，合作开展“瑞仪光电卓越工程师”培养项目。2014 年，学院与尚德智远有限公司合作建立“尚承班”。首批在瑞仪光电就业的学生中，10 人晋升为工程师，其他订单班学员均被聘为助理工程师，平均工资远高于一般二本院校毕业生；2014 年，“尚承班”的首批学员顺利高薪就业，李申、王俊华、王元元等 8 名学员分别就职于国内最热门的移动互联网行业，月薪资达到 8 000 元以上，实现了毕业、就业零距离。

第七节 培 养 特 色

（1）以“五个为主”的原则开展人才培养的探索。“五个为主”原则为“以企业需求为主，制定培养目标；以就业岗位为主，改革课程体系；以应用能力为主，强化专业训练；以保证质量为主，制定专业标准；以工学结合为主，深化教学改革”。

（2）采用“3+0.5+0.5”工学结合人才培养模式，实施“六个不间断，两个零距离”应用能力培养。学生用 6 个学期在校内进行基础文化课、职业需求和知识技术课程的学习，同时通过课程实验、课程设计、企业见习等方式锻炼自己的技术水平。两个零距离：一个学期实施企业综合实习，实际参与企业生产、管理、设计等工作；最后一个学期结合企业课题进行毕业设计和毕业实习。

（3）实施“六位一体”实践创新育人平台。为了实现各层次培养目标，学院对人才培养模式进行了大胆改革，根据不同层次的培养要求，采用了灵活的阶段化培养模式，将课程实验、集中教学环节实训、课程设计、企业综合实习、毕业设计、第二课堂等实践教学模块有机结合起来。

（4）以校企合作为突破，开展“分层导向”式多元化就业模式。通过前 6 个学期扎实的专业基础训练，在第 7 个学期修完专业课后，对学生进行“分层导向”，即开设各个层次选修课程，包括学术深造（考研）、专业方向发展（就业）、企业订单培养、自主创业等，学生自主选修。

第十四章　工商管理学院

第一节　学 院 概 况

工商管理学院是学校成立历史最长的二级学院之一，其前身为始建于 2003 年的财经系，2006 年更名为工商管理系，2012 年正式更名为工商管理学院。学院目前设有旅游管理（2008 年设）、市场营销（2011 年设）、物流管理（2015 年设）3 个本科专业，以及旅游管理、市场营销、物流管理、工商企业管理、人力资源管理、空中乘务 6 个专科专业，在校生约 2 500 人，其中工商企业管理专业为郑州市重点专业，旅游管理专业为郑州市重点专业、河南省综合改革试点专业，市场营销专业为河南省品牌专业，物流管理专业为新工科试点专业。在课程建设方面，管理学基础被评为郑州市精品课程，市场营销、财务管理被评为校级精品课程。工商管理学院作为二级教学单位，下设 5 个教研室和 1 个研究所，分别为工商企业与人力资源管理教研室、物流管理教研室、旅游管理教研室、市场营销教研室和企业咨询管理研究所。图书馆馆藏经管类纸质图书约 15 万册，经管类期刊 140 种，经管类报纸 20 种。学院资料室（含教研室）收藏专业类书籍 3 000 册，经管类专业期刊 120 种。

科学研究是提高教师水平和学科建设水平的着力点。近年来，学院教师结项各级别课题 240 项，获奖课题 49 项，发表论文 301 篇，其中核心论文 46 篇，主编及参编教材 37 部。

工商管理学院贯彻“教学工作，德育先行”的教育思想，秉承“明志、修身、求知、践行”的院训，坚持以培养学生成才为目标，以学风建设为核心，以思想政治教育为主导，以就业为导向，形成了“全员育人、全方位育人、全过程育人”的大教育格局。目前，学院已与深圳华强方特、深圳怡亚通、京东集团、苏宁集团、万达集团等几十家单位签订了就业实习基地协议。学生在国家和省市级英语竞赛、创业就业大赛、百度全国高校营销大赛、郑州市地方职业比赛等活动中屡创佳绩。

第二节　教 师 队 伍

在近 30 年的时间里，尤其是实施本科教育以来，工商管理学院教师队伍建设取得了令人瞩目的成绩，教师队伍规模稳步扩大，整体素质有了较大提高，综合结构进一步优化，整体效能得到了较好的发挥，为学院教育事业改革和内涵式发展奠定了良好的基础。

教师职业道德水平不断提高。在高等教育软硬件环境有待改善的条件下，广大教师忠诚于党的教育事业，恪尽职守、勤奋工作、无私奉献、教书育人、为人师表，较好地完成了教学和科研任务，涌现出了一大批优秀教师、优秀教育工作者，为学院的发展做出了重要贡献。

教师队伍总量大幅度提高。通过人才开发、外引内培等卓有成效的工作，学院共有专兼任教师百余人，形成了一支老中青年龄结构合理、高级中级职称人数比重大、具有双师素质的队伍。多位老师被评为河南省民办系统优秀教师、郑州市地方骨干教师、郑州市名师工作室成员等。

工商管理学院十分重视双师素质培养，鼓励教师在理论教学的同时，加强实践能力锻炼，目前学院大部分教师取得了经济师、会计师、工程师等中级职称，具备了双师素质。另外，学院教师积极参加各种教学技能大赛，并荣获百度全国高校营销大赛一等奖、全省教育信息化应用优秀成果二等奖、沙盘比赛全国一等奖、郑州市教学成果奖等荣誉。

在青年教师培训方面，学校制定了《关于进一步加强教师培养培训工作的实施意见》《新任教师岗前培训暂行办法》《教师企业实践锻炼暂行办法》等文件，构建了校、院、个人三级培训体系。

所有青年教师在入职前都必须参加岗前培训，学院会在新学期为新进教师配备一位有经验的教师担任导师，实行导师制。

每年的暑期，学院全体教师参加暑期培训，部分教师选择到企事业单位进行暑期的挂职锻炼，提高双师素养。近年来，参加挂职锻炼的教师约有 80 人次。

另外，学院教师还积极参加教育部网络培训、学术交流会、教材建设会议、实验室建设、课程建设、专业建设等各种教育科研会议。学院还搭建了教学竞赛平台，每年举办多媒体课件大赛、课堂教学大奖赛、教学技能竞赛等、沙盘大赛、演讲比赛等。

第三节　专业建设与培养方案

一、重视专业教学改革

专业建设是应用型院校重要的基本建设之一，是培养应用型高素质人才的关键，是服务地方经济建设的基础，决定着人才培养的质量和办学水平。学院一向重视学科专业建设。结合学校本科人才培养模式改革工作会精神，强调工商管理学院的人才培养模式要继续坚持立足学科特点，基于专业实际，面向社会需要，设计有利于学生学科专业水平和实践动手能力同步提升、人文素质和科学素质协调发展的人才培养方案。

工商管理学院选取物流管理专业为新工科试点专业，并利用学校搭建的众创中心平台，从第一课堂、第二课堂及校企合作与对外服务等方面探索人才培养新模式。

二、建设成效

工商管理学院深入贯彻落实科学发展观，以人才培养为根本，主动对接市场、服务产业，坚持“四个对准”（对准产业设专业、对准岗位设课程、对准能力抓实践、对准就业提素质），初步形成了以旅游管理、市场营销、物流管理专业为主体，特色比较鲜明、适度集聚、服务方向比较明确的专业体系，不断深化教育教学改革，创新人才培养模式，全面推动内涵建设，在专业建设方面取得了一定成绩。

三、专业培养方案

专业人才培养方案是高等院校专业教学的规范性文件，具有稳定性、时效性等特征，是专业教学准确、有效实施的基本制度，是国家高等教育教学标准体系中的重要组成部分。专业人才培养方案制定的质量如何，直接影响专业人才培养的质量。工商管理学院组织专家、领导、企业高管等人员进行充分调研，从“适应学生学习需求”“适应企业用人需求”“适应专业建设需求”等方面进行讨论，制定了人才培养方案。

旅游管理专业为河南省专业综合改革试点专业、郑州市重点专业，旨在培养满足现代旅游市场需要和现代国际集团人才需要，掌握并能应用旅游管理专业知识，具有扎实的管理学知识、熟练的英语交际能力和较高人文素养，可以在旅游企事业单位从事管理工作的应用型人才。

市场营销专业为河南省品牌专业，旨在培养具有市场营销、电子商务、服务管理等方面扎实的基础理论知识，具备市场调查与预测、市场开拓、营销策划与推广、企业形象设计、品牌运营与管理等方面的能力，能够在各类工商企业和政府部门从事市场调查与咨询、营销策划与管理、客户资源管理、电子商务等工作的应用型人才。

工商企业管理专业为郑州市重点专业，旨在培养掌握现代企业管理基本原理、基本方法，具有管理学、经济学、法律、市场营销等方面扎实的专业理论知识，具备管理现代企业的创新精神、风险意识，具备高度责任感与事业心，毕业后能在综合经济管理部门、政策研究部门、金融机构（银行、证券公司、保险公司）和中外工商企业、各类管理咨询机构、中介服务组织中从事经济管理分析、预测、规划与决策工作的专门人才。

物流管理专业为校级特色专业、新工科试点专业。目前建有专业的第三方物流模拟演练中心、保税仓储管理系统、仓储配送企业实训平台、运输企业实训平台、集装箱码头企业实训平台等软硬件设备，可以使学生从生产运作、仓储管理、运输管理、第三方物流运作等方面了解物流管理的基本原理、规律、流程及操作规范，培养能够在工商企业、物流企业、物流咨询公司从事运输、仓储、配送及物流规划和运作的应用型人才。

人力资源管理专业为学校优势发展专业，旨在培养具有良好科学文化素质及管理、经济、法律和人力资源管理专业知识与技能，能掌握人力资源开发、配置、使用、保护的基本规律、基本方法和技巧，面向微观管理，服务经济建设第一线，能够在工商企业、事业单位人才交流中心、职业中介机构、人力资源咨询公司从事人力资源管理实践、教学工作的具有战略思维的应用型高级专门人才。

空中乘务专业是为紧跟市场需求建立的专业，以培养适应国际国内现代化航空事业发展需要和市场需求，具有职业基础知识和一定专业理论知识、较强实践能力、岗位专业综合服务能力及岗位应变能力，具备现代航空服务管理基本理论和专业知识、较强的外语能力和交际能力、良好的体能及健康心理，并能在航空空中或地面等相关企事业单位从事具体业务与管理工作的高素质服务型、技术技能型专门人才。

第四节　课程建设与教学改革

课程是高等院校教学的基础，课程建设是教学基本建设的重要内容之一。加强课程建设是有效落实教学计划、提高教学水平和人才培养质量的重要保证，是专业建设和学科建设的基础。抓好课程建设可以带动教材建设、实验室建设、师资队伍建设等各项教学基本建设，从而推动教学改革的深入开展。同时，课程建设对提高教学质量、教学研究和教学管理工作的整体水平也会起到积极的推动作用。长期以来，工商管理学院把课程建设作为教学改革与建设中十分重要的工作常抓不懈。

1. 人才培养目标明确，课程建设与改革总体思路清晰

工商管理学院围绕人才培养的总体目标，坚持知识、能力、素质协调发展的原则，把素质教育贯彻到课程改革之中；坚持夯实基础、增强适应性的原则，处理好基础教学与专业教学的关系。在课程设置方面，根据培养目标构建融会贯通、紧密配合、有机联系的课程体系，逐步实现教学内容、课程体系、教学方法和手段现代化，形成了一批符合现代教育规律、体现 21 世纪人才培养要求并具有鲜明特色的教学研究和改革成果。

2. 课程体系整体优化

各专业参照教育部本科专业主要课程设置的指导性意见，结合学院实际，在教学计划的修订过程中进行课程整合、体系优化，解决相关学科间教学内容重复、遗漏等问题，同时进一步增加公共选修课，培养学生的创新能力和综合素质。旅游管理、市场营销等传统优势专业，充分发挥师资力量雄厚、配套硬件设施先进、学科成熟等优势，对主干课程体系进行了充分调整与整合，已建成比较完善、合理的课程体系。

3. 加强教改研究，促进课程建设水平不断提高

在课程建设中，工商管理学院重视教学研究与改革，以教改立项的形式，鼓励教师积极探索新时代人才培养模式及教学内容改革。近年来，学院承担各级教学研究项目 15 项，涉及人才培养、课程体系、教学内容、教学方法与手段、教材、素质教育等诸多方面，教学改革研究取得了丰硕成果。

4. 加大投入，推进精品课程建设

精品课程建设是教育部高等学校教学质量与教学改革工程的重要组成部分，也是课程建设的重要内容和目标。截至目前，工商管理学院的管理学基础课程被评为郑州市精品课程，市场营销、财务管理课程被评为校级精品课程。

5. 积极推进教学方法、教学手段改革，成效显著

工商管理学院以课堂教学环节为切入点，鼓励教师开展教学方法与教学手段改革，探索多种行之有效的教学方法，营造良好课堂氛围，成效显著；近年来必修课运用多媒体手段授课的课时比例超过 70%。学院已建成网络辅助教学平台，全部本科课程的教学大纲、课件等教学资源在网上运行，促进了优质资源共享。

第五节　实践教学条件与实践教学

实践教学条件是应用型院校提升人才培养质量的基础和前提。经过多年的办学实践，工商管理学院建成了一批设施一流、特色鲜明的实训场所，形成了教学型、服务型相辅相成、相互补充的实训格局，为实施人才培养创造了良好的条件。

当前学院投入使用的校内实训室有 3D 导游模拟实验室、模拟餐厅实训室（与山东蓝海酒店集团共建）、模拟客房实训室（与逸泉国际酒店共建）、企业经营管理实训室（沙盘实训室，与优德控股集团共建）、经管综合实训室、手工实账实训室（与百业会计公司共建）、金融实训室。2017 年，学校在众创中心投资建设了经管类综合实训平台——全球供应链跨境电商学院，与怡亚通共建经管类综合性实训平台，可以为物流管理、市场营销、工商企业管理、人力资源管理、旅游管理及学院各专业提供实训教学条件。

校外实践基地方面，工商管理学院已与深圳怡亚通、郑州万达、长虹集团、民生物流、山东蓝海酒店集团、万仙山旅游服务公司等几十家单位签订了就业实习基地协议。另外，学院还与企业共建“蓝海班”等订单班，共同培养学生（图 14-1 和图 14-2）。

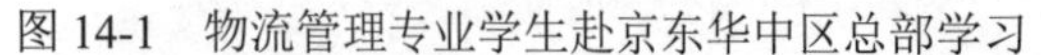
图 14-1　物流管理专业学生赴京东华中区总部学习

图 14-2　旅游管理专业学生赴景区进行学习

实践课程体系的构建方面，工商管理学院根据应用型人才培养的要求，除了加大实践课程比例，还在基础课、专业课加强实践环节占总学时的比例。目前，学院所有的专业都设置了企业认知实习、专业实习或企业综合实习、就业实习等课程，改进人才培养方案，从根本上做好实践教学保证。同时，通过引进企业高学历人员、培养已有教师的双师素养等方式，学院已经形成了一支理论扎实、实践能力强的师资队伍，为实践教学提供保证。

第六节　产教融合与协同育人

工商管理学院积极推进产教融合、协同育人，坚持校企合作的办学制度，以促进人才培养供给侧和产业需求侧结构要素全方位融合，培养大批高素质创新人才和技能人才，意义深远。校企合作，注重学生培养质量，注重在校学习与企业实践，培养出真正符合社会需求的优秀人才。学院的目标是培养应用型人才，校企合作非常符合这样的发展目标。在合作过程中有效提高了教学质量，进一步加强与企业的合作，实现学校与用人单位的双赢。

1. 与地方企业、政府合作成立研究所

当前，工商管理学院与马寨食品产业集聚区合作，成立了企业管理咨询研究所，企业向学院提供人才培养建议，学院向企业提供管理咨询服务。另外，根据《众创中心&跨境电商学院项目驱动执行方案》，双方今后将在市场营销、电子商务等领域加强产教融合。

2. 与企业共建校内外实验实训平台，共同培养学生

目前，根据现代企业岗位需求，工商管理学院与深圳怡亚通等公司共建校内实训室，与深圳怡亚通、郑州万达、长虹集团、民生物流、山东蓝海酒店集团等几十家单位签订就业实习基地协议。

3. 订单班式培养

学生在校期间，结合实际，企业一般提前一年左右在相近或社会通用专业中选拔在校生组成订单班，然后工商管理学院按照企业提出的人才培养目标和知识能力结构，合理修订教学计划，组织教学，有效促进了毕业生就业率和就业质量的提高。工商管理学院先后与企业共建了“蓝海班”“百业班”“怡亚通班”等订单班，取得了良好效果。学院规划开设“邮轮服务班”“京东商学院”等订单班。

4. 发挥众创中心的作用

众创中心主要功能：围绕人才培养实施教学改革、创新实践、产教融合、社会服务。学院依托全球供应链跨境电商学院，在第一课堂、第二课堂开展了相关的试点工作。

第七节　培 养 特 色

1. 实行“2+2+1”证书制度

工商管理学院实行“2+2+1”证书制（其中第一个“2”为毕业证书、学位证书，第二个“2”为计算机证书和英语四六级证书，“1”为专业从业资格证书），将学历教育、职业技能、

职业认证三者紧密结合起来，把教学重心放在培养学生能力之上。综合素质培养方面主要是通过素质教育、人文知识学习、市场营销协会、第二课堂等形式，鼓励师生共同参与教学和科研，强化产学研结合，做到师生互动、教学相长。

2. 以演练、竞赛促进教学，提升学生专业技能

在课堂教学过程中，将职业技能培养与各类专业竞赛相结合，让学生多参与各种管理类的竞赛，了解自己的优势与不足，积极提升自身素质。近年来，工商管理学院学生参加省、市及全国比赛（如百度全国高校创新营销大赛、郑州市地方高校技能大赛）等各种比赛，共计获奖50余次，获得了优异的成绩（图14-3和图14-4）。

"互联天下 营销无界"

百度第三届全国高校创新营销大赛全国总决赛

（高职本科组）

一等奖

[illegible] 代表队，在2016年度"百度第三届全国高校创新营销大赛"中，团队师生积极探索创新营销知识并用于实践、表现优秀，特发此证。

证书编号：BD20170023

指导老师：[illegible]

参赛学员：[illegible]

百度营销大学

2016年12月

图14-3　百度全国高校创新营销大赛一等奖

图14-4　河南省物流竞赛奖

3. 强化企业综合实践，切实提升学生的动手能力

目前，工商管理学院开展了企业认识实习、企业综合实习等多种形式的社会实践。企业综合实践是培养当代大学生的专业素养与职业素养的重要途径。学生通过实践，不断充实和完善自身的知识结构，培养自我教育、自我管理和自我发展的能力，锻炼适应能力和社交能力，积累社会阅历和工作经验，走出成功就业的第一步，成为学历、素质、技能一体化的应用型人才。

第十五章 财经学院

第一节 学院概况

财经学院（图 15-1）成立于 2013 年，是郑州科技学院学生规模最大的二级分院，在校生 4 455 人。财经学院共设有 5 个本科专业、3 个专科专业。5 个本科专业分别是国际经济与贸易（2009 年设）、经济学（2010 年设）、电子商务（2014 年设）、财务管理（2016 年由工商管理学院转到财经学院）、投资学（2018 年设）；3 个专科专业分别是会计、电子商务、国际商务。

图 15-1 财经学院

财经学院的前身是经济贸易系。2004 年，经济贸易系从原来的商贸系分离出来，成为二级独立教学单位，开设电子商务、会计电算化、国际商务、商务英语 4 个专科专业。2007 年，经过教育部评估，学校获得了本科办学资质。2009 年，经济贸易系首个本科专业国际经济与贸易专业获批，首届招生 110 人。2010 年，第二个本科专业经济学专业获批，首届招生 105 人。2012 年，为适应学校的高速发展，调动二级教学单位积极性和主动性，经学校董事会批准，经济贸易系更名为经济贸易学院。同年，由于专业整合的需要，商务英语专业调到外语系。2013 年，为进一步适应地方经济发展和应用型人才培养，加快专业之间的融合度，实现教学资源的共享，经学校董事会批准，经济贸易学院更名为财经学院。2014 年，电子商务本科专业获批。2016 年，财务管理专业由工商管理学院转到财经学院。2018 年，新增设投资学专业。

财经学院秉承“实基础、重实践、强能力、会创新”的应用型人才培养定位，积极探索教育教学改革方式，取得了一系列教育教学成果，形成了有一定影响力、突出应用型人才培养的专业特色。学院建设有省品牌专业、校级特色专业、校级教改专业、优秀教学团队项目4个；学院不断深化课程改革，创新教育教学模式，在双语教学、慕课教学、微课教学上，成绩显著。

财经学院大力推进产教融合、校企合作，共同培养人才。学院与深圳怡亚通供应链股份有限公司、浙江省心怡科技供应链管理有限公司河南分公司、大连华讯投资有限公司郑州分公司、郑州百业会计公司、易聚（北京）信息科技有限公司等20家企业签订了校企合作协议，建立了长期校企合作关系。学院先后与郑州百业会计公司共建了手工实账实训室，与深圳市怡亚通供应链股份有限公司合作共建全球供应链&产业电商实训基地，并与该公司组建了首届精英培训班。

全球供应链&产业电商实训基地实用面积3 000平方米，设有跨境电商、金融理财、财务会计、国际贸易等8个企业部门的演练中心、立体式仓储中心、怡亚通电子商务区、怡亚通培训中心、郑州航空港物流展示区等功能区。基地全年能为经管类本、专科专业的6 000多名学生提供相关的专业实习和顶岗实习，同时能为地方政府与企业提供所需人才等专业项目培训，为培养学生的实际操作能力、创新能力等提供了有力保障。

回顾财经学院近20年的发展历史，学院由小变大、由弱变强，内涵建设稳步提升，这正是郑州科技学院30年发展的一个缩影。

第二节　教师队伍

师资队伍是保证高质量教学的基础，是推进教学改革、创新的主力。财经学院高度重视师资队伍建设，尤其是在新工科背景下，学院把培养培训双师型教师、建立一支符合社会经济发展的教师队伍作为学院发展的重要目标。

一、师资队伍规模

经过多年的积累和沉淀，财经学院已经建立起一支数量适中、结构合理、能力较强、专兼结合的师资队伍。目前财经学院拥有专任教师 60 人，其中，其中具有副高级以上职称者15人、讲师27人、助教18人。

随着专业数量和学生人数的增加，学院不断加强教师引进和培养的力度，引进的标准也随着培养规格的提高而不断提高。

二、教师培养培训

教师的培养培训工作是财经学院师资队伍建设工作中的重点。为达到学校提出的师德高尚、理论与实践教学技能水平优异的师资培养目标，学院根据各专业的实际需要，结合教师的自身情况，多途径、有针对性地进行了全体教师的培养培训。目前，学院双师型教师比例达到60%。

（一）导师制培养

为发挥“传、帮、带”的作用，通过为新入职教师配备指导教师，对其教学设计、教学行为、教学反思意识、专业发展自主性等提供针对性指导和过程性评价。近年来，财经学院采取导师制，通过以老帮新的方式累计培养了30余名教师，经考核全部合格。此种方式奠定了新引进教师熟悉教学流程、规范教学意识、掌握教学技巧、丰富教学内容等方面的基础。

（二）参加上级教育部门组织的培训

近几年，财经学院积极组织教师参加上级教育部门举办的教师培训，培训效果明显。特别是参加教育部实施的国培计划、网络在线培训和集中培训，教师的专业技能和综合素质有大幅提高。截至2017年10月，学院有2名教师参加了教育部组织的国培计划，有40名教师以主培的身份参加了教育部组织的在线课堂培训，累计有120人次参加了培训。

（三）实践教学技能培养

实践教学技能是新形势下职业教育体系中任课教师必须具备的素质之一，是当前培养应用型人才对全体教师最基本的要求。财经学院一直高度重视教师实践教学技能的培养、培训工作，采取的途径也是多样的。第一，利用校企合作平台，委派教师参与学生实习指导或企业定岗培训。每个学期，学院都会有不同专业的学生参与生产实习，学院指定教师全程参与，指导学生实习。同时，通过与企业的结合，锻炼教师自身的实践操作技能，借助企业的力量对教师进行有针对性的培养培训。例如，2016年7月，徐向慧、孟刚、贾金广、张帆4位老师前往深圳怡亚通供应链股份有限公司，参加为期一个月的第三届全球供应链与创新创业师资培训班，并进行了短期的顶岗实习，效果非常明显（图15-2）。2017年7月，学院委派院长助理周永新老师前往深圳怡亚通供应链股份有限公司，了解公司的运作模式和岗位职责，在推动如何利用产业电商学院实践平台发挥培养应用型人才的作用上起到了应有的价值。第二，为培养应用型人才，提高教师的实践教学能力，学院鼓励全体教师利用寒暑假进行社会实践。截至目前，累计参加暑假社会实践锻炼的人数达到89人次。尤其在2017年暑假，宋杰、金森森两位老师分别参加了为期一个月专业顶岗实习，收获颇丰，也为日后教师实践教学技能的培训指明了方向。第三，学院鼓励教师报考相关专业技能证书。第四，利用学校集中培训的契机，参加学校统一组织的教学信息化、教学改革与创新等方面的培训，对提升任课教师实践操作能力有很大的帮助。

图 15-2　赴深圳怡亚通进行教学技能培训

（四）加强对外交流

通过参加多种形式的研讨会、培训会，教师加强了与外界的沟通交流，相互学习。例如，财经学院组织教师参加教务处主办的有关师资培训工作；委派老师参加郑州市高校慕课、微课、翻转课堂操作实战研讨会；委派贾金广老师参加由郑州升达经贸管理学院金融贸易系主办、河南莱宝电子科技有限公司协办的经济学沙盘实验教学观摩会；委派徐向慧老师参加河南工业大学举办的跨境电商研讨会；委派孟刚老师参加云和数据网络营销师资实践研讨会；委派徐向慧老师参加教育部组织的关于教研室主任培训班等。截至 2017 年 10 月，财经学院参加省内外各种研讨会 35 人次，通过以上形式，既有重点地培养了教师，也使学院师资整体水平有所提升（图 15-3）。

图 15-3　对外交流活动

三、教学团队建设

教学团队建设主要体现在以下几个方面：第一，以教研室为单元，组建课程教学团队，实现了专业核心课程在备课、讲授、任务布置、教学方法改进与创新、课后辅导等方面的协作与经验共享；第二，教学改革团队，在新工科背景下，财经学院依托产业电商学院这一实训、创新创业平台，组建教学改革团队，依托项目建设，推动教学改革，同时依托团队力量，积极申报校级教学改革、特色专业等项目；第三，申报名师工作室，国贸教学团队积极申报郑州市名师工作室，通过名师工作室的后续建设推动教学团队建设。目前，各教研室依托专业都形成了具有一定实力的教学团队，国际经济与贸易教学团队被认定为校级优秀教学团队，并力争在更高一级的优秀教学团队立项上有所突破（图 15-4）。

图 15-4　学院教学团队

四、教师荣誉

财经学院累计有 32 人荣获校级优秀教师荣誉称号。2012 年 9 月，徐向慧、王香芬、范宋伟 3 位老师被民进河南省委教育委员会、河南省民办教育委员会授予全省民办教育模范教师荣誉称号。2012 年 11 月，王香芬老师被评为第二届郑州地方高校优秀中青年骨干教师，2013 年 5 月，王香芬老师在第二届青年教学名师奖评选中荣获青年教学名师奖荣誉称号；2015 年 5 月，周永新被评为郑州市民办教育优秀教师；2015 年 9 月，周永新老师被评为河南省优秀教师；2016 年，徐向慧老师被河南省总工会评为道德先进个人；2017 年 9 月，范宋伟老师在参加省教育工会组织的教学技能竞赛（高校文科）中，荣获一等奖（图 15-5）。

图 15-5　获奖证书

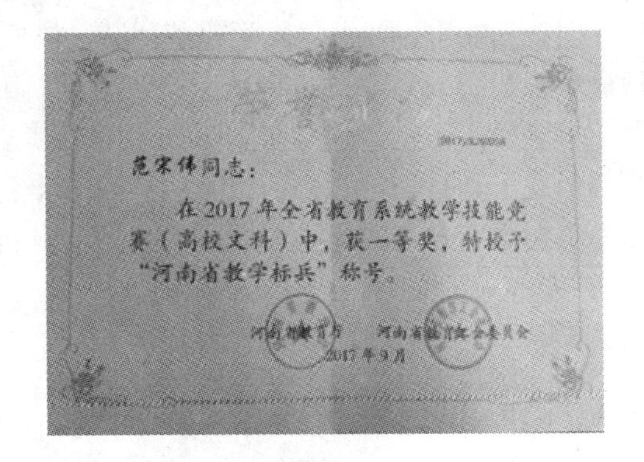

图 15-5 获奖证书（续）

第三节 专业建设与培养方案

明确培养规格，深化专业内涵建设，提升人才培养质量是财经学院教学工作的中心。多年来，学院依托质量工程项目，创新人才培养模式，紧紧围绕专业内涵建设，全面提高应用型人才培养的质量。

一、修订专业人才培养方案，明确专业培养方向

围绕培养应用型人才这一核心目标，根据市场对专业人才需要的变化，自 2009 年起，财经学院及时对各专业的人才培养方案进行了修订。修订建立在充分调研的基础之上，征求了大量相关企业人员的意见，同时经校外专家论证。修订的重点体现在理论课程体系的安排和实践教学上，加大了实践教学的比例，并把培养学生的动手操作能力和对知识运用的能力作为人才培养修订的出发点与归宿。

为培养出服务于地方经济建设的应用型人才，学院委派教师前往杭州、北京、郑州航空港区等地方，进行学习和调研。在对市场充分调研的基础上，学院对现有本科专业的人才培养进行了进一步的细化，完善专业发展方向，使之符合社会发展的需求。例如，2016 级各本科专业，经济学专业开设了互联网金融和投资理财两个方向，国际经济与贸易专业开设了跨境电子商务和国际物流两个方向，电子商务开设了网络销售与管理方向和电子商务新技术研发与应用方向。专科专业也根据市场的需求进行了调整，使各专业在人才培养方向上更加明确具体，为形成专业特色指明了方向。

二、转变人才培养思路，创新人才培养模式

结合形势的变化和教学资源的改善等背景，财经学院通过讨论，与时俱进，积极转变人才培养思路，创新人才培养模式。在创新人才培养模式方面，主要体现在以下几个方面：第一，国际经济与贸易专业作为试点专业，实施了专业导论课程和创新学分，加强学生对专业知识的研究，提高了学生创新能力的培养。第二，实施“3+0.5+0.5”的应用型人才培养模式，

加强了学生实践动手能力的培养。第三，推进实验班和试点班的建设。在新工科背景下，依托跨境电商学院，财经学院积极推进实验班和试点班建设，通过以点带面的方式，探索人才培养的新出路。第四，项目驱动教学。依托众创中心，在大创计划的影响下，学院积极推荐各专业项目驱动教学的建设工作。依托现有的实验实训、创新创业条件，设立专业项目，充分挖掘第二课堂的潜力。

三、以质量工程项目为依托，加强专业建设

通过质量工程项目的立项、建设、评审等环节，加强专业内涵建设。财经学院以质量工程项目为依托，努力打造各本专科专业的专业优势，培育专业特色。2013 级国际经济与贸易专业（含跨境电商方向）教学改革成果获郑州市地方高校评比一等奖。2016 年 10 月，国际经济与贸易专业经过评审，获批为 2016 年度河南省民办高校品牌专业建设点。2016 年 12 月，国际经济与贸易专业获批为郑州科技学院特色专业建设点。同时，财经学院依托跨境电商学院，积极申报实践教学基地、职业人才培养培训基地等市级项目。

四、以教学改革为动力，推动专业建设

教学改革的过程就是自我否定与改进的过程，通过教学改革，提升教学方法，丰富教学内容，挖掘专业发展潜力。财经学院积极鼓励教师投身教学改革的大潮，截至目前，学院参与的教改立项课题有 11 项，结项后的成果应用到实际教学之中，效果很好。

五、以学科竞赛为引领，提升专业实践能力

财经学院积极组织学生参加省内外学科竞赛活动，利用学科竞赛平台，培养学生的动手操作能力，提升师资队伍实践教学技能。例如，2015 年 11 月 22 日参加第五届全国国际贸易职业能力竞赛，获国际贸易师组综合技能三等奖；2016 年 3 月 19—20 日参加全国职业技能大赛河南省选拔赛——电子商务技能赛项，荣获三等奖；2016 年 3 月 19—20 日参加第九届河南省高职院校技能大赛暨 2016 年全国职业院校技能大赛高职组河南选拔赛市场营销赛项，荣获三等奖；2016 年 11 月 1 日参加第二届郑州市地方高校职业技能竞赛——电子商务技能赛项，荣获三等奖；2017 年 11 月，参加河南省第二届新道杯高等院校创新会计人才技能大赛，荣获二等奖（图 15-6）。

图 15-6　参加学科竞赛

六、以新工科建设为契机，推动专业纵深发展

为满足新工科背景下市场对人才的需求，财经学院勇于创新，在正常的人才培养体系外，独辟蹊径，创新工作方法，结合现有的实践教学资源，实施试点班、实验班教学，以点带面，力求在应用型这一大目标下培养出复合型的应用型专业人才。

第四节　课程建设与教学改革

课程建设与教学改革是提高教育质量的动力源，是实现人才培养目标的关键，在课程建设与考试改革方面，财经学院一直是目标坚定、砥砺前行。

一、加强考核方式改革

考核方式决定了学生的学习方式，财经学院围绕着如何通过考核方式的改革去引导学生学习、加强学生自主学习能力的培养，做了大量工作。在理论教学上，学院通过改革考核方式来推进学生学习方式、教师教学方式的改革。学院选择了宏观经济学、金融学、商务谈判等课程作为试点，通过考核方式的改革，在引导学生主动学习、拓展知识面、优化知识结构等方面取得了很好的成效。在实践教学方面，学院积极鼓励实践教学任课教师通过实战来提高学生的动手操作和解决问题的能力，如孟刚老师通过让学生实际运营网店来综合考核学生的成绩，效果非常好。要培养出符合社会需求的人才，必须要加强课程建设，学院以评估整改为契机，积极探索课程改革内容，无论是教学方式、方法，还是考核方式，都取得了明显成效。

二、加强教材建设工作

财经学院积极推进教材建设。一方面，结合专业、课程特点，积极立项校级教材，组织教师结合学校学生特点和软硬件教学条件，认真编写教材，如已经出版使用的《管理学——实践的视角》《财务管理》等；另一方面，组织多家出版社来学院巡展，积极选用国家级规划教材、慕课、微课版教材。截至目前，学院教师主编、参编各种教材55部，立项建设慕课1门，微课5门。

三、推动教学信息化建设

一方面，在教务处统一领导下，财经学院积极推进教学信息化建设，实现了校级精品课程、专业主干课程上赛课平台，同时推进国贸专业核心课程慕课建设。国际经济与贸易专业国际贸易实务课程被评为校级精品在线开放课程，同时作为省级精品在线开放课程的拟立项项目，取得了良好的成绩。另一方面，学院利用翻转课堂APP这一移动平台来提高教学效率。翻转课堂APP是一款掌上教育学习平台，可以为教师和学生提供教学、教务、学习等服务，可实现课堂点名、评学评教、作业布置、在线测验、课堂讨论等功能。

四、推动第二课堂建设工作

财经学院在不断推进第一课堂教育教学改革的同时，积极推动第二课堂在专业建设中的作用。学院以电子商务专业为试点专业，加强第二课堂建设工作，通过发挥第二课堂的作用来加强该专业建设：第一，跨境电子商务模拟公司的筹备与成立；第二，第二课堂之“美食美客”互联网运营项目的策划与实施；第三，第二课堂之“中威跨境电商”项目的策划与实施。电子商务专业第二课堂成果丰硕，学生实践能力显著增强，成功实现中威安防的上网工程及公司销售额增长；完成对速卖通、诚信通、敦煌网等平台的掌握；“美食美客”微信店铺的建立与运营；“美食美客”网络促销成功开展。

第五节　实践教学条件与实践教学

一、实践教学平台

财经学院与深圳市怡亚通供应链股份有限公司合作共建了全球供应链&产业电商实训基地，为培养学生的实际操作能力、创新能力等提供了强有力的保障。全球供应链跨境电商学院 LOGO 如图 15-7 所示。

图 15-7　全球供应链跨境电商学院 LOGO

1. 跨境电商（国际贸易企业）模拟演练中心简介

跨境电商（国际贸易企业）模拟演练中心（图 15-8）主要处理进出口合同的磋商及签订、租船订舱、办理运输保险、国际货款支付等业务，使学生从枯燥的理论学习中解脱出来。通过实践，学生可以加深对国际贸易流程中理论知识和实践操作具体业务的理解，使业务处理达到高效率、高质量和规范化，进而提升综合素质和工作能力。

跨境电商（国际贸易企业）模拟演练中心的模拟演练主要包括进出口合同签订（磋商、签订）、进出口业务操作（租船订舱、货运代理、投保、报关）、国际结算基本业务（信用证、托收、汇款和银行保函）；以进出口业务操作为核心，辅助业务管理、客户信息管理、交易控制等几大功能，使磋商、结算、报关、报检无缝连接，充分体现业务直通式处理的优越性。

图 15-8　跨境电商（国际贸易企业）模拟演练中心

2. 金融企业模拟演练中心简介

金融企业模拟演练中心（图 15-9）主要是模拟演练掌握公司及社会经济学发展动态，全面积极主动地策划金融企业投资理财方案，最大限度地实现财富的保值和增值。

金融企业模拟演练中心设置了数据处理员、研究员、产品经理、柜员（开户员）、投资分析师、渠道管理员等模拟工作岗位，为经济学、管理学、电子商务专业学生提供市场调研分析、投资决策制定、产品模拟操作等实际岗位业务活动的仿真训练。通过模拟顶岗实习，学生可以体验相关岗位的业务工作流程，具备岗位业务实操能力。

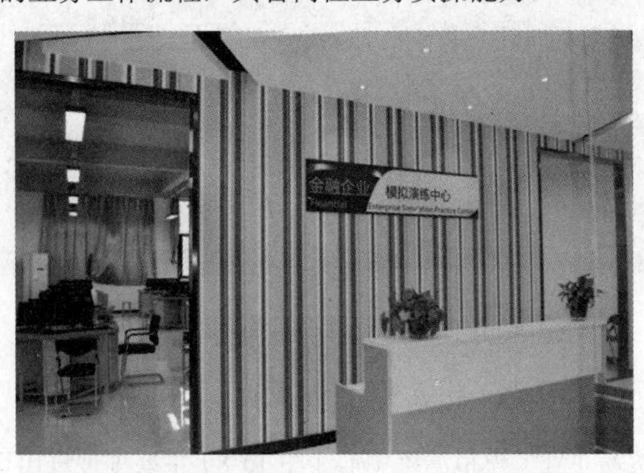

图 15-9　金融企业模拟演练中心

3. 营销演练中心简介

营销演练中心主要负责企业的市场调研与预测、营销策划、客户开发与服务等与产品销售有关的工作。通过实践，学生可以掌握市场营销环境分析的方法，熟悉企业的营销战略和营销观念，能分析顾客的消费行为，掌握目标市场的营销策略和营销组合策略等基本理论知识，培养应用市场营销理论解决和处理实际问题的思维方法与基本能力。

营销演练中心的模拟演练主要包括营销环境分析、市场调查与预测、市场细分、目标市场选择、市场定位、营销组合策略的制定、客户关系管理等。

4. 企业财务模拟演练中心简介

企业财务模拟演练中心是企业财务工作的管理、核算、监督指导部门，其管理职能是根据企业发展规划编制和下达企业财务预算，并对预算的实施情况进行管理；其核算职能是对公司的生产经营、资金运行情况进行核算；其预警提示职能是对于董事长、总经理反馈公司资金的营运预警和提示。

企业财务模拟演练中心设置了出纳、会计、财务主管等模拟工作岗位，为会计电算化、财务管理等专业学生提供出纳、会计等岗位业务活动的训练。通过模拟顶岗实习，学生可以体验相关岗位的业务工作流程，并具备岗位业务操作能力。

5. 电子商务企业模拟演练中心简介

电子商务企业模拟演练中心（图 15-10）是针对电子商务专业及其相关专业教育教学质量切实提高的系统素质工程，该演练中心旨在培养出素质高、能力强、专业实践得心应手的高素质大学生或企业家。该中心内部配备全部企业级电子商务应用软件，实验室配备的完整的软硬件基础设施可以让使用该实验室的大学生进行全真化的电子商务创业创新活动。

电子商务企业模拟演练中心配置的软硬件主要包括企业级远端云服务器、实验室办公设备、电子商务创业指导中心、校企合作技术研发中心、企业级行业网站建站系统、企业级单用户在线商城系统、企业级多用户在线商城系统、企业级官方网站构建系统、企业级网络品牌快建系统等。所有软硬件由创新创业孵化管理系统统筹管理。

图 15-10　电子商务企业模拟演练中心

6. 第三方物流企业模拟演练中心简介

第三方物流企业模拟演练中心主要处理物流运输线路规划、车辆调度、出入库管理、库存控制、分拣、配载装车、流通加工和信息处理等基本业务。通过本演练中心相关实训项目的训练，学生能够熟练从事物流相关业务操作，并能够高效率、高标准地完成相关业务操作，从而达到提升学生综合素质的目的。

第三方物流企业模拟演练中心的实训内容主要包括客户服务、采购管理、入库管理（入库接单、接单处理、入库装卸、入库验货、摆货作业、入库确认）、出库管理（出库接单、出库拣选、出库装卸、出库确认）、库存管理（岗位职责、仓库检查、物料检查、物料报废、库存盘点、仓库检查单查询、物料检查单查询、物料报废单查询、库存盘点单查询、库存查询）、配送运输、配载装车等几大功能，可从多角度对学生进行分组、训练。

7. 生产企业模拟演练中心简介

生产企业模拟演练中心主要处理制订生产计划、控制生产进度、严控企业的品质状况、按照公司营销部门的出库计划安排出货等业务。这些业务的开展可以提升生产效率，降低生产成本，保证产品质量稳定，提高企业生产管理的效率，有效管理生产过程的信息，从而提高企业的整体竞争力。

生产部门设置采购管理、生产管理、质量管理等模拟工作岗位，为工商企业管理专业学生提供各种管理岗位业务活动的训练。通过模拟顶岗实习，学生可以体验相关岗位的业务工作流程，并具备岗位业务操作能力。

8. 公共服务演练中心简介

公共服务演练中心是跨学科跨专业的社会公共服务的实训部门。本中心主要提供企业注册、外贸报关等相关业务运作体验训练。另外，与企业合作，为学生提供企业售后服务的业务训练及相关的客户信息服务工作。本中心除了为经管类专业学生提供实习实训外，还能为学校其他专业的学生提供创业策划、注册、企业市场竞争演练的实训。财经学院与怡亚通公司通过商务区及培训中心，通过企业网络平台，对学生直接进行电子商务及跨境电商的业务操作培训，既能在真实的情景中培养学生的专业能力，也能为企业提供所需人才的培训，实现产教融合，共同培养应用型人才。

二、实践教学实施

经过多次对人才培养方案的修订，实践教学在人才培养体系中所占的比重逐步提高，现在各专业实践教学的比例达到了30%，实践教学的形式也结合相关专业进行了调整，校内校外实践相结合，第一课堂与第二课堂实践相结合。实践教学的开出率为100%，各实践教学资源的利用率也达到100%。

第六节　产教融合与协同育人

一、校企合作情况

为确保各专业生产实习顺利进行，财经学院先后跟山东万声通讯实业有限公司、花桥华拓数码科技（昆山）有限公司、河南网商园电子商务有限公司、大连华讯投资股份有限公司郑州分公司、山东福沃德供应链管理有限公司、郑州铭资电子商务有限公司、深圳市怡亚通益达教育服务有限公司、易聚（北京）信息科技有限公司等 11 家企业签订了校企合作协议，建立了校企合作关系，实现了企业认识实习、生产实习等实践教学任务。

二、校企合作执行情况

校企合作协同育人的关键环节就在执行人才培养方案中校外的实践教学环节。校外实践教学环节主要体现在两个方面，一是企业认识实习。企业认识实习是每个专业在第三学期要进行的为期一周的参观、体验、讲座等，目前累计超过了 1 万人次。二是生产实习。创新人才培养模式之后，每个专业都有为期 3～4 个月的生产实习，主要是在企业完成。截至目前，学院各个专业参与生产实习的学生有 1 000 人次。整体来讲，经过几年的摸索和实践，学院的校企合作步入了正轨（图 15-11）。

图 15-11　校企合作

三、校企合作成果

（一）共建校企合作育人平台

财经学院充分利用社会资源培养、培育学生，与企业共建校内实训平台。学院与百业会计公司共建了会计手工实账室，与深圳怡亚通供应链股份有限公司共建了全球供应链&跨境电商学院，实现了把企业引入校园，创建了校内实训、创新、创业平台。

（二）订单式培养

按照企业需要的标准，订单式培养。财经学院先后组建了“银河证券社会实践班”“大连华讯理财班”“怡亚通精英班”等专业班级，为企业培养订单式人才。

（三）校企合作，共编教材

校企合作编写教材。学校委派教师参与企业教材编写研讨会，并达成与企业合编教材的协议，与深圳怡亚通供应链服务有限公司合编的《跨境电子商务运营实务》已经出版。

（四）双师队伍培养

利用校企合作平台，相关专业教师多次参与企业实践锻炼，并指导学生实习，既提升了任课教师的实践操作能力，又提升了双师型教师的占比。

第七节　培养特色

培育特色并最终形成特色教育是财经学院在新形势下的重要工作内容。经过多年的探索与积累，学院在特色培养方面主要体现在以下几个方面。

一、人才培养模式中加入创新元素

创新能力的培养是新时代赋予高校人才培养的重要责任，为加强学生创新能力的培养，财经学院从多个方面着手，嵌入创新元素。第一，实施创新学分。国际经济与贸易作为第二批学校试点专业，实施了创新学分，要求学生利用空余时间从科学研究、学科竞赛、技能取证、创新学习等方面取得一定的成绩，折算成学分，并拉入最终的考核。第二，开设专业导论。在国际经济与贸易专业中实施专业导论课。在大一的第一学期开设专业导论课，指导学生四年的专业学习，同时，为学生指派指导老师，启动项目研究，培养学生创新、研究能力。第三，毕业设计引入重点课题。在毕业生毕业论文的制作上，为解决实际问题，学校组织团队，立项重点毕业设计课题，研究解决实践教学问题。例如，2016届毕业生立项的课题“企业运行仿真实践教学实现”，研究成果有效地充实了相关专业在企业认识实习、企业综合实习上的教学安排。第四，创新创业教育。学校在毕业生中开展创新创业教育，效果明显。

二、打造双语教学品牌

结合专业特点，国际经济与贸易专业积极推进双语教学。为了让学生掌握专业核心知识，同时具备良好的外语理解、沟通能力，国贸专业在专业核心课程群中选择了国际贸易实务、商务谈判、国际市场营销等课程实施双语教学，在课程教学改革中，逐步形成了一道亮丽的风景线。

三、第一课堂与第二课堂的融合教育

以项目为纽带，打通了第一课堂与第二课堂的界限，实现了二者的融合教育。依据现有的实践平台，各教研室根据开设课程，有针对性地设计教学项目，利用项目引导学生进行专业知识学习和创新。

同时，依托实践教学平台，在专业教师的指导下，组建学生团队，创新教学方式，真正实现理论教学与实践教学的融合。财经学院在跨境电商学院构建的丫丫全球购实训平台，以平台为支点，把理论知识应用到实践，真正实现商业环境下的实体操作，有力地提高了学生动手解决实际问题的能力（图 15-12）。

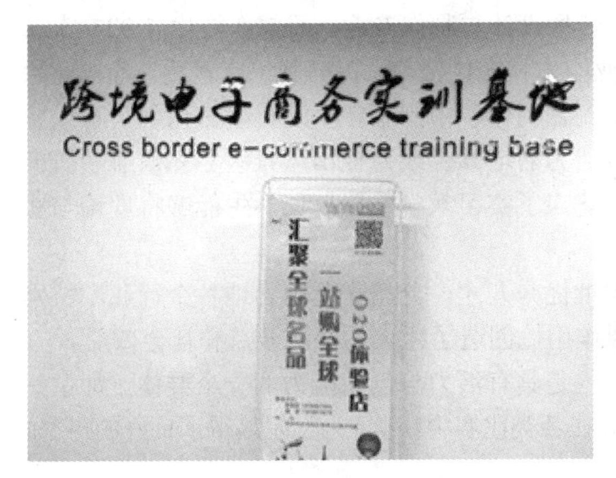

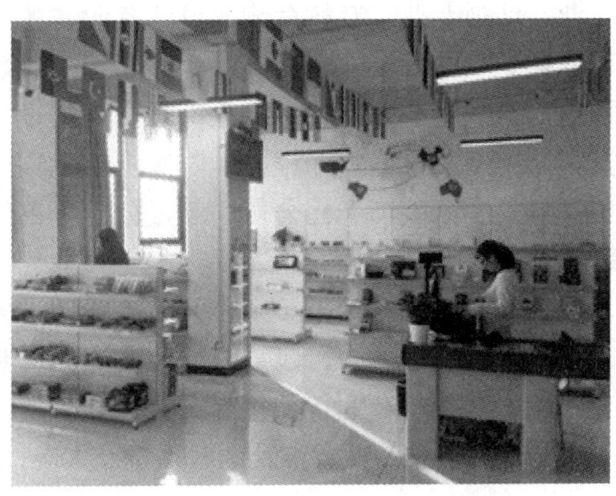

图 15-12　丫丫全球购实训平台

第十六章　艺术学院

第一节　学院概况

艺术学院成立于1998年，是郑州科技学院成立时间较长、生源较好、毕业生就业形势较好的二级学院。学院开设本科、专科专业共5个，其中本科有视觉传达设计专业、环境设计专业、动画专业，专科有艺术设计专业、视觉传播设计与制作专业，目前在校生1 927人。艺术类专业共有教师98人，为培养学生的专业能力和文化修养，提高其综合素质，各专业除开设国家规定的文化课和专业课外，还增设了陶艺制作、中国画、书法、装裱艺术、音乐鉴赏、影视鉴赏等选修课程。学院重视学生实践能力的培养，在万仙山风景区、郑州雕塑研究所，以及多家装饰工程公司、动漫公司等单位建立了实习教学基地，使学生能够将理论与实践相结合。

艺术学院成立十多年来，为社会输送了大批优秀人才，分布在全国各地各个行业，特别是在艺术、装潢装饰、包装等行业发挥了重要作用，创造了巨大的经济效益和社会效益。

艺术学院的专业特征决定了艺术学院的师生是具有活力与创新能力的一个群体，师生们的美术作品多次参加省市及国内展览及大赛，并在各类比赛中获奖，为学院赢得了良好的声誉。

第二节　教师队伍

一、队伍结构

艺术学院共有教师98人，其中获得副高以上职称的教师有33人，具有硕士学位的教师有71人，占教师总数的72%，逐渐形成了一支师德优良、专业知识扎实、实践动手能力强、团结和谐、勇于创新的教师队伍。

艺术学院环境设计专业有专职教师35人，其中获得副高以上职称的教师9人，获得中级职称的教师13人，中高级职称者占教师总数的63%，能够较好地保证教学工作的顺利进行。

视觉传达设计专业有专职教师33人，其中获得副高以上职称的教师14人，讲师11人，助教8人，副高及以上职称者占教师总数的42%，讲师占教师总数的33%，助教占教师总数的24%；具有研究生学历的教师17人，占教师总数的52%；具有双师素质教师11人，占教师总数的33%。

动画专业拥有专职教师30人，其中获得副高以上职称的教师10人，获得中级职称的教师10人，获得初级职称的教师16人；具有研究生学历的教师27人；具有双师素质教师5人。

学校始终坚持以培养应用型人才为目标，艺术学院的教师不断顺应教学改革，加强自身的专业实践能力，现已初步建立起一支年龄、职称、专业分布较为合理，具有较强实践能力的专业教师队伍。

二、人才引进

艺术学院十分重视师资队伍的建设。师资队伍是提升教学质量的重要保障，为了提升教学质量，学院采取专职教师、兼职教师、专家学者进校园讲学等方法引进人才。学院在以下几个方面采取措施，切实做好人才引进工作。

（1）扩大教师规模。学院积极引进各专业优秀青年教师充实师资队伍，由具有丰富教学经验的教师指导青年教师，促进其快速成长，提升教学水平和科研能力。

（2）完善教师梯队结构。一方面，积极引进具有高级职称、经验丰富的学科带头人；另一方面，加大对青年教师的培养，采用导师制培养校级优秀青年骨干教师。

（3）采取各种措施和政策，支持和鼓励青年教师在职攻读硕士、博士学位，提升教师学历层次，完善师资学历结构。

三、师资培训

（一）加强专业教师理论学习

首先，进一步提高教师的理论修养，鼓励专业教师参加各类专业培训学习，尽可能为教师创造充足的理论学习条件。其次，不定期召开专业研讨会，提高教师的业务能力，提升专业素质（图 16-1）。

图 16-1　教研室召开专业研讨会

（二）提高教师科研能力

鼓励教师参加各类设计比赛或举办设计展览，参与各类人文社会科学的重大课题研究，发表高质量专业论文，出版高水平的书籍和画册，丰富科研形式，让教师的专业知识与技能得到不断提高。

（三）参与暑期企业实训

为了加强职业教育与行业的联系，提高教师实践水平，培养双师型专业骨干教师，学校安排青年教师在暑假期间到企业参与实践活动。

艺术学院鼓励教师积极参与企业运营，深入生产实践，从基层的设计部门实践工作做起，跟随公司各部门主管、业务操作人员，在客户接待、业务受理、实践作图、计算机计算、整理归档等工作任务实践过程中，全面了解企业经营管理状况、业务范围、运作方式，认真学习管理制度、业务流程、操作规范、行业标准等基本情况。通过暑期企业实训，教师熟悉了公司所应用的专业知识，吸收了专业的新知识、新技能、新工艺、新方法，掌握了计算机设施设备操作和设计类作业的技术技能（图 16-2）。

图 16-2　暑期教师深入企业锻炼

四、青年教师培养

艺术学院采取多种措施，对青年教师进行培养：

（1）“进人过三关”：在人事处对应聘专职教师进行资格审查后，组织专家组对其进行教学能力测试，这是第一关；由学院和教研室对其进行教学技能培训，这是第二关；开学两周内，由听课学生对其进行评议，这是第三关。

（2）多层次听课：校督导、教务处、学院二级督导员听课及专业教师相互听课、观摩听课等，通过不同方式的听课、评议，帮助教师不断提升自己（图 16-3）。

图 16-3　院领导带领督导组深入班级听课

（3）三评一展：通过学院评教、教师评学、学生评教及教案（包括纸质教案和电子教案）展览，督促专业教师不断提高。

（4）为帮助青年教师尽快提高教学能力，艺术学院制订了中青年教师培养进修计划、月考核制度、班主任工作量化管理考核细则、实习实训工作纪律等规范性文件，并且付诸实施，取得很好的效果。

（5）采取多种措施，支持和鼓励教师培训进修，提升学历，完善知识结构。

五、师德师风建设

师德师风建设，是教师队伍建设的重要任务，不仅要求教师有渊博的知识和较强的教育教学能力，还要求教师自身有良好的职业道德。

（一）“以人为本”是加强师德师风建设的指导思想

“以人为本”是科学发展观的本质和特征，同时也是马克思主义历史唯物论的基本原理。“以人为本”体现了马克思主义的基本观点，是新时代师德师风建设的指导思想。教师在教学工作中坚持“以人为本”，就是要满足学生的多方面诉求，以有利于学生的学习作为日常工作的着眼点，充分调动广大学生的积极性和主动性，引导他们发挥自身潜能，充分发挥他们的主观能动性，以最大限度地实现其全面自由发展。“以人为本”也是教育的本质所在，就是全面完整地关照人，提升人，鼓励人自由发展，认识人，关爱人，教育人，尊重人，开发人的心智，提升人的道德水平，就是追求对人本身的关怀。艺术学院教师在教学工作中，有服务意识，重点突出学生的主体性，一切为了学生，关心学生、爱护学生、尊重学生、理解学生，竭尽所能地满足学生的合理需求。

（二）加强教师教风建设是加强师德师风建设工作的核心

教风、学风、校风是一个相互影响、相互促进的统一体。教风对学风起主导和决定性作用，教风与学风的互动融合形成良好的校风。教师良好的教风促进了良好学风的形成。教师对学生智慧、意志和情感全面发展起了极大的导向作用。这一事实要求教师要有良好的综合素质，如渊博的知识、高尚的人格、敬业的精神等。艺术学院的教师按照我国社会主义精神文明建设的要求，树立良好的道德形象，在政治思想、道德品质、治学施教、行为情操、仪表风度等方面，以身作则，春风化雨，润物无声，潜移默化地影响学生。

（三）机制创新是加强师德建设的基本措施

“教之道，德为先”，良好的师德师风是教好书、育好人的重要前提。首先，艺术学院建立师德师风培训，以高尚的品格影响人。师德师风建设要以培育教师的时代精神为目标，强化教师的政治意识、学习意识，加强对高校教师的思想政治教育和管理培训工作。其次，加强日常思想政治学习，引导教师树立正确的职业理想，帮助教师树立职业形象，加强职业责任和职业纪律的教育，使教师树立正确的教育价值观、质量观和人才观，使教师发自内心地关心学生、爱护学生。最后，建立考评激励机制，以积极的政策领引人。教师考评是对教师师德师风和工作成绩的综合检查，能促使教师不断努力提高自身职业素质、认真履行教师职责。

第三节　专业建设与培养方案

一、专业建设

（一）环境设计专业

环境设计专业主要研究室内设计，并将景观设计课程作为辅助教学。教学组织以室内设计专业为基础，各课程之间互相渗透、互为补充和支持，共同构成完整的环境设计学科结构。该专业的教师积极推动教学改革，深入学术研究，积累了可喜的成果，也锻炼出一支优秀的专业教学队伍。这些为进一步整合教学资源、带动学科建设、提高专业水平、攻克更高的学术难题、提升专业的办学层次与商业竞争力创造了有利条件。

环境设计专业根据本科应用型人才教学的需要，在教学上强调学生实际动手能力的训练，强化实习实训，旨在培养具有熟练专业操作技能的应用型人才。

（二）视觉传达设计专业

视觉传达设计专业的前身是艺术设计专业。郑州科技学院于2005年开设了艺术设计专科专业，于2009年开设了艺术设计本科专业，涵盖视觉传达设计和环境设计两个方向。2012年教育部本科专业调整后，视觉传达设计专业正式独立出来，于2013年面向全国招生。

该专业设立以来，始终坚持以中原经济区建设为依托，以服务地方经济建设为前提，以人才培养适应市场需求为导向。教师在传授学生扎实的理论知识基础上，不断强化学生设计实践应用能力，着力培养“实基础、重实践、强能力、会创新”能适应设计行业需要的高级设计人才。目前，该专业在校生558人，拥有专兼职教师33人，专业实验室、工作室6个，校外实习基地9个。视觉传达设计专业是郑州科技学院校级特色专业、郑州市重点专业、河南省民办品牌专业。

（三）动画专业

1. 依照“学研产”一体的发展思路，将学生的专业兴趣与行业需求有机结合

该专业主要培养服务于动画行业，能够从事动画工作的应用型高级专业人才。坚持专业发展与市场需求相辅相成，把专业设置、人才培养和高质量就业相结合，适应中原文化及经济发展的需求。

2. 进一步改善教学条件

动画专业不断完善“生产性教学”人才培养模式，构建具有创新特色的综合性动画专业人才培养模式。

动画专业融艺术设计的优势与信息技术的广阔前景于一体，强调设计与科学的交融，注重教学理念、文化艺术修养和高技术水平的培养，注重扎实的造型能力和专业基础理论、相

关学科知识的培养。

3. 完善和优化课程体系

动画专业加强和完善课程体系的完善和改革，注重基础课程的实验性改革，优化主要的基础课程，强化学生设计能力的培养。该专业以培养动漫职业技能为主线，以“应用”为主旨构建课程体系，形成“面向职业，创意为先，能力为本，理论与实践融通，审美教育与技能训练并重，传统工艺与现代技术结合”的专业特色，面向动画创意、设计、制作等岗位，培养“艺术+技术”的应用型动漫专业人才。

4. 教育教学改革不断深入

动画专业通过深化教育教学改革，进一步完善“生产性教学”人才培养模式，校企政联手，建立灵活多元的学研产合作机制，构建集校内外实训、企业顶岗实践于一体的“立体化”人才培养方式，充分发挥公共技术服务平台共享优势，进行科研创新。

5. 人才培养特色明显，符合社会需求

（1）通过了解行业、技术发展动态及行业对人才的需求，掌握企业实际情况，以与时俱进，紧紧追随市场与技术的发展。动画专业通过职业技术所需的岗位群来及时调整专业侧重及教学内容，培养学生的动漫技术应用能力和综合素养，满足企业不同岗位对人才的需求。

（2）强化实践设计能力的培养，以及人文知识和设计能力的协调发展。动画专业将理论教学与实践相结合，通过多种实践形式加强学生的设计能力；以日常教学、课题合作、社会实践、学术交流等途径培养优秀的设计人才；针对不同的需求，培养注重创造性思维的创新型人才和注重实务能力（如实际课题解决能力）的动画设计师。实施“综合化”人才培养模式是现代科学向协同化和综合化发展的趋势。将动画作为一种设计或生活的沟通融合语言，有助于为学生提供完整的知识结构，有助于学生应对知识量的激增，有利于学生的学习和个性的发展，达到“全民皆动画”的趋势。

二、培养方案

艺术学院从专业方向的角度出发，深入研究，设置合理的课程群，将公共基础课、专业课、选修课有机结合，课程设置突出理论知识的系统性与结构性，突出“设计”的特点。在课程内容的设置方面，将理论与实践相结合，突出实践是由设计专业的专业性质决定的；在课程设置方面，切实有效地将选修与必修、课程与教材、理论与实践相结合，突出设计专业特色。总之，艺术学院以工学结合人才培养的方案，制定相应人才培养模式。

（一）“小专业方向”动态对接产业发展需求

通过实施“大专业平台、小专业方向”专业改革，艺术学院形成视觉传达设计、环境设计、动画专业系列，具体划分为数个小专业。由此，根据市场人才需求方向动态对接产业发展需求，专业结构动态调整机制基本形成。

（二）“工作室制”人才培养模式对应行业企业生产模式

校企合作，以校内外实训工作室（图 16-4）为平台，导入项目与行业企业工作模式，校企教学团队共同制定课程标准，开发项目课程包，实施主题教学、项目教学，培养学生创造性地、真实地完成一个项目的能力；由校企双方共同对人才培养过程和质量进行鉴定、考核和评估，培养设计技能型人才“创意+动手+创业”的核心能力。

在工作室真实的职场环境中，理论教学与实践教学相融合，教学过程、实践过程与生产过程相融合，集教、学、做于一体，学生成为学习的主体。“心中有职场，手中有专长”，达到专业技能、职业素养和职业能力同步培养，“双证书”专业比例达 100%。

视觉传达设计专业校内工作室

环境设计专业实训工作室

动画专业工作室

图 16-4　各专业实训工作室

（三）建成开放互动的教学运行与质量控制系统

艺术学院依据教学管理系统和大学生素质育化信息平台，形成了教学述课评课、学业报告书、开放展示周等特色教学管理制度，建成运作数字化、立体化、开放互动的教学运行与质量控制体系。

第四节　课程建设与教学改革

一、课程建设

（一）指导思想

艺术学院坚持“面向现代化，面向世界，面向未来”的教育方针，贯彻落实教育部《关于进一步加强高等学校本科教学工作的若干意见》精神，树立21世纪新型的教育观、人才观和科学发展观，根据学校课程建设规划总体要求，为全面提升课程建设水平，以课程建设推动各项教学基本建设，促进教学质量不断提高，实现我校本科教育的可持续发展。

（二）建设目标

艺术学院以转变教育思想、更新教育观念为先导，以优化知识结构、重视能力培养为出发点，以实施素质教育、促进学生全面发展为目标，以培养学生创新精神、实践能力为重点，以整体优化课程结构、构建新的知识体系为主线，及时更新教学内容，加强课程整合和课程群建设，构建整体优化的课程体系，逐步实现教学方法和手段的现代化，积极争取建设一定数量的院级优秀课程。

二、加强教学改革建设

（一）加强课程建设改革

（1）逐步建立完善的课程教学体系，不断更新教学内容，按照理论与实践相结合、深度与广度相结合、艺术与技术相结合的原则，构建了合理的教学体系。

（2）突破了传统的课堂面授式的教学方法，创造了“以实习基地为中心的实习教学模式”，形成了与市场互动式的教学方法。在理论课教学中全面实现了多媒体电教化，从而活跃了教学气氛，激发了学生的学习热情。

（3）深化教学改革，探寻出将课程与专题、真实课题、竞赛相结合的课堂教学改革途径；依托专业基础实验室和实习实训基地，强调了学生实践能力的培养。

（4）开展多层次实践教学，避免把动手能力简单理解为操作技能，注重设计理论知识的运用，培养学生创新设计能力等综合职业能力和创造性思考。

（二）加强毕业设计改革

1. 毕业设计可行性机制改革

毕业设计的时间由原来的大学四年级下学期，改到大学四年级上学期进行。从以往的10周一学期改为16周两学期，使学生提前进入毕业设计阶段。以周为单位，实施“6+3+10”毕业设计培养模式，即大学四年级上学期后6周开题，进入毕业设计阶段；中间3周实习，进行课题的调研和实践，最后10周进行设计制作。其间包括了开题答辩、中期答辩和毕业答辩3个阶段。

2. 优化毕业设计（论文）的课题机制与策略

改变原有选题形式和策略，制定多元化毕业设计形式，由学生单向选题改为学生导师双向选题；增加实际课题含量，命题与就业挂钩，走学研产一体道路；与大赛结合，利用大赛命题进行毕业设计创作；利用导师的课题项目进行毕业设计创作。

由一人单独完成改为允许合作完成，以增强学生的团队意识，为学生将来更好地走上社会、服务社会打下更为坚实的基础。毕业设计的选题更为开放和多元。

3. 毕业设计展览形式的改进

展览形式从“平面展板展示”向“数字、立体模型展示”形式转换；传达模式从单向传达向立体交互传达转变。学生可以成立展览工作小组，分解各项工作。

4. 强化毕业设计课题调研、构思、设计、制作的过程

要求学生将毕业设计课题调研、构思、设计、制作的过程以展板、设计日志、设计草图、设计手册等形式展出，明悉毕业设计的创作来源与过程，避免设计作品抄袭或类抄袭的现象发生，也为印制毕业设计专刊提供详细的创作、设计信息。

5. 完善毕业设计导师制度

对毕业设计导师进行统一考核，对导师的研究方向和特点进行归类分析，按照导师的优势类别分配学生，充分发挥导师的能力与优势。由导师的单向选择变为师生双向选择，使导师和学生能够更好地沟通。

6. 完善毕业设计（论文）的评价体系

毕业设计的评价体系由指导教师、评阅教师评分变为集体评分，其中在集体评分中根据教师特长进行分组打分。指导教师、评阅教师、毕业答辩、毕业展分别占有不同的比例，同时将设计过程纳入评分标准。在毕业答辩过程中增加了口头表述能力、教师提问、PPT 制作等内容的考核。积极推进毕业展览期间现场答辩形式多样化，以流动的方式进行，学生针对自己的模型和展板进行答辩，可以组织低年级学生观摩，为低年级学生提供一个交流学习的平台。

第五节　实践教学条件与实践教学

一、多媒体设施、计算机机房及网络

多媒体设施、计算机等的使用，使教学过程更直观、易懂，收到了良好的教学成效。多媒体教室位于综合楼西楼和东楼，共 20 个，占教室总数的 36%。每班有固定的专业教室，具体教室数量如表 16-1 所示。

表 16-1　教室类别与数量

教室类别	数量/个
画室	12
教室	55
多媒体教室	20

二、图书资料

图书馆是学校的文献信息中心，是为教学和科学研究服务的机构，并采用“藏借阅合一”的服务模式。郑州科技学院图书馆总面积约 32 051 平方米，图书馆藏纸质图书总量为 120.5 万册，电子图书 20.37 万册，电子期刊 7 588 种，纸质期刊 1 202 份（种）。图书馆拥有艺术类图书 18 390 种、115 449 册，艺术类光盘 24 550 盘。

在文献资源建设方面，图书馆近两年更加注重馆藏结构的调整。例如，在坚持以文科图书为主的同时，加强了专业图书的采购，如预算施工、室内设计、建筑景观、插画设计、角色设计、包装设计、广告设计、油画、国画等。在电子资源建设方面，学院投入了较多资金，使图书馆在数字化方面迈上了一个新台阶，逐步形成文献信息资源的优化配置。

三、专业实验室

艺术学院以设计专业为主，课程实践性较强，在教学过程中强调突出专业的实践性原则，培养学生适应市场变化、市场需求和技术进步的能力。近年来，艺术学院逐步推进和建立了校内专业实验室和校外实习实训基地，其中，视觉传达设计专业设有基础绘画室 1 个，装裱工作室 1 个，摄影实验室 1 个（图 16-5），品牌设计实验室 1 个，丝网印刷实验室 1 个，计算机辅助设计实验室 3 个。环境设计专业设有尚美工作室、环境设计实验室。动画专业建设有以动画为主的三维动画实验室和二维动画实验室。同时，各实验室可进行校企合作的项目制作。实验室的利用率较高，满足了学生制作表现效果图、环艺模型设计、毕业设计等实践教学的需要。

图 16-5 摄影实验室

第六节 产教融合与协同育人

一、产教融合，是培养高素质应用型人才的必然要求

本着培养高素质应用型人才的目标，艺术学院从企业用人的需求出发，积极开展校企合作、产教融合，各专业在校外都有比较稳定的学生实习基地。在真实的生产实践环境中，校企协同育人，致力于培养专业理论扎实、具备创新创业能力的高素质应用型人才，帮助学生全面成长。通过将企业生产实践融入人才培养全过程，艺术学院形成了实践育人、全面发展的人才培养特色（图 16-6）。

图 16-6 学校在华豫兄弟动画集团建立实习（实训）基地

二、创新人才培养模式，推进产教融合

艺术学院以校企协同育人为核心，从产教融合、专业建设对接地方产业角度出发，建立企业订单班，在人才培养方案制定、课程体系建设、课程标准制定、教学的组织实施等方面均体现出企业的用人标准。近年来，艺术学院与国家 863 中部软件园（图 16-7）、蓝科教育、

河南云和数据信息技术有限公司建立合作关系，并组建多期企业订单班。学生毕业后，直接进入相关企业就业，不但提高了就业率，而且实现了高质量就业。

图 16-7 与国家 863 中部软件园人才储备中心签订合作协议

三、协同育人，提升人才培养质量和社会服务能力

艺术学院积极利用校企合作企业平台，提升人才培养质量和社会服务能力。例如，邀请企业国际知名设计师来艺术学院讲学，拓展了师生的专业视野；组建专业团队与校企合作企业共同承担项目制作任务，不但提高了师生的专业水平，而且服务了地方经济。

第七节 培养特色

艺术学院秉承“博学、笃行、明德、至善”的校训，将办学理念定位于培养“实基础、重实践、强能力、会创新”的应用型高级人才，通过不断实践、研究、探索，建立了一套符合教育教学规律的教学、管理体系，并逐步形成了自己的特色。

特色之一：在实践中提升学生的动手应用能力。

学以致用，重在实践。根据艺术设计类专业特色，艺术学院将专业基础课教学与校园文化建设相结合，共为学校绘制 157 幅彩绘墙、500 多幅装饰画，提升了学生专业基础课的实践动手能力，为将来的工作积累了经验。

特色之二：以“展”促教，让学生通过展览督促、提升自己专业技能。

为更好地检验课堂实践教学环节的教学质量，艺术学院将专业课程作业展览常规化。一方面，通过展览的形式督促学生努力学习该门课程、拿出精品；另一方面，让学生看到不同班级、不同学生的专业技能差异，学习别人的长处，反思自己存在的问题。

特色之三：以“赛”促教，打出毕业证书+专业获奖证书组合拳。

结合专业特点，艺术学院逐步培养出学生参与学科竞赛常规化、自主化的良好氛围，从而促使学生在获取毕业证书之外，获取学科竞赛获奖证书，最大限度地提升专业能力和就业竞争力（图 16-8）。

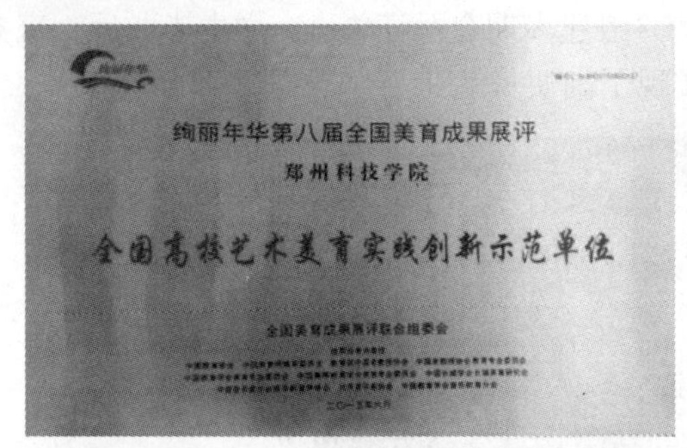

图 16-8　艺术学院所获部分奖项

特色之四：打造实训平台，提高实践能力。

艺术学院建立多处校内外实践教学基地，聘请企业设计人员走进课堂，丰富学生的实践教学内容。例如，加强与地方文化组织的联系，与当地文化建设紧密结合；专业教学将实践性课题作为授课内容，提高了课堂教学的针对性和直观性；以市场需求为依据进行创作，让学生掌握专业创作领域的相关知识和创作技巧，锻炼学生的实践能力，提高学生的就业竞争力。

第十七章　食品科学与工程学院

第一节　学院概况

中国是世界饮食文化古老的发源地，“民以食为天”是中国人对食品重要性最朴素也最深情的文字诠释。食品科学与工程学科在推进食品工业化、现代化、科学化过程中发挥着越来越重要的技术支撑作用。

一、在我国大力发展职业教育的背景下诞生

1999 年，国务院批转教育的《面向 21 世纪教育振兴行动计划》提出：“高等职业教育必须面向地区经济建设和社会发展，适应就业市场的实际需要，培养生产、服务、管理第一线需要的实用人才，真正办出特色。”2002 年，依托河南农业资源优势和蓬勃发展的食品工业，学校成功申报食品加工技术专业（专科），并于当年实现招生。在随后的 5 年中，随着食品专业的招生规模逐渐扩大，学校自有师资力量、专业教学条件等得到了较大提高，教师队伍不断壮大提高，逐渐形成了一支由具有食品行业资深从业经验的中高级技术人员组成的食品学科教学队伍。教师队伍中硕士研究生学历占比为 75%。基础化学实验室、食品分析实验室和食品工艺实训基地也先后投入使用。

二、伴随学校升本迎来发展新机遇

2008 年是学校发展史上里程碑式的一年，这一年学校顺利通过高职高专水平评估，并取得“优秀”评定等级；这一年学校通过教育部评审正式升格为本科高校，并实现当年招生；这一年学校迎来了 20 年校庆，步入“青春”时代。三喜临门让全校师生欢欣鼓舞，食品学科也迎来了全新发展机会。为扩大食品学科发展规模和不断提高办学质量，2008 年年底，学校组织食品专业骨干教师启动了食品营养与检测专科专业的申报工作。2009 年 9 月，该专业实现首次招生。2010 年 5 月，依托两个食品专科专业良好的办学基础，食品科学与工程本科专业顺利获批。2010 年 9 月，首批 78 名食品科学与工程专业本科学生入校，食品学科实现了从专科到本科的华丽转身。

三、独立成院迈上快速发展新台阶

2013 年 5 月 15 日，经学校批准，食品学科从机械工程学院剥离，独立成系，正式命名为食品科学与工程系。在第一届领导班子系主任高向阳、副主任孔欣欣、党总支副书记缑愿军 3 位同志的带领下，在此后的 4 年中，食品科学与工程专业先后被评为郑州科技学院首批特色专业、郑州市重点专业、河南省综合改革试点专业，食品分析实验室被授予郑州市重点实验室，食品质量与安全专业成功获批，食品科学与工程系连续 4 年被评为学校科研工作先进集体，学生就业率连续 4 年超过 97%。郑州科技学院食品学科在教师队伍建设、专业建设、

教学科研、学生培养和管理、专业办学条件、就业质量等方面取得了长足的进步，办学水平和社会知名度得到了较大提升。

2017 年 11 月 29 日，食品科学与工程系正式更名为食品科学与工程学院，并在全校主要领导的见证下举行了庄严的揭牌仪式。在第二届领导班子院长张中义、副院长孔欣欣、院长助理王宁 3 位同志的带领下，食品学科迈上了更大、更广阔的发展平台。

在各级领导的关爱支持下，食品科学与工程学院的全体师生奋力拼搏、砥砺前行，已经迈上快速发展的新台阶。如今，食品科学与工程学院已发展成为设有食品科学与工程（本科）、食品质量与安全（本科）、食品加工技术（专科）、食品营养与检测（专科）4 个全日制普通本专科专业，基础化学实验中心、食品分析检测中心和食品工艺综合实践中心 3 个实验实训中心，“郑科记忆”甜品技术创新工作室、食品安全快速检测创客空间 2 个大学生创新创业基地，1 个食品安全监测研究所，21 个校企合作基地，具有较为鲜明的办学特色和发展潜力的教学单位。

第二节　教 师 队 伍

师资队伍是学科专业建设的核心支撑点，建立起一支相对稳定、结构合理、学术水平高、教学能力强的师资队伍，是高等院校发展工作中的重中之重。几年来，通过不断探索和改进民办高校师资队伍建设模式，食品科学与工程学院逐渐探索出一条“自有为主，外聘为辅，双师型教师为骨，企业名师为翼”的师资队伍建设经验，初步建成一支团结实干、严谨务实、爱校爱生、朝气蓬勃、师德师风良好、业务素质较高、结构较为合理的师资队伍。

一、建立科学、系统的师资队伍建设机制

1. 重点加强专任中青年教师的培养

在学校教师发展中心等部门的大力支持下，在学校师资培养机制的有力保障下，食品科学与工程学院多年来一直坚持对新上岗教师开展“一位导师、一门课、一年周期”的“三个一”培训，即为每一位新入职教师安排一名具有副高级以上职称的骨干教师，以一门课为引领，对其进行为期一年的一对一全方位指导。这一措施为青年教师师德和业务水平的全面提高提供了有力保障，也取得了显著效果。食品科学与工程学院非常关注教师双师素质培养提升工作，通过采取组织教师参加职业资格取证培训考试、安排教师带任务到企业挂职锻炼等措施，提高青年教师的专业应用能力和双师素养。此外，在食品科学与工程学院领导班子的大力倡导和积极努力下，本院中青年教师通过短期进修、单科培养、在职攻读硕士博士学位、在校内外参加各类教师岗位培训及学术会议等方式获得了较为系统、全面的培训和提高。经统计，食品科学与工程学院每年在教师培养方面投入的经费已超过教学管理经费的 40%。

2. 持续提升外聘教师队伍管理与服务水平

为优化师资队伍结构，让所培养人才更加符合行业需求，食品科学与工程学院近几年从河南省科学院、河南安必诺检测技术有限公司等企事业单位，以及郑州大学等兄弟院校陆续聘请了多位兼职教师，总人数保持在 7 人左右，约占教师队伍总数的 25%。他们全部具备较高的教学水平和业务能力，成为食品科学与工程学院师资队伍有益的补充。为提高管理和服务水平，食品科学与工程学院制定了《食品科学与工程学院兼职教师队伍管理服务指南》，并多次修订，让兼职教师聘用考核工作常态化、规范化，留住优秀者，淘汰不合适者。在该指南中，食品科学与工程学院提出对所有外聘教师实施“一对一”管理服务制，凡是到学院任教的外聘教师都安排有一名教学方向相近的专任青年教师负责沟通服务工作，参加兼职教师考核，并要求该专任教师通过听课、参加课程辅导等提高自身业务水平。这种做法不但可以增进专兼任教师之间的感情和互信，稳固校校、校企之间的合作关系，还能提高外聘教师在食品科学与工程学院工作的舒适度和责任心，更能让自有教师通过与外聘教师的沟通交流拓展视野、取长补短。

3. 不断完善教师队伍考核激励机制

科学合理的教师考核、激励机制，能够让教师在压力、动力双重驱动下，更加积极有效地开展教学、科研、系部建设和相关管理工作，大大提高工作效率和质量。食品科学与工程学院在学校各项考评制度的基础上，先后出台了《食品科学与工程学院教师学期工作考核细则》《食品科学与工程学院科研工作考核办法》，并进行了多次修订完善。这两个方案均采用了量化考评制，对教师师德师风、教学、科研、教务管理等工作按岗位、职称进行了分类考核，为科学评价教师德、能、勤、绩、学提供了良好的支撑。

二、师资建设成果显著

食品科学与工程学院师资队伍建设机制经过几年的运行和完善，成效显著。目前，食品科学与工程学院共有自有专业教师 21 人，其中教授 3 人，副教授 3 人，高级工程师 1 人，高级职称占比 33%；中级职称 11 人，占比 52%；硕士研究生及以上学历者 18 人，占比 86%；具有工程师、公共营养师、检验技师、乳品鉴评师等执业资格证书的教师 8 人，具有食品行业 3 年以上对口工作经历的 4 人，在企业挂职锻炼累计超过半年的教师 3 人，通过学校双师型教师认定的教师达 15 人，占比 71%。在食品科学与工程学院聘任的 7 位外单位兼职教师中，有 5 人具有高级职称，2 人具有博士研究生学历。

师资队伍的不断壮大促进了教师教学及科研水平的快速提升。在学校评选的 3 届 9 位青年教学名师中，食品科学与工程学院有两位教师位列其中，分别为孔欣欣和游新侠；孔欣欣、马荣琨在教育部举办的第二届全国应用型课程改革实践征文大赛中荣获二等奖；王莹莹在河南省教育系统教学技能竞赛中荣获二等奖；孔欣欣、张娜分别在校级说课大赛和多媒体课件设计大赛中荣获一等奖。食品工程教学团队先后建成学校第一批郑州市级精品资源课程——食品工艺学，校级精品课程——食品分析与检验、饮料工艺学。高向阳、孔欣欣、马荣琨、段秋虹、王莹莹、游新侠等教师在指导学生参加河南省大学生创新创业训练计划项目及河南省第一届、第二届传统美食创意大赛中取得了优异成绩。李利民、张中义、高向阳、孔欣欣、马荣琨等具有高级职称的老教师在科研工作中勇挑重担，率先垂范，带领中青年教师抓科研、搞创新，连续5年荣获“学校科研先进集体”称号（图17-1）。

图17-1　食品科学与工程学院师生部分科研成果

在教师业务能力不断提升的同时，食品科学与工程学院也一直把师德建设放在极为重要的位置。例如，采取多种措施加强师德师风建设，将师德表现作为教师资格认定、职务评聘、评优奖励等方面的重要依据，狠抓教师思想政治素质、职业道德水平、学术道德修养的培养，强化教师行为规范和学术规范，大力倡导尊师重教、教书育人的良好风尚。在近5年每学期的“三评一展”教师评定中，食品科学与工程学院教师的优良率一直保持在100%，专任教师中有1人获省级文明教师、1人获市级优秀教师、1人获市级学术技术带头人、2人获校级青年教学名师称号，另有多名教师荣获校级优秀教师、优秀共产党员、优秀科研工作者等光荣称号（表17-1）。

表17-1　食品科学与工程学院2014—2018年教科研成果一览

成果类型	教科研成果情况
学术论文	专任教师公开发表各类教科研论文97篇，其中中文核心论文55篇，7篇被EI收录。另有21篇论文在省级以上学术会议上宣读或被会刊收录。学生发表论文16篇，其中中文核心论文9篇，EI收录论文1篇
专利申报	专任教师申报专利33项，其中发明专利11项，实用新型专利22项，已授权11项，受理19项
项目及获奖成果	师生主持或参与各类教科研项目29项，其中省级7项、市厅级16项、校级6项，有2项通过省级成果鉴定。此外荣获省级优秀成果奖4项、市级优秀成果奖2项
教材建设	专任教师主编、参编公开出版的教材8部，其中国家级规划教材3部

第三节　专业建设与培养方案

改革开放以来，随着国民经济迅速发展，人民生活水平不断提高，我国食品工业得到了空前的发展。河南省是农业大省，农产品的生产与加工历史悠久。近年来，河南省食品工业也取得了高速发展，已成为本省工业领域的支柱型产业，食品工业总产值连续 5 年居于全国第二位。省会郑州市是河南省五大食品产业密集城市之一，优势产业为速冻米面制品、粮油制品、乳制品、饮料、啤酒、肉制品。郑州科技学院地处郑州市二七区马寨经济开发区，该开发区是省级食品工业产业园区，园区内有郑州康师傅食品工业园、河南花花牛生物科技有限公司、温州食品工业园等 20 余家食品制造企业。与它们为邻，为食品科学与工程学院开展教学实训、实习、产学研合作、人才输送等提供了得天独厚的条件。

食品科学与工程学院目前开设有食品科学与工程、食品质量与安全两个全日制普通本科专业，食品加工技术、食品营养与检测两个全日制普通专科专业。依托区域优势并结合学校人才培养定位，食品科学与工程学院将食品各专业人才培养定位为“培养满足地方食品产业需要的高级应用型、技能型人才”，并在人才培养和专业建设上取得了一系列丰硕成果。

一、食品科学与工程专业人才培养与建设现状

1. 专业描述

食品科学与工程本科专业是中国高等院校中理工科性质的典型专业，隶属于食品科学与工程学科（国家一级学科），是生命科学与工程科学的重要组成部分。该专业从知识构建层面上看，具有多学科交叉渗透的典型特点，涉及化学、物理学、生物学、农学、机械、环境学、管理学等多个学科。随着 20 世纪世界人口膨胀带来的食品危机不断加剧，加上食品工程技术与信息技术、生物技术、医学技术交叉融合的逐渐扩大，以及食品领域大工业化产业链的不断延伸，该专业涉及的应用领域也越来越宽广，在食品、生物、农业、健康管理等多行业内的技术工程领域，如营养健康领域、安全检测领域、监督管理领域发挥着越来越重要的作用。

2. 人才培养目标

食品科学与工程专业培养具有高度的社会责任感和良好的科学、文化素养，具有化学、微生物学、食品科学、食品工程领域的基础知识、基本理论和基本技能，具备食品制造、食品工艺设计、食品检测与质量管理等实践能力和一定的创新意识，能够在食品生产、流通、技术服务等领域从事技术应用、生产管理、食品质量分析与控制、产品开发等工作，服务于地方经济发展的应用型人才。

3. 人才培养方案特点

首先，课程设置上突出工程化人才培养特色。专业课程分为 3 个模块：食品工程设计制造课程模块、分析检测课程模块、食品安全管理课程模块。3 个模块均较好地突出了工程化应用人才的培养特点。其次，实施分方向培养，按“食品工程”和“速冻食品工程与管理”两个方向开设专业课程，突出服务于地方的培养特色。再次，注重学生综合实践应用能力的培养。以 2016 级食品科学与工程人才培养方案为例，主要集中实践环节 13 项 42 周，还开设有各类实验项目 112 个、总学时 228 个，其中综合型、设计型、创新型实验项目比例达 37%，实践总学时比例达 41.5%。最后，注重学生综合素养的培养。以培养应用型、创新型、复合型的高素质应用型人才为目标，增设了网上开店与创业、食品科技论文写作与规范、计算机

绘图等选修课程。

4. 专业建设成绩和特色

食品科学与工程专业现已成为食品科学与工程学院的龙头专业，先后被评为郑州科技学院首批特色专业、郑州市重点专业、河南省综合改革试点专业、郑州科技学院首批应用型本科特色专业、郑州科技学院首批双学位攻读专业、河南省民办高校品牌专业。在校生自大学三年级起实施科研导师制培养，可参加卓越工程师班培养，并获得郑州大学第一附属医院营养科等优质实习岗位。毕业生可在食品相关企事业单位从事技术管理、质量检测及控制、新产品开发、工程设计管理、营养分析指导等工作。

二、食品质量与安全专业人才培养与建设现状

1. 专业描述

食品质量与安全本科专业也隶属于食品科学与工程学科，是以生命科学和食品科学为基础，研究食品的营养、安全与健康的关系，食品营养的保障、食品安全卫生和质量管理的学科，是食品科学与预防医学的重要组成部分，是连接食品与预防医学的桥梁。其通过对食品生产、加工的管理和控制，保证食品的营养品质和卫生质量，促进人体的健康。该专业的设置要晚于食品科学与工程专业，是诞生于21世纪初的新兴专业。随着我国和全世界人民对食品安全重视程度的日益增强，各类现代食品、农产品分析检测技术的不断涌现，以及各类科学管理手段的不断出现，我国需要大量既掌握食品理化分析和食品卫生学检验技术，又掌握食品全产业链安全管控及风险分析的复合型技术人才。

2. 人才培养目标

食品质量与安全专业培养热爱祖国，拥护中国共产党的领导，适应社会主义建设需要的德、智、体、美全面发展，掌握化学、生物学和食品质量与安全的基本理论和基本知识，具备食品检测分析、食品质量控制和食品安全法规的基本知识与技术，能在食品生产、流通、管理、质量分析、安全检测、新产品开发等方面从事食品理化分析、生物检测、食品安全评价、食品质量监督管理与控制等方面工作，适应市场经济发展需要的“实基础、重实践、强能力、会创新”的、服务于地方经济发展的应用型人才。

3. 人才培养方案特点

首先，课程设置上突出技术型人才培养特色。专业课程分为3个模块：分析检测课程模块、食品快速检测技术模块、食品安全监督管理课程模块。其次，注重学生综合实践应用能力的培养。以2016级食品质量与安全人才培养方案为例，主要集中实践环节12项42周，还开设有各类实验项目132个，总学时282个，其中综合型、设计型、创新型实验项目比例达32%，实践总学时比例达 43%。再次，注重学生综合素养的培养。以培养应用型、创新型、复合型的高素质应用型人才为目标，增设了食品进出口质量与安全、食品科技论文写作与规范、HACCP体系认证等选修课程。

4. 专业建设成绩和特色

食品质量与安全专业在校生自大学三年级起实施科研导师制培养，可以参加卓越工程师班培养，在郑州市知名第三方检测机构高质量带薪专业实习。毕业生可以在食药监督、疾控中心、进出口检验检疫、第三方检测等企事业单位从事食品检测分析、安全评价与监督、质量认证咨询管理等工作，学生一次性就业率达100%，专业对口率达90 %。

三、食品加工技术专科专业人才培养与建设现状

1. 食品加工技术（西点与饮品方向）

人才培养目标：培养热爱祖国，德、智、体、美全面发展，适应社会主义现代化建设及区域经济发展需要，具有强烈的责任感和高尚的职业道德，掌握一定的理论和实践技能，能够在西点、饮品、快餐类餐饮企业、食品工业企业从事西点、饮品、快餐等的设计开发、生产管理、质量管理及综合经营管理的综合技能型人才。

人才培养特色：学生学习西点、饮品、乳品、传统食品工业化等设计开发、食品机械选型使用、现代营销等知识和技能；可参加与郑州肯德基有限公司、雏鹰农牧集团股份有限公司、郑州三全食品有限公司等知名企业联合建立的“定向培养班”，享受奖学金，并带薪学习，在产品设计开发、生产管理、质量管理及综合经营管理等岗位高质量就业，还可以直接创业。

2. 食品加工技术（食品工艺及其设备方向）

人才培养目标：培养热爱祖国，德、智、体、美全面发展，适应社会主义现代化建设及区域经济发展需要，具有强烈的责任感和高尚的职业道德，掌握一定的理论和实践技能，能够在食品工业及相关技术服务领域从事食品生产管理、食品机械使用及维护、分析检验、质量品质控制、产品开发，具备一定创业能力的技能型人才。

人才培养特色：学生学习速冻食品、烘焙食品、饮料、乳品、肉制品等工程制造、生产管理、设备管理、质量管理等基础知识和应用技能；可参加与雏鹰农牧集团股份有限公司、郑州三全食品有限公司等知名企业联合建立的“定向培养班”，享受奖学金，并带薪学习，在生产管理、工艺技术管理、采购管理、精密设备操作及维护、新产品开发等岗位高质量就业。

四、食品营养与检测专科专业人才培养与建设现状

人才培养目标：培养热爱祖国，德、智、体、美全面发展，适应社会主义现代化建设及区域经济发展需要，具有强烈的责任感和高尚的职业道德，且掌握一定的理论和实践技能，能够在食品生产及销售等流通领域及专业监测、技术服务等领域从事食品检验、食品质量与安全管理、膳食营养设计与指导等工作的应用型人才。

人才培养特色：学生学习食品营养、膳食设计与指导、健康疗法及食品检验检疫等知识和应用技术，可以参加检测工程师定向培养班，可以到郑州大学第一附属医院营养科等优质校企合作单位实习，还可由学校推荐在知名专业检测机构、营养健康管理机构高质量就业。

第四节 课程建设与教学改革

当今世界范围内，以新技术、新业态、新产业、新模式为特点的新经济正在蓬勃发展，我国食品产业也随之进入新的变革期。食品产业链的延伸和拓展、食品工程化制造的革新和应用，以及食品安全检测与监督管理中新技术和新模式的运用和推行，各个领域都需要大量新型工程科技人才的支撑，食品新工科建设势在必行也迫在眉睫。这其中教学改革是关键，而作为教学改革的“最后一公里”——课程改革尤为关键。加强课程建设及教学改革，是有效落实人才培养方案、提高教学水平和人才培养质量的重要保证。

一、以课程群建设为引领开展课程建设与改革

课程群是以特定素养结构为目标，由若干门性质相关或相近的单门课程组成的一个结构合理、层次清晰、彼此连接、相互配合、深度呼应的连环式课程集群。食品科学与工程学院近几年以食品工艺、食品分析与检测两门课程群为依托，已建成市级精品资源课程 1 门、校级精品课程 2 门、在线开放课程 5 门和慕课课程 2 门（表 17-2）。

表 17-2 食品科学与工程学院课程建设成果一览

课程名称	课程类别	课程级别
食品工艺学	精品资源共享课程	市级
食品工艺学	精品课程	市级
食品工艺学	精品课程	校级
饮料工艺学	精品课程	校级
食品分析与检验	精品课程	校级
食品工艺学	在线开放课程	校级
食品保藏原理	在线开放课程	校级
分析化学	在线开放课程	校级
食品分析与检验	在线开放课程	校级
仪器分析	在线开放课程	校级
食品科学与工程导论	慕课	校级
食品营养学	慕课	校级

此外，依托教研课题，食品科学与工程学院各教学团队先后对食品工艺学、食品分析与检验、食品保藏原理、无机化学、分析化学、食品科学与工程导论等多门课程开展了课程教学综合改革或考试改革，成效显著。其中，孔欣欣、马荣琨、王莹莹 3 位老师主讲的食品工艺学，其课程综合改革核心是采用任务驱动式教学方法，组建学生学习小组，用工作任务驱动学生主动质疑、主动学习。教学中还设计运用了角色扮演法、讨论法等教学方法，并将学生成绩评定改为过程式评价，其教改效果受到了学生和教师发展中心老师的高度认可和好评。由孔欣欣、马荣琨两位老师撰写的教改论文《基于 OBE 理念的〈食品工艺学〉课程教学改革初探》获得教育部主办的第二届全国应用型课程改革实践征文大赛二等奖（图 17-2）。

荣誉证书

孔欣欣、马荣琨同志：

荣获第二届全国应用型课程改革实践征文大赛

二等奖

特发此证，以资鼓励。

教育部学校规划建设发展中心　　应用型课程建设联盟

2017年12月27日　　2017年12月27日

图 17-2　教改论文在教育部获奖

二、以满足应用型人才培养为目标开展教材建设

提高教学质量必须有高质量的教材作支撑。食品科学与工程学院目前使用的专业基础课和专业课教材约有73%为国家级、省部级等规划教材，近3年出版的教材比例约为81%。近5年来，食品科学与工程学院根据应用型人才培养需要，还组织主编、参编了10部教材，自主开发了多门课程的多媒体教学课件。其中，《新编仪器分析》《现代食品分析》《现代食品分析实验》为国家级规划教材，《应用化学基础》曾荣获市级教学成果一等奖。《分析化学》《食品工艺学》多媒体课件曾荣获校级多媒体课件竞赛一等奖、二等奖。此外，根据专业实践教学实际需要，食品科学与工程学院还组织专业教师开展实践教材自编建设工作，目前85%以上的实验课程、实训课程有自编实验指导书、实训指导书（图17-3和表17-3）。

图 17-3　食品科学与工程学院部分教材建设成果

表 17-3　食品科学与工程学院教材建设成果一览表

教材名称	教材类别	教材级别
《现代仪器分析》	普通高等教育“十一五”国家级规划教材	国家级
《新编仪器分析学习指导》	普通高等教育“十一五”国家级规划教材	国家级
《新编仪器分析实验》	普通高等教育“十一五”国家级规划教材	国家级

续表

教材名称	教材类别	教材级别
《现代食品分析》	普通高等教育“十二五”规划教材	部级
《现代食品分析实验》	普通高等教育“十二五”规划教材	部级
《应用化学基础》		省级
《食品微生物学》	高等教育“十二五”规划教材	省级
《食品冷冻冷藏技术》	高等职业教育“十三五”规划教材	省级
《有机化学》	高等教育“十三五”应用型规划教材·化学系列	省级
《饮料加工技术》	高等职业教育“十三五”规划教材	省级

三、以“双导、双实”为目标推进本科毕业设计改革

为提高学生实践应用能力，并让毕业设计成果尽可能服务于行业、企业，食品科学与工程学院近几年一直致力于对本科毕业设计的选题、组织、实施等实施改革。具体包括：选聘高水平外校教师和企业工程技术人员参加毕业设计指导工作；在命题时，提高食品配方工艺设计、工程设计、食品分析方法设计或应用、食品保藏保鲜等真实性、应用性强的课题比例，并结合学生实习单位需求，选择了部分来自企业的真实性课题。毕业设计（论文）的真实性、应用性课题比例超过80%，并逐年递增。为加强学生创业精神和能力的培养，结合入驻学校双创孵化园项目特点，食品科学与工程学院依托双创项目选定了一些具有鲜明双创特色的课题。在组织过程中，依托导师制培养和校企联合培养，将毕业设计提前至大学三年级进行或融入学生实习过程中，解决了多数学生毕业设计和实习不能兼顾、毕业设计实施时间短的问题，也为留校开展毕业设计的同学创造了更为宽松优越的环境。对导师指导环节，要求指导教师既要把握原则又要有一定灵活性，帮助学生逐步体会毕业设计的真正意义，树立诚信、严谨的学术理念，让学生掌握科学研究的技能和方法，提高职业综合素养。

第五节　实践教学条件与实践教学

食品科学与工程学科各专业均是典型的理工科专业，应用性较强。实践动手能力是应用型、技能型人才核心职业竞争力的重要体现，而配套齐全的实验、实训和实习教学条件则是实现学生实践动手能力培养的物质基础。截至目前，学校陆续投入资金约700万元，用于购置和配备校内实验实训仪器设备和教学基本设施。目前，食品科学与工程学院已建成总占地面积1 000余平方米的基础化学实验中心、食品分析检测中心和食品工艺综合实践中心，中心配备有高效液相色谱仪、原子吸收分光光度计、流动注射化学发光仪、荧光分光光度计、全自动酶标仪等大型分析检测仪器，以及水处理、饮料、乳品、烘焙食品、肉制品等成套食品加工设备。其中，食品分析检测中心于2014年被评为郑州市重点实验室（图17-4）。

图 17-4　食品科学与工程学院校内实践教学现场

此外，在学校大力支持下，食品科学与工程学院还建成两个大学生创新创业实践基地："郑科记忆"甜品技术创新工作室和食品安全快速检测创客空间。"郑科记忆"甜品技术创新工作室由食品科学与工程学院在校大学生于 2015 年 4 月创办，学院为其提供了启动资金、设备和技术支持，目前该工作室已独立注册，并成为郑州市大学生创新创业示范店。该工作室实现了烘焙食品、饮品产品开发、生产、销售一体化，先后吸纳了 21 名在校生参与基地的技术创新与经营管理，与花花牛、新东方烹饪学校和校内两家大学生创新创业基地建立了稳定合作关系，实现了线上网店、线下门店双运营，已成为食品科学与工程学院实施"双创教育"的稳定实践基地及学校"双创教育"的亮点。食品安全快速检测创客空间于 2017 年 5 月投入使用，配置了较为先进的食品检测分析设备，供学院师生开展食品安全检测方向的创新创业研究及技术转化服务，目前已吸引 6 个项目入驻。

目前，在食品科学与工程学科本专科专业人才培养方案中，各类专业取证课程、体现专业综合应用性的集中实践课程，以及各类课内验证性、综合性、设计性和创新性实验项目所占比例均已达到总学时的 40%以上。这些实践教学环节的开设，对学生实践动手能力、综合应用能力的提升起到了关键作用，且依据教学大纲的实践教学环节开出率能够达到 100%。

此外，多名教师对实践性课程的教学方法和考试方法进行了改革探索，如对分析化学、食品分析与检测课内实验实施了考试改革，对食品工程原理课内实验采用了仿真实验教学，对仪器分析实验结合地方产业特色和第三方检测行业需求，大幅度增加了综合性实验、创新型实验的比例。

第六节　产教融合与协同育人

当今世界，新一轮科技革命和产业变革正在酝酿，迫切需要新型工程科技人才的支撑，工程教育与产业发展紧密联系、相互支撑。2017 年 6 月，教育部发布了《关于开展新工科研究与实践的通知》，对于地方本科高校，明确指出"新工科"建设方向：把握行业人才需求方向，充分利用地方资源，发挥自身优势，凝练办学特色，深化产教融合、校企合作、协同育人，增强学生的就业创业能力，培养大批具有较强行业背景知识、工程实践能力、胜任行业发展需求的"应用型"人才。郑州科技学院是一所以工科为主的地方本科院校，在 30 年的办学过程中，一直秉承“博学、笃行、明德、至善”的校训，致力于培养为地方经济和社会发展服务的高级人才。目前，郑州科技学院正在积极探索在“新工科”背景下培养本地区应用型人才的改革道路。食品科学与工程学院依托河南省支柱产业——食品制造业而建，走产教融合、校企合作、协同育人的人才培养模式，是培养面向生产技术和管理一线的高层次应用型创新创业人才的重要途径。

一、食品科学与工程学院校企合作工作简况

近年来，通过不懈努力，食品科学与工程学院先后与郑州思念食品有限公司、郑州三全食品有限公司、郑州光明乳业有限公司、河南花花牛生物科技有限公司、河南华测检测技术股份有限公司、河南安必诺检测技术有限公司、郑州谱尼测试技术有限公司、郑州大学第一附属医院营养科等国内20多家知名单位建立了战略校企合作关系（表17-4），通过“订单班”培养、“冠名班”合作培养、名企导师工作站、带薪实习、联合指导毕业设计等方式共同培养人才，并带动高质量就业。此外，通过教师和企业工程技术人员频繁互访、教师企业挂职锻炼、学校承接企业专业人员进修考证等方式，为食品科学与工程学院双师型教师队伍建设和企业人员专业素养的提升提供了更为便捷的条件。

表17-4　食品科学与工程学院主要校企合作单位一览

序号	校企合作单位名称	主要合作方式	单位性质
1	郑州大学第一附属医院营养科	实习、就业、营养师培训、教师挂职锻炼	全国三甲医院
2	郑州三全食品有限公司	订单培养、实习、就业	国内龙头速冻食品企业
3	郑州思念食品有限公司	实习、就业	国内龙头速冻食品企业
4	雏鹰农牧集团股份有限公司	实习、就业、横向课题合作	农业产业化国家重点龙头企业
5	郑州千味央厨食品有限公司（隶属思念集团）	实习、就业	国内知名速冻食品企业
6	无锡华顺民生食品有限公司（隶属安井集团）	实习、就业	国内龙头速冻食品企业
7	郑州肯德基有限公司（隶属百胜餐饮集团）	订单培养、实习、就业	国际龙头食品企业
8	郑州光明乳业有限公司	实习、就业	国内龙头乳制品企业
9	河南花花牛生物科技有限公司	实习、就业	河南省龙头乳制品企业
10	南京喜之郎食品有限公司	实习、就业	国内龙头休闲食品企业
11	好想你枣业股份有限公司	实习、就业	国内龙头休闲食品企业
12	郑州好利来食品有限公司	实习、就业	国内龙头烘焙食品企业
13	郑州香雪儿食品有限公司	实习、就业	河南省知名烘焙食品企业
14	郑州维谊生物科技有限公司	实习、就业	河南省知名功能食品企业
15	河南华测检测技术股份有限公司	实习、就业	国内龙头第三方检测机构
16	河南广电计量检测有限公司	实习、就业	国内龙头第三方检测机构
17	郑州谱尼测试技术有限公司	实习、就业、教师挂职锻炼	国内龙头第三方检测机构
18	河南安必诺检测技术有限公司	冠名培养、实习、就业、联合科研、教师挂职锻炼	河南省龙头第三方检测机构
19	河南宏达检测技术有限公司	实习、就业	河南省知名第三方检测机构
20	河南国康检测技术有限公司	实习、就业	河南省知名第三方检测机构
21	河南省政院检测研究院有限公司	实习、就业	国内知名第三方检测机构
22	天瑞（国际）健康管理有限公司	实习、就业	国内知名健康管理企业

二、探索产教融合、协同育人的阶段性成果

2016年，为更好地服务河南省地方优势产业——速冻食品产业，食品科学与工程学院与郑州三全食品有限公司合作建立“三全订单培养班”，针对20名自主报名的2013级食品科学与工程专业毕业班学生，开展了为期一年的合作育人教学改革，为产教融合、协同育人工作的大力推进积累了经验。

2017—2018年，为满足郑州市第三方检测认证机构旺盛的人才需求，提升学生就业竞争力，提高就业率和就业质量，探索“新工科”人才培养道路，食品科学与工程学院与河南安必诺检测技术有限公司在长期合作、互信互惠的基础上，采用“学生自愿报名、企业面试筛选”的方式，面向2014级、2015级食品科学与工程、食品质量与安全专业毕业班，先后联合组建了两届共计88名学员的“安必诺检测卓越工程师班”，取得了一系列阶段性成果和育人经验。

在食品科学与工程学院和河南安必诺检测技术有限公司核心管理层的共同努力下，双方联合制定了两届学生第七学期教学执行计划，保留原本科人才培养方案中4门必修主干课程，用校企联合开发的3门企业特色课程第三方检测岗位实务、第三方检测岗位实训、第三方检测岗位实习置换原方案中集中实践性课程和选修课程。校企双方骨干成员共同制定了企业特色课程教学大纲，以企业成员为主编写了第三方检测岗位实务讲义和教学课件。

在第一届安必诺工程师班教学执行过程中，在第七学期，企业特色理论课程第三方检测岗位实务在学校首先开课，企业安排技术副总、高级检疫师刘乃强等5名具有中级以上职称或硕士研究生以上学历的技术人员担任主讲教师。随后学生进入企业开展为期4周的轮岗式第三方检测岗位实训，最后进行为期16周的专业岗位实习，实习岗位覆盖了技术中心的样品制备、前处理、常规理化检验、报告，营销中心的采样、技术咨询、营销助理，服务中心前台接待共8类技术岗位、管理岗位。在学生实习期间，必修主干课程利用每周一个白天和两个晚上集中进行，企业安排班车送学生在校企两地往返。对于该班学员毕业设计的安排，按照“双导、双实”原则，课题基本上都产生于实习岗位实践或属于食品、农产品分析检测技术开发类型，并实施校企双导师，多数在第七学期即开始实施，对未完成课题，企业结合自身情况和学生意愿安排学生在第八学期边实习边进行毕业设计，最终圆满完成了该班毕业设计工作。

河南安必诺检测技术有限公司主要技术力量来自河南出入境检验检疫局，拥有一批高水平专业技术人才，在第一届学员为期8个月的培养中，企业安排了多名骨干技术人员和管理人员担任企业特色理论课程的讲师，实训、实习和毕业设计的指导教师。企业还对10名优秀学员给予了1万元奖学金资助，并为冠名班学员提供无上限专业技术岗位，最终录用18名学生，为学生开辟了宽阔的就业通道。此外，还为食品科学与工程学院两名教师提供了暑期企业挂职锻炼机会。

自2016年开始，食品科学与工程学院开始积极探索校企合作、协同育人模式，在多方的共同努力下，已初步建成“合作教学+专业实习+毕业设计+就业”四位一体的产教融合、协同育人模式。目前该模式还在运行中，未来一定会产出一批批更加丰硕的合作成果。

第七节 培养特色

郑州科技学院在20余年的办学过程中，秉承“博学、笃行、明德、至善”的校训，将本、专科人才培养定位确定为培养“实基础、强能力、重实践、能创新”的应用型、技能型高级人才。食品科学与工程学院在学校育人理念的基础上，通过不断实践、研究、探索，在校企合作育人、导师制培养、创新创业教育等方面形成了一定的人才培养特色。

一、本科生导师制初现成效

为提升学生实践应用能力和创新创业能力，更好地满足学生个性化培养需要，食品科学与工程学院经过多年的探索与实践，于2017年上半年在学校率先推行“本科生科研导师制”培养模式。学生从大学三年级开始根据就业方向或个人爱好选择导师，按“一学期一课题，一学年一成果，毕业设计前置”的培养原则，在导师指导下参加各类创新创业项目、竞赛、导师课题、企业委托项目、科学推广及科技交流等，实现学生高水平个性化培养。

以2014级食品科学与工程专业59名学生为例，在导师指导下，2017年上半年有多名学生申报了校级和省级大学生创新创业训练项目，其中入选河南省大学生创新创业训练计划项目3个，入选校级大学生创新训练重点项目1个；有多名学生参加了河南省第一届传统美食创意设计大赛校赛和省赛，其中有3个作品分别获得河南省省赛二等奖和优秀奖（表17-5）。

表17-5 食品科学与工程学院2014级本科科研导师制学员申请立项项目

项目名称	性质与级别	立项时间	学生参加人数	完成状态
食品中重金属含量快速筛查方法及食用安全试剂盒的研制	河南省大学生创新训练计划项目，省级	2017年6月	3	结项
至美卉花业有限公司	河南省大学生创业训练计划项目，省级	2017年6月	4	结项
弘珍食品股份有限公司	河南省大学生创业训练计划项目，省级	2017年6月	5	结项
煎炸植物废弃油快速鉴别试剂盒的研制	郑州科技学院大学生创新训练计划重点项目，校级	2017年5月	4	结项

二、校企合作育人特色明显

近年来，食品科学与工程学院与国内20余家知名食品制造型企业、第三方检测认证机构、营养健康管理机构建立了紧密的校企合作关系。自2016年以来，食品科学与工程学院先后与郑州三全食品有限公司、河南安必诺检测技术有限公司合作建成了“三全订单培养班”（13人）、“安必诺检测卓越工程师班”（第一届35人，第二届53人）。其中“安必诺检测卓越工程师班”成为学校在探索“新工科”改革过程中产生的第一个校企联合建设“新型卓越工程师班”（图17-5）。食品科学与工程学院还与郑州肯德基有限公司洽谈面向专科层次学生建立“肯德基综合管理人才班”的具体事宜，探索通过产教融合方式培养面向大型快餐食品行业的高级综合管理人才培养模式。

通过 3 年实践，食品科学与工程学院边探索实践、边总结经验教训，积极实践产教融合、协同育人模式，初步走出了一条适合校情企情、可操作性强的应用型、技能型人才培养“新”道路。

图 17-5 第一届“安必诺检测卓越工程师班”结业典礼暨奖学金颁发仪式

三、创新创业教育有声有色

为培养学生学习兴趣，提高学生创新创业能力和实践应用能力，食品科学与工程学院利用第二课堂，为学生搭建了两个学生创新创业平台（“郑科记忆”大学生双创基地、食品安全快速检测创客空间），建立了 4 个专业学生社团（大学生科技创新协会、食品科普协会、烘焙俱乐部、烹饪与营养协会），举办了多个创新创业竞赛（如创意饺子、创意烘焙、创意冷饮、创意粽子等）；将食品文化艺术节纳入每两年举办一次的大型学生活动；积极组织学生参加学校泛 IT、跨境电商等双创学院特色教学活动和学校各类创新创业课程。这些创新创业教育活动吸引了全院 80%以上学生参与，在浓厚的双创氛围孕育下，由食品科学与工程专业在校生为主体，于 2014 年创办的“郑科记忆”甜品技术创新工作室已成为郑州市大学生创新创业示范基地（图 17-6）。食品安全快速检测创客空间也有多项大学生创新项目入驻。食品科学与工程专业近 3 届学生累计发表专业学术论文 11 篇，其中 EI 收录论文 1 篇，中文核心论文 7 篇；有多名学生申请各级创新创业训练项目获得立项，在省市级食品类创意大赛中获得多项奖励。

图 17-6 食品科学与工程学院大学生创新创业基地——“郑科记忆”甜品创新工作室

第十八章　车辆与交通工程学院

第一节　学院概况

车辆与交通工程学院源于机械工程学院的车辆类和交通运输类专业。2013 年 6 月，根据学校教育事业发展需要，学校正式成立车辆与交通工程系，作为校属二级教学单位开展教育教学工作。2017 年 11 月，学校正式将原车辆与交通工程系更名为车辆与交通工程学院。车辆与交通工程学院拥有车辆工程、交通运输（城市轨道交通方向、汽车后市场方向）、交通工程（智能交通方向）3 个本科专业，以及汽车检测与维修技术、汽车制造与装配技术 2 个专科专业。其中，交通运输专业为河南省高等学校专业综合改革试点项目、校级应用型专业建设工程项目、第二批校级综合试点项目；车辆工程和交通工程专业为学校优先发展专业，汽车检测与维修技术专业为校级重点专业。车辆与交通工程学院获得的部分教学质量工程荣誉如图 18-1 所示。

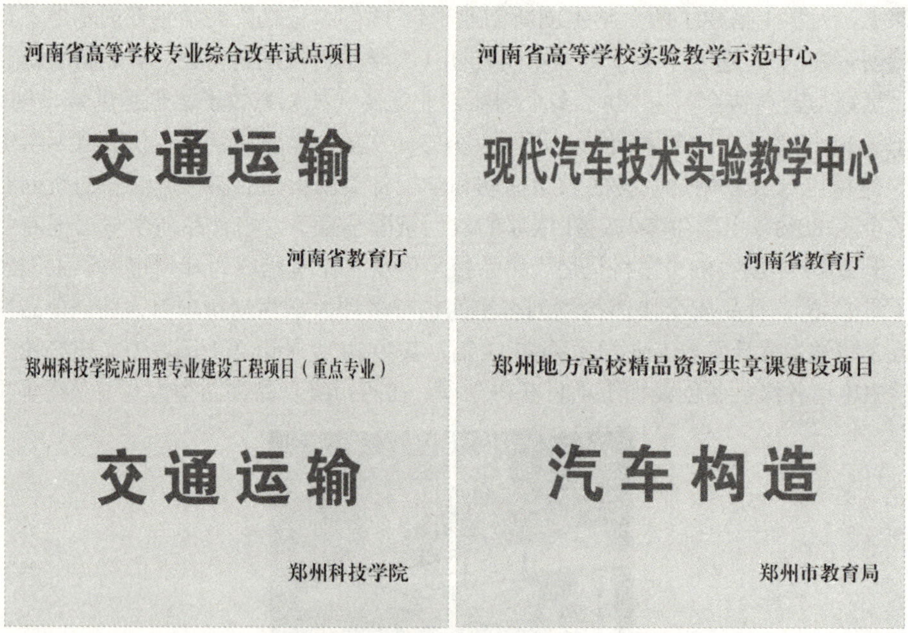

河南省高等学校专业综合改革试点项目
交通运输
河南省教育厅

河南省高等学校实验教学示范中心
现代汽车技术实验教学中心
河南省教育厅

郑州科技学院应用型专业建设工程项目（重点专业）
交通运输
郑州科技学院

郑州地方高校精品资源共享课建设项目
汽车构造
郑州市教育局

图 18-1　车辆与交通工程学院获得的部分教学质量工程荣誉

车辆与交通工程学院下设交通运输教研室、汽车工程教研室和交通工程教研室 3 个教研室，拥有一支由 38 名专兼职教师组成的教学与科研队伍，其中副教授以上职称 21 人、讲师 10 人，青年教师 30 人，硕士以上学历 21 人，双师素质特征突出，既有扎实的专业理论知识，又有丰富扎实的工程实践经验。近年来，车辆与交通工程学院教师共发表专业学术论文和教学改革论文近50篇，参与编写教材多部，主持省市科研课题20余项。

车辆与交通工程学院始终坚持以教学为中心，以就业为导向，突出创新意识与实践能力的培养，不断加大实践教学投入力度。除建有机械类、电子类、计算机控制类等基础实验室外，还建有整车拆装、发动机实训、底盘实训等专业实训室5个。建有河南省实验教学实验中心1个、河南省汽车示范性实训基地1个、郑州市汽车类实训基地1个，汽车综合驾驶实训基地1个、农业工程技术中心1个、汽车安全环保检测线1条、现代汽车创新实验室1个。同时，车辆与交通工程学院还与长城汽车、奇瑞汽车、宇通客车、海马汽车、赛腾电子、中联重科等知名企业建立校企合作关系，不断提高人才培养质量和水平。

第二节　教师队伍

教师是学校的重要资源，教师队伍的质量是办好高等教育的关键。加强高等院校教师队伍建设是提高高等教育人才培养质量的基础性工作，是加快学校发展，提升学校核心竞争力和综合实力的动力之源。

车辆与交通工程学院通过引进、导师制单科培养、暑期培训、进修培训、企业实践等方式不断加强师资队伍建设，打造了一支结构合理、师德高尚、专业理论水平高、实践教学能力强，且在教育教学工作中起骨干示范作用的双师型优秀教师队伍；培养了一批高素质的中青年骨干教师、专业（学科）带头人和科研人员。

根据教师现状，车辆与交通工程学院确立了“内升外引”的师资队伍建设思路，并要求教师制定个人发展规划，努力提升学历、职称及双师素质，使每位教师明确自己的发展方向及各阶段所要达到的技能水平。

一、教师引进

每学年，车辆与交通工程学院向学校人事部门提交引进教师人数及相关要求，学校人事部门安排专人到全国知名高等院校和大型企业进行招聘，试讲通过者签订就业合同。近5年，车辆与交通工程学院共引进9名应届高等院校毕业生和1名企业工程技术人员。

另外，车辆与交通工程学院逐步建立健全兼职教师引进与管理机制，引进高学历并具有较高专业技术水平的人才，优化专业教师的组成。近5年，学院从行业、企业及省内其他高等院校共引进优秀兼职教师10余人次。

二、教师培养

在队伍建设中，车辆与交通工程学院始终突出3个培训重点：一是突出对骨干教师的培训；二是突出对青年教师的培训；三是突出对现代教育技术和现代教育理念的培训。

每年暑假，学校都安排针对新教师的入职讲座和社会实践，各二级学院负责对其进行业务素质培训（试讲）。另外，学校统一安排全校教师参加为期两周的暑期培训和双师素质培养活动。

车辆与交通工程学院高度重视教师培养工作，每学期安排“导师制单科培养”2～3人次。教育部每年为学校在线培训青年骨干教师，自2013年起车辆与交通工程学院共参加骨干专业课在线主陪、辅陪共10人次。学院严格落实“专业课教师每两年到企业或生产一线实践两个月”的规定，充分利用寒暑假时间，抽调部分专业教师深入生产第一线，使其接受一段时间的实践锻炼，了解汽车类企业现代生产、管理过程，体验企业生产氛围，探讨解决教学中遇到的疑难问题，培养实践操作能力，提高专业技术素质。近3年，学院先后选派6名青年教师到宇通客车、中联重科、长城汽车、中华保险等企业进行实践。

另外，学校鼓励教师“走出去”，吸收新的信息，开阔眼界，树立新的教育理念。近3年，车辆与交通工程学院分期、分批选派一些教师参加各种中短期培训或交流研讨活动共计12人次。

三、教师教学

车辆与交通工程学院高度重视青年教师的讲课水平，每年要求3个教研室组织教师进行集体备课、相互听课、组织观摩课、青年教师课堂比赛等活动。通过这些活动的开展，青年教师可以相互学习，取长补短，不断提高自身的讲课水平。目前，车辆与交通工程学院青年教师的授课水平得到学校督导专家、学校领导及学生的高度认可，其中，在学校组织的8次青年教师讲课比赛活动中，车辆与交通工程学院教师共获奖6人次，其中，一等奖3次、二等奖2次、三等奖1次。部分教师获奖情况如表18-1所示。

表18-1 部分教师获奖情况

序号	获奖名称	获奖人	获奖时间	授予单位
1	2016年度河南省民办教育工作先进个人	徐振	2016年11月	河南省教育厅
2	2015～2016学年度郑州市民办教育优秀教师	徐振	2016年8月	郑州市教育局
3	河南省高等学校优秀共产党员	徐振	2004年12月	中共河南省委高校工委、中共河南省教育厅党组
4	2012年全国大学生企业经营管理沙盘模拟大赛优秀指导教师	徐振	2012年6月	教育部高等学校高职高专工商管理类专业教学指导委员会
5	2016年校企合作先进工作者	徐振	2017年4月	郑州科技学院
6	2015年优秀教师	徐振	2016年1月	郑州科技学院
7	2013年科研工作先进工作者	徐振	2014年4月	郑州科技学院
8	优秀共产党员	徐振	2010年1月	中共郑州科技学院委员会
9	第五届青年教师课堂教学大奖赛理科组第一名	曹义	2013年11月	郑州科技学院
10	第六届青年教师课堂教学大奖赛理科组第一名	曹义	2014年5月	郑州科技学院
11	师德先进个人	曹义	2014年9月	郑州科技学院
12	优秀教师	曹义	2015年2月	郑州科技学院
13	第八届青年教师课堂教学比赛第三名	曹义	2016年6月	郑州科技学院
14	优秀教师	曹义	2017年1月	郑州科技学院
15	2017届优秀毕业设计指导教师	曹义	2017年6月	郑州科技学院
16	2017年全省教育系统教学技能竞赛三等奖	曹义	2017年9月	河南省教育厅、河南省教育工会委员会
17	优秀教师	刘华莉	2014年1月	郑州科技学院

续表

序号	获奖名称	获奖人	获奖时间	授予单位
18	优秀教师	刘华莉	2016年1月	郑州科技学院
19	校企合作先进个人	刘华莉	2016年3月	郑州科技学院
20	优秀科技工作者	刘华莉	2017年5月	郑州科技学院
21	优秀共产党员	刘华莉	2018年1月	中共郑州科技学院委员会
22	第四届多媒体课件大赛决赛一等奖	孙斌	2011年4月	郑州科技学院
23	郑州科技学院教学成果一等奖	孙斌	2011年12月	郑州科技学院
24	优秀教师	孙斌	2012年1月	郑州科技学院
25	第七届青年教师课堂教学大赛决赛理科组第一名	孙斌	2014年12月	郑州科技学院
26	郑州科技学院教学成果二等奖	孙斌	2015年12月	郑州科技学院
27	本科毕业设计优秀指导教师	孙斌	2015年6月	郑州科技学院
28	优秀实习指导教师	孙斌	2018年3月	郑州科技学院
29	优秀共产党员	胡培	2011年1月	中共郑科科技学院委员会
30	先进工作者	胡培	2014年11月	河南省民办教育协会
31	先进工作者	胡培	2014年1月	郑州科技学院
32	优秀指导教师	胡培	2016年3月	郑州科技学院
33	先进工作者	胡培	2016年1月	郑州科技学院
34	优秀指导教师	胡培	2017年12月	郑州科技学院
35	先进工作者	胡培	2018年1月	郑州科技学院
36	郑州科技学院2016年辅导员讲课基本功大赛一等奖	蒋歌	2016年5月	郑州科技学院
37	优秀驻厂教师	蒋歌	2016年12月	郑州宇通客车股份有限公司
38	优秀共产党员	蒋歌	2017年1月	中共郑州科技学院委员会
39	2017年全省辅导员职业能力大赛选拔赛一等奖	蒋歌	2017年2月	郑州科技学院
40	优秀共产党员	蒋歌	2018年1月	中共郑州科技学院委员会
41	优秀共产党员	李海滨	2015年2月	中共郑州科技学院委员会
42	科技创新优秀指导教师	李海滨	2016年1月	郑州科技学院
43	就业工作先进个人	李海滨	2016年4月	郑州科技学院
44	优秀党务工作者	李海滨	2016年6月	中共郑州科技学院委员会
45	先进工作者	李海滨	2017年1月	郑州科技学院
46	文明教师	李海滨	2017年2月	中共郑州科技学院委员会 郑州科技学院
47	优秀党务工作者	李海滨	2018年1月	中共郑州科技学院委员会

四、教师科研

车辆与交通工程学院青年教师不但重视教育教学，而且在教科研方面也取得了不错的成绩。近3年，学院教师申请国家专利3项，参与编写各类专业教材3部，完成各类科研课题10多项，发表文章20多篇（表18-2）。

表 18-2　部分教师发表文章情况

序号	题目	第一作者	发表刊物/论文集	刊物类型	ISSN	CN
1	《浅谈“中国式”过马路问题》	刘华莉	商情	一般期刊	1673-4041	13-1370/F
2	《我国民营企业绩效管理问题思考》	徐振	郑州科技学院学报	内部刊物		
3	《浅谈我国汽车 OBD-Ⅲ系统的发展应用及与国家政策导向关系》	刘华莉	汽车工业研究	一般期刊	1009-847X	22-1231/U
4	《应用型本科人才培养模式及分析》	孙喜梅	城市建设理论研究（电子版）	一般期刊	2095-2104	11-9313/TU
5	《我国电动汽车产业的成就与挑战》	孙喜梅	城市建设理论研究（电子版）	一般期刊	2095-2104	11-9313/TU
6	《郑州市西区交通问题研究》	刘华莉	科教导刊（电子版）	一般期刊	1674-6813	42-9001/N
7	《影响我国茶叶消费因素与发展对策研究》	徐振	福建茶叶	核心期刊	1005-2291	35-1111/S
8	《浅谈螺栓强度校核标准对汽车设计的影响》	王春燕	汽车实用技术	一般期刊	1671-7988	61-1394/TH
9	《自动变速器的液力变矩器变矩原理研究》	陈长庚	汽车实用技术	一般期刊	1671-7988	61-1394/TH
10	《郑州市汽车后市场发展现状及连锁经营研究》	孙喜梅	汽车实用技术	一般期刊	1671-7988	61-1394/TH
11	《汽车轻量化之复合材料的应用》	孙喜梅	郑州科技学院学报	内部刊物		
12	《基于汽车类专业的“应用型”人才培养问题研究》	刘华莉	教育界	一般期刊	1674-9510	45-1376/G4
13	《混合动力汽车瞬态燃油经济性评价建模仿真》	李小静	汽车技术	核心期刊	1000-3703	22-1113/U
14	《二手车鉴定与评估课程的教学改革探索》	曹义	南方农机	一般期刊	1672-3872	36-1239/TH
15	《中小企业虚拟股票期权激励模型构建研究》	徐振	经营管理者	一般期刊	1003-6067	51-1071/F
16	《交通运输专业人才培养的探索研究》	孔令强	才智	一般期刊	1673-0208	22-1357/C
17	《基于互联网+模式的二手车交易问题研究》	曹鹏	汽车实用技术	一般期刊	1671-7988	61-1394/TH
18	《基于汽车类专业“应用型”人才培养方案的改革与实施研究》	孙斌	学园	一般期刊	1674-4810	53-1203
19	《基于 H_∞鲁棒控制的电动助力转向系统控制研究》	孔令强	科技创新与应用	一般期刊	2095-2945	23-1581/G3
20	*An Evaluation of Mobile with the Hierarchical Approach*	曹义	*Matec Web of Conferences*	EI（JA）	2261-236x	2261236x（国际刊号）
21	《大学生思想政治教育在和谐校园中的作用》	张稳召	郑州科技学院学报	内部刊物		
22	《高校人才培养与社会需求间的协调问题研究》	张稳召	郑州科技学院学报	内部刊物		
23	《加强高校院系党组织思想政治教育推进党建工作的思考》	张稳召	郑州科技学院学报	内部刊物		
24	《高校人才培养与社会需求间的协调问题研究》	张稳召	东方教育	一般期刊	2079-3111	32-0034

第三节　专业建设与培养方案

车辆与交通工程学院以教学工作为中心，始终坚持应用型人才培养定位，本科教育教学质量逐年提高。

一、专业建设及人才培养概况

车辆与交通工程学院共设有车辆工程、交通运输、交通工程3个本科专业，汽车检测与维修技术、汽车制造与装配技术2个专科专业。其中，交通运输专业是河南省高等学校专业综合改革试点项目、校级应用型专业建设工程项目、第二批校级综合试点项目，车辆工程为学校优先发展专业，汽车检测与维修技术为校级重点专业。

2003年，车辆与交通工程学院在多次调研与论证的基础上开设汽车检测与维修技术专科专业，人才定位为培养能够在汽车后市场领域从事机动车整车销售、检测维修、保险理赔等工作的高技术人才，该专业于2008年立项为郑州科技学院重点专业建设项目。2007年，车辆与交通工程学院申报汽车制造与装配技术专科专业，培养从事汽车装配、检验等工作的高级技术人才，2017年新开新能源汽车方向。目前，车辆与交通工程学院已经形成了以汽车设计制造、新能源汽车和汽车后市场三大汽车领域的专科专业布局。

2009年，车辆与交通工程学院申报交通运输（汽车后市场方向）专业，主要培养汽车后市场领域的高级应用型人才；2017年，交通运输专业又增开城市轨道交通组织与管理方向。交通运输专业于2015年立项为郑州科技学院特色专业建设项目，于2016年立项为郑州科技学院应用型专业建设项目，于2017年立项为河南省高校专业综合改革试点项目。2013年，车辆工程专业获批建立并开始招生，2016年交通工程（道路与桥梁方向）申报成功。截至目前，车辆与交通工程学院已经形成了以车辆和交通两大本科专业体系。

汽车构造是车辆与交通工程学院汽车类专科专业、车辆工程和交通运输（汽车后市场方向）本科专业的核心课程，主要内容包括汽车整体与主要总成（或零部件）的功用、类型、结构及工作原理，为学生学习专业课程及其将来从事汽车类工作岗位奠定基础。汽车构造课程于2015年立项为郑州科技学院精品资源课，2016年立项为郑州市网络资源共享课程。

二、成果汇总

车辆与交通工程学院现有专业、情况如表18-3所示，专业建设成果如表18-4所示。

表18-3 现有专业情况一览

序号	专业名称	方向	学制	设置年份
1	车辆工程（本科）	—	4年	2013
2	车辆工程（本科）	新能源汽车方向	4年	2017
3	交通运输（本科）	汽车后市场方向	4年	2009
4	交通运输（本科）	城市轨道交通方向	4年	2016
5	交通工程（本科）	道路桥梁方向	4年	2016
6	交通工程（本科）	智能交通方向	4年	2017
7	汽车检测与维修技术（专科）	—	3年	2003
8	汽车制造与装配技术（专科）	—	3年	2007
9	汽车制造与装配技术（专科）	新能源汽车方向	3年	2017

表 18-4　专业建设成果汇总

序号	专业名称	成果名称	层次	获批时间	批准部门
1	交通运输（本科）	郑州科技学院特色专业建设项目	校级	2015 年 3 月	郑州科技学院
2	交通运输（本科）	郑州科技学院应用型专业建设工程项目	校级	2016 年 11 月	郑州科技学院
3	交通运输（本科）	河南省普通高等学校专业综合改革试点项目	省级	2017 年 1 月	河南省教育厅
4	汽车检测与维修技术	郑州科技学院重点专业	校级	2008 年 7 月	郑州科技学院
5	汽车构造	郑州科技学院精品课	校级	2015 年 11 月	郑州科技学院
6	汽车构造	郑州市网络资源共享课	市级	2016 年 9 月	郑州市教育局

第四节　课程建设与教学改革

近年来，车辆与交通工程学院在不断加强管理、扩大办学规模的基础上，注重内涵建设。坚持以学生为本，在学院范围内推进课程改革和教学改革。以改革促质量，以质量求发展，努力形成优势，办出特色，树立品牌，提高品位，力求在做优的基础上，把车辆与交通工程学院做大、做强。

一、加强教师培训、更新改革观念

实施课程改革的主体是教师，转变教师的思想观念，提高思想认识是推进课程改革的关键。因此，车辆与交通工程学院把教师培训工作与课改相结合，贯穿于课程改革中。

为了促使教师对课改理念的转变，车辆与交通工程学院有计划地组织教师学习课程改革理论。以教研活动为载体，通过老教师开设示范研讨课，让新教师切实感受课程改革带来的效果，增进对课程改革的感性认识。通过培训，学院全体教师对课程改革有了全新的认识。

二、领导高度重视，确定了改革目标

车辆与交通工程学院领导非常重视课程建设和课程改革，经多次研讨后确定了学院课程改革的总体目标：以课程发展观为指导，遵循教育教学规律，运用现代化课程观，从课程目标、课程结构、课程结构、课程内容、课程实施等几个方面推进改革，建立以能力为本位、以职业实践为主线、以项目课程为主题的模块化课程体系。

三、整合课程内容，优化课程体系

近年来，车辆与交通工程学院对专业人才培养方案进行了科学修订，初步形成了科学合理课程体系。学院根据职业岗位要求构建了汽车构造和汽车设计两大课程群，围绕两大课程群设置与整合课程。以够用、为后续课程打基础为原则，学院先后将一些专业基础课程进行整合，如将机械制图、CAD 整合为机械制图与 CAD，将理论力学、材料力学整合为工程力学，将机械原理、机械设计整合为机械设计基础，将电工学、电子学整合为电动电子学等。

除此之外，车辆与交通工程学院还着力提高职业技能先修课程和实践教学环节的比重，先后增设了二手车鉴定与评估、汽车保险与理赔、机动车法律法规、单片机、整车检测技术

等职业技能课程，同时增加企业综合实习、课程设计等实践教学环节。目前，实践教学环节学时数占课内总学时数的比例得到较大提高。以上课程的开设大大提高了学生的实践能力，为其将来就业奠定良好扎实的基础。

四、积极创建汽车构造网络精品课程

汽车构造课程是交通运输和车辆工程专业必修的核心课程，是研究汽车总体组成和各个组成部分的基本构造和工作原理的专门学科。

2015 年上半年，学院申报汽车构造校级网络精品课程并立项。2016 年，申报汽车构造课程为郑州市网络资源课程并立项。目前，汽车构造课程已初步实现网络化，网络平台包括课程描述、课程负责人、教师队伍、讲课录像、教学内容、自我评价、建设规划、实践教学、网络资源等项目，比较系统地覆盖了汽车构造课程的教学内容及实践内容的各个方面。汽车构造课程的构建为学院其他网络精品课程的创建奠定了良好基础。

五、积极改进教学方法和教学手段

车辆与交通工程学院始终坚持以科学思维和创新能力为核心的教学方法改革。

在课堂讲授方法上，教师使用归纳法、探索法、变换视角法，努力开展教学讨论、师生互动。例如，汽车构造课程尝试的现场教学、实物教学等方法大大激发了学生的学习兴趣，锻炼了学生的动手能力。

（1）在教学内容处理上，教师开展多媒体辅助教学，采用课堂精讲与课后自学相结合，即课上提出问题促进思考，课后留下问题推进自学的方式，提高教学效率。

（2）在课后作业练习上，注意学生的个性化发展，注重开展课程小论文，为学生自主学习提供舞台。

（3）在考核方法上，学院推行教学全程考核法。在考核知识点的基础上，对学生注重能力考核，注重平时考核，应用多样化考核手段，包括平时练习考核及小论文考核等。目前，机械制图、汽车构造、二手车鉴定与评估等课程都进行了不同形式的考试改革，从调查问卷及学生反馈得知，这些改革不但能够考查学生对知识的掌握情况，而且全面考查了学生解决问题的综合能力。

六、积极探索毕业设计改革

本科生毕业设计（论文）是实现人才培养目标的重要教学环节，也是学生综合运用所学基础理论、专业知识和基本技能进行科学研究工作的集中训练，因此毕业论文的质量是衡量教学水平、学生毕业与学位资格认证的重要依据。车辆与交通工程学院领导高度重视毕业设计工作，对导师聘请、命题、选题、做题、答辩及材料归档的每个环节认真把关，保证毕业设计保质保量地完成。

学院每年都聘请讲师（或硕士研究生学历）以上且具有高度责任心、经验丰富的教师担任毕业设计指导教师，以工程设计类题目为主、论文类题目为辅的原则进行命题，学生选题后即可进行做题。在做题过程中，指导教师每周应进行不少于 2 次的辅导，并做好指导记录。

车辆与交通工程学院积极探索真题真做类毕业设计改革，即由企业根据实际需要进行命题，学生在进行实习的基础上完成毕业设计（或论文）。学院先后与风神物流、河南欧意、长城汽车进行合作，为企业解决 40 多个实际问题。另外，学院与中联重科合作设计 8 台制作汽车类电器试验台，其中，4 台用于企业员工培训，4 台用于学校学生实训。学生设计制作的发动机点火综合试验台如图 18-2 所示，校内发动机拆装实训车间如图 18-3 所示，喷油泵试验台如图 18-4 所示。

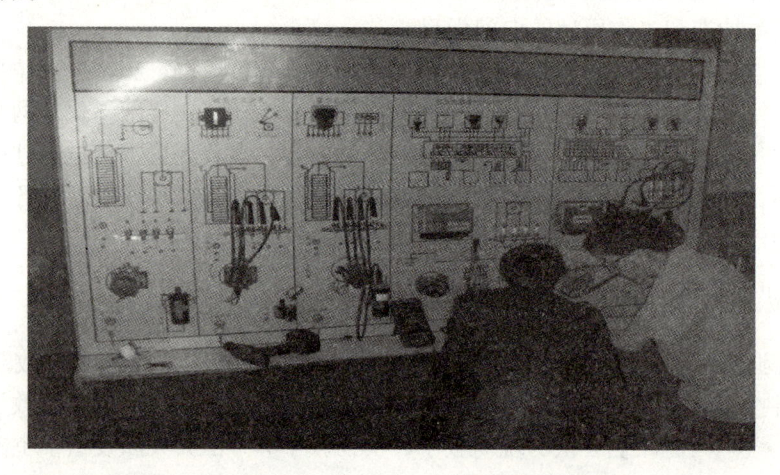

图 18-2　学生设计制作的发动机点火综合试验台

图 18-3　校内发动机拆装实训车间

图 18-4　喷油泵试验台

第五节　实践教学条件与实践教学

车辆与交通工程学院非常重视实践教学条件的改善和实践教学的开展。

一、实践教学条件

车辆与交通工程学院现有机械、电子、计算机控制等几十个基础类专业相关实验室和实训车间。除此之外，还有汽车驾驶基地、汽车检测实训车间、汽车发动机拆装车间、汽车底盘拆装车间、汽车电器综合实训车间等专业实验实训室，不仅配置了喷油泵试验台、汽车底盘测功试验台、汽车四轮试验台、汽车制动检测试验台、汽车车轮平衡机、前照灯检测仪、汽车尾气分析仪等大型检测设备，还配置了发动机拆装实训台、自制汽车电器综合试验台等拆装用实验设备，总价值 300 多万元。2008 年 2 月，河南省教育厅授予学校“汽车维修示范性实训基地”为省级示范性实训基地。2016 年 4 月，车辆与交通工程学院又将现代汽车技术实验教学中心申报为河南省实验教学示范中心。

车辆与交通工程学院另建有校内汽车驾驶训练基地 1 个，配有汽车模拟驾驶器 6 台，旗云 2 教练用车 20 多辆，用于汽车类专业驾驶实习和驾驶执照培训；与中联重科共建农业技术训练中心 1 个，该中心主要用于学生专业基础类实训。

学院现有签订协议并在近 3 年开展实际合作的校企合作基地 6 家，分别是宇通客车、长城汽车、奇瑞汽车、中联重科、赛腾电子、海马汽车。校企合作的方式主要有学生认识实习、生产实习、就业实习、毕业生引进、教师挂职锻炼、校企共建实验室等模式(图 18-5 和图 18-6)。

图 18-5 宇通客车校外实习基地挂牌

图 18-6 海马汽车校外实习基地挂牌

车辆与交通工程学院建有 1 个汽车构造专业教室，该教室与普通多媒体教室的重要区别是，在教室的四周布置了汽车各总成、零部件的陈列桌和陈列架，在墙上挂有各种装配彩图和电教板，还配有很多可供参观的塑料模型等。在专业教室进行汽车构造课程的理论课讲授时，教师和学生可随时针对具体的实物讲解理论知识，使学习认知的过程直观、简单，更好地提高了课堂教学效果。同时，学生置身于汽车零部件的海洋中，大大激发了对课程学习的兴趣与积极性，实现理论与实践的有机结合。

车辆与交通工程学院还建有 1 个现代车辆创新实验室，该实验室用于学生进行大学生创新、竞技比赛培训等。实验室成员李欧阳、赵涛、丁瑞卿等同学先后多次在大学生创新创业比赛中获奖。

二、实践教学

学院在实践教学方面不断探索与改革，主要特色如下。

1. 模块化、多层次、多场合一体化

根据汽车类专业实践性强的特点，车辆与交通工程学院的教学模式采用“理论+实验+实

训”的模块化形式，教学组织采用计划教学与短期培训相结合的多层次形式，教学地点采用实验室、实训车间、工厂企业参观实习等多场合一体化的形式。

2. 多媒体课堂、仿真模拟、实操车间有机融合

车辆与交通工程学院利用视频录像和多媒体课件，将现代汽车的制造、设计、维修等技术带到课堂，边演示、边模拟操作，边讲解、边训练，模拟—实际操作—再模拟—再实际操作，反复循环，螺旋上升。这样既使学生得到多次重复锻炼机会，又可以实时解决学生实际操作中存在的问题，有效提高其动手能力，积累经验。

3. 常规教学与短期培训相结合，课内实训与职业取证相结合

车辆与交通工程学院的教学实践表明，常规教学与短期培训相结合、课内实训与职业取证相结合的教学方式，既照顾了大多数学生的整体水平，又可因材施教，促使特长生脱颖而出，提高优秀人才的技能水平。学生可以考取汽车修理工证、汽车驾驶证、汽车营销师证、二手车评估师证等职业技术证书。

4. 技能竞赛，激发学习兴趣

车辆与交通工程学院围绕现代汽车电子控制技术，组织学生参加学校每年定期举办的技能大赛，并对成绩优秀选手给予奖励；积极组织学生参加省级赛事，并取得优异成绩。学生通过比赛，不仅调动学习兴趣，还激发了创新精神，也促进了动手能力的锻炼和提高。

第六节　产教融合与协同育人

一、搭建合作平台，实现校企合作无缝对接

近年来，在“政校行企”多方共同努力下，车辆与交通工程学院与政府、行业、企业共建了定向培养班、“学产研”合作基地、大学生创新创业中心等校企合作平台，形成了以校企合作办学、现代学徒制实践、工学交替、技术研发与服务、技术技能培训为主的 5 种校企合作模式。其主要特色如下。

（1）以综合实习为基础，开展校企合作办学。为了缓解河南省对汽车类人才紧缺的问题，学院与政府机构、企事业单位合作，开展多主体合作办学，构建了“专业共建、课程共担、教材共编、师资共训、基地共享、人才共育”的校企合作人才培养体系。

（2）依托定向培养班，开展现代学徒制实践。学院根据企业的人才需求，开展定向培养。定向培养班以企业岗位能力、素质要求为目标，将企业的职业道德和职业精神融入课程的全过程，并在实训、实习中加强企业所需实践能力的培养。学院先后与长城汽车、中联重科等大型汽车制造类企业合作，相继开设了长城汽车订单班、中联重科订单班等。学生在奇瑞公司实习如图 18-7 所示，风神物流订单班如图 18-8 所示。

（3）依托“学产服用”合作基地，开展工学交替人才培养。“学产服用”合作基地包括校

内生产性实训基地、校外实习实训基地等校企合作平台。在“学产服用”合作基地中，师生带着课程和工作置身于真实的生产经营环境，实现了工作和学习、授业和生产的对接。例如，中联重科开封工业园直接在校内开展汽车、机械类专业工学交替的技能培训任务。

（4）依托大学生创新创业中心，开展技术研发与服务。大学生创新创业中心包括大学生创业实践基地、技术研发与服务中心等。车辆与交通工程学院依托大学生创新创业中心，一方面对学生开展创新创业进行相关教育，另一方面对行业、企业开展技术研发与服务。

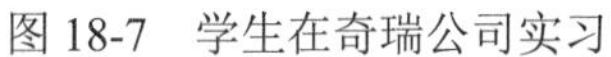

图 18-7　学生在奇瑞公司实习

图 18-8　风神物流订单班

二、产教深度融合，实现办学水平全面提升

车辆与交通工程学院在人才培养模式改革中，依托校企合作，不断深化产教融合，积极加强“政校行企”多方在人才培养、职业培训、应用研究和技术开发上的合作，尤其是将现代学徒制、工学交替等人才培养模式渗透到人才培养的全过程，促进了办学水平的全面提升。

（1）校企合作体制机制不断创新。校企合作体制机制不断健全，产教融合黏合度持续增强，工学结合、现代学徒制、定向培养班等校企合作模式在学院得到广泛而深入的实践，形成了具有“政校行企协同，学产服用一体”特色的办学模式。

（2）技术服务水平不断提高。在“政校行企”多方推动下，学院科研创新管理制度不断完善，科研平台和团队建设成效明显，科研项目获准数和经费资助额度不断提升，科研成果取得较大进展和突破。近年来，学院教师获得各级科研课题立项 10 多个。

（3）教育教学质量稳步提升。通过以校企合作为抓手，深入推进人才培养模式改革，学院的“政校行企协同”人才培养机制、教学质量保障机制建设取得明显进展，教学水平和学生综合素质不断提升。近年来，车辆与交通工程学院先后获批省级综合试点专业 1 个，市级网络资源共享课 1 门，省级综合实践教学实训中心 1 个。

第七节　培 养 特 色

车辆与交通工程学院始终坚持以教学为中心，以就业需求为导向，突出创新意识与实践能力的培养，不断加大实践教学投入力度，逐步与知名汽车企业建立良好的校企合作关系，培养应用型人才质量得到了快速提升。经过近5年的发展，学院的人才培养初步形成了一些特色和亮点。

一、加大实践教学投入，探索实践教学新模式

车辆与交通工程学院在实践教学方面不断探索与改革，基于专业实验实训室的成立，开展了一系列实践教学新模式的探究，并取得了显著成绩。经过多年的发展，学院建有郑州地方高校示范性实训基地1个、河南省示范性实训基地1个、河南省实验教学示范中心1个，与中联重科开封工业园共建农业技术训练中心1个。同时，学院还建有校内汽车驾驶训练基地1个，配有汽车模拟驾驶器6台、教练用车20多辆，用于汽车类专业驾驶实习和驾驶执照培训。车辆与交通工程学院还与宇通客车、长城汽车、奇瑞汽车、中联重科、赛腾电子、海马汽车等企业建立合作关系。通过认识实习、生产实习、就业实习、毕业生引进、教师挂职锻炼、校企共建实验室等方式促进教学模式改革。

另外，学院还拥有现代车辆创新实验室1个，用于大学生创新、竞技比赛培训等。近5年来，创新实验室共设计完成近10项创新成果，10余名学生在国家、省、市等各级各类比赛中获奖近20项。

二、产教融合、校企合作，协同育人成果喜人

车辆与交通工程学院坚持产教融合、校企合作的理念，不断加强校企合作平台建设，创新校企合作模式，形成了以校企合作办学、现代学徒制实践、工学交替、技术研发与服务、技术技能培训为主的校企合作模式。

截至目前，车辆与交通工程学院累计开办了定向培养班4个，企业校内岗前培训基地2个、企业教师工作站3个、技术研发与服务中心1个、稳定的校外实践基地8个、校内实训基地6个、大学生创业实践基地1个。近5年来，车辆与交通工程学院共为企业解决实际问题20余项，与企业合作共同完成课题2项。

三、转变人才培养思路，不断优化人才培养模式

根据学校“实基础、重实践、强能力、会创新”的应用型人才培养目标和“学历证+技能证+综合素质证”的人才培养模式，车辆与交通工程学院对河南省十几家汽车制造及汽车服务企业进行人力资源现状和人才需求进行调查，分析汽车行业就业岗位、岗位技能、职业能力，结合以往教学经验，制定了“综合素质+职业能力+岗位技能”一体的课程体系。该课程体系着力构建3个平台：一是综合素质平台，为学生日后继续发展提供潜力；二是职业能力平台，让学生掌握专业关键能力；三是岗位技能平台，让学生掌握岗位典型技能，为实现零距离就业打下基础。

经过几年建设，学院各专业人才培养方案更加优化，课程体系更加合理，特色更加明显，教学内容更贴近行业需求，教学方法和手段更加有效，学生学习兴趣更加浓厚，教学质量不断提高。学院于2017年制定了车辆工程专业新能源方向的人才培养方案，2018年正式设立新工科实验班，完成了从教学理念到教学方法的变革。为培养学生的创新创业能力，学院在交通运输专业实施了“创新学分”教学，鼓励学生申报创新创业项目，截至目前共立项重点

项目 1 项、一般项目 4 项。

此外，在课程体系改革的基础上，学院举办了汽车知识竞赛、汽车科技文化节等活动，提高了学生学习的积极性、主动性，进一步加强了学生实践和创新能力的培养。

学院将继续深化教育教学改革，创新人才培养体系，以需求为导向，以改革为抓手，以创新为驱动，不断提高交通类应用型人才培养质量。

第十九章　音乐舞蹈学院

第一节　学 院 概 况

2010 年 11 月，郑州科技学院根据河南郑州经济开发势头及进程步伐，联动文化强省、文化强国发展思路之战略特点，上层建筑文化先行与经济发展之规律，开设音乐类专业，服务社会、地方，促进经济、艺术发展，努力提升高等教育水平。为进一步推动中原地区音乐文化教育进程，在学校领导的大力支持下，艺术学院积极准备材料申报表演艺术专业，同年 3 月获批招生。

2011 年 7 月，艺术学院在表演艺术专业的基础上积极申报音乐学本科专业，2012 年 5 月获批招生。2013 年 5 月，郑州科技学院成立了音乐系。2014 年 7 月，郑州科技学院在表演艺术专业、音乐学专业的基础上积极申报学前教育专业，2015 年 3 月获批招生。2016 年 3 月，郑州科技学院在音乐系现有专业的基础上又申报了舞蹈编导专业，2017 年 5 月获批招生。2017 年 11 月，郑州科技学院在音乐系基础上成立了音乐舞蹈学院。音乐舞蹈学院现有声乐（表演艺术专业）、器乐、理论（音乐学专业）、舞蹈编导专业、学前教育专业 5 个教研室，设有表演艺术（专科）、学前教育（专科）、音乐学（本科）、学前教育（本科）、舞蹈编导（本科）、播音主持与艺术（本科）6 个专业。

自建系以来，郑州科技学院逐年加大投入力度，既注重硬件设施建设，又提出加强内涵建设。经过近 6 年的建设，郑州科技学院的师资队伍、办学条件、教学管理等方面完全能满足音乐专业人才培养的需要。

第二节　教 师 队 伍

目前，音乐舞蹈学院有专职教师 44 人（图 19-1），其中教授 2 人、讲师 11 人，占教师总数的 25%；硕士 35 人，占教师总数的 80%。具有双师素质的教师 7 人，占教师总数的 16%。2 人获“校级师德标兵”“师德先进个人”称号，1 人为国家级协会会员并担任市级协会常务副主席。根据人才培养需要，音乐舞蹈学院师资队伍建设以优化教师队伍结构为主线，以高职称、高学历、双师型教师队伍建设为重点，积极聘请高职称专业人才，同时高度重视对专任青年教师的培养。

图 19-1　音乐舞蹈学院部分教师合影

一、积极推进青年教师培养

近几年，音乐舞蹈学院 35 岁以下青年教师全部参加了学校组织的“导师制单科培养”、网络培训、短期集中培训等培训。此外，郑州科技学院还通过和郑州大学建立校校合作、举办科技讲坛、举办青年教师基本功汇报会、派青年教师参加教学研讨会议、定期观摩演出、组织教师参加各级教学竞赛等多种活动方式，促进青年教师的成长提高（图 19-2～图 19-8）。

图 19-2　举行“论文讲座”“如何上好第一节课”专题讲座

图 19-3　进行青年教师岗前培训

图 19-4　郑州大学音乐学院院长巩伟一行与郑州科技学院音乐学专业建立“校校合作”

图 19-5　举办科技讲坛

图 19-6　河南大学、郑州大学、河南师范大学、郑州科技学院、许昌学院、黄河科技学院、郑州西亚斯学院六校联合，于郑州科技学院音乐厅举行高校声乐教材范唱音乐会

图 19-7　青年教师基本功汇报

图 19-8　教师外出参加教学研讨会议

图 19-8　教师外出参加教学研讨会议（续）

音乐舞蹈学院专职教师 2014—2017 年参加学术会议情况如表 19-1 所示。

表 19-1　音乐舞蹈学院专职教师 2014—2017 年参加学术会议情况一览表

序号	参会日期	会议名称	教师	主办单位
1	2014 年 2 月 13 日	音乐教学论	杜娟	高等学校骨干教师网络培训中心
2	2014 年 5 月 27 日	全国首届合唱作品编创讲习班	李秀敏	中国合唱协会
3	2014 年 6 月 28 日	“高等院校精品开放课程建设、慕课及微课教学开发与应用骨干教师”培训会	李秀敏	中国高等教育教师发展研究会
4	2014 年 7 月 20 日	音乐教学论骨干教师高级研修课程	李秀敏	全国高校教师网络培训中心
5	2014 年 7 月 21 日	党的十八大及十八届三中全会精神学习	姚萍	河南省专业技术人员继续教育网络学院
6	2014 年 10 月 31 日	应用型院校教学改革探索与教育理念国际视野培训	杜娟	全国高校教师网络培训中心
7	2014 年 11 月 23 日	2014 卡塔琳河南柯达伊国际大师班	李秀敏	世界音乐艺术节教育协会、河南省音乐家协会
8	2014 年 12 月 30 日	西方音乐史	姚萍	全国高校教师网络培训中心
9	2015 年 6 月 7 日	高校教师教学艺术	田冰	郑州科技学院
10	2015 年 6 月 15 日	高校教师教学艺术	杜悦维	郑州科技学院
11	2015 年 6 月 15 日	高校教学管理创新与实践骨干教师高级研修课程	可静	郑州科技学院
12	2015 年 7 月 2 日	提高青年教师课堂教学能力策略	牛丽君	郑州科技学院
13	2015 年 7 月 2 日	提高青年教师课堂教学能力策略	马菲	郑州科技学院
14	2015 年 7 月 2 日	高校教师教学艺术	姚萍	全国高校教师网络培训中心
15	2015 年 11 月 28 日	2015 全国高师合唱指挥教学研讨会	李秀敏	中国教育学会音乐教育分会
16	2015 年 12 月 1 日	西方音乐史	可静	全国高校教师网络培训中心
17	2015 年 12 月 8 日	音乐教学论	田冰	全国高校教师网络培训中心
18	2015 年 12 月 30 日	音乐教学论	王喜伟	郑州科技学院
19	2016 年 4 月 19 日	西方音乐史	戚鸣	全国高校教师网络培训中心
20	2016 年 5 月 5 日	音乐教学论	杜悦维	全国高校教师网络培训中心
21	2016 年 5 月 12 日	应用型院校教学改革和教学方法	王喜伟	郑州科技学院
22	2016 年 5 月 14 日	音乐教学论	姚萍	全国高校教师网络培训中心
23	2016 年 10 月 14 日	音乐教学论	马菲	郑州科技学院
24	2016 年 10 月 14 日	西方音乐史	郑婷	全国高校教师网络培训中心
25	2016 年 11 月 09 日	视频课程与多媒体课件制作	张玉乐	全国高校教师网络培训中心
26	2016 年 11 月 28 日	2016 卡塔琳河南柯达伊教学法合唱指挥国际大师班	李秀敏	河南省教育厅
27	2017 年 5 月 10 日	河南省民办高校学前教育专业骨干教师及民办幼儿园园长研修班	马丹、杨铭、李爱	河南省教育厅
28	2017 年 5 月 24 日	大学教学法	马丹	全国高校教师网络培训中心

二、教学成果显著

师资队伍结构的优化，促进了教师教学水平和实践能力的提升，使音乐舞蹈学院在全国、全省和校内的教学比赛中屡获佳绩。专任教师队伍在张志庄教授的带领下，已逐步形成良好的教学科研氛围，并获得了一系列荣誉和教学科研成果。2014 年，张志庄教授的专著《朱载堉密率方法数据探微》获第二届河南音乐金钟奖、理论评论奖金奖。近几年，音乐舞蹈学院有 19 名教师获校级“优秀教师”，1 人获“师德先进个人”，1 人获校级“青年教学名师”。此外，在第八届全国美誉作品展中，有 14 位教师获奖，其中一等奖 10 名。青年教师张晨、马丹、刘宇乾分三届代表音乐舞蹈学院参加校级说课、讲课大赛，均获第一名，提升了教学质量，为音乐舞蹈学院发展起到了积极的推动作用。同时，每学年系部举办教师技能汇报、专项音乐演唱、演奏、赛事，并鼓励教师积极参加省、市级各类技能大赛，取得了丰硕成果（图 19-9 和图 19-10）。

荣誉证书

张志庄同志：

编著的《朱载堉密率方法数据探微》一书，在第二届河南音乐金钟奖、理论评论奖评选中，荣获金奖。

二〇一四年六月

荣誉证书

牛延龙：

您创作的快板剧《青春使命》荣获郑州市第四届曲艺大赛最佳作品奖

特颁此证

郑州市文学艺术界联合会

二〇一六年十一月

荣誉证书

郑州科技学院

牛延龙《花猫警长》获得2015年度河南省高校廉政文化作品表演艺术类作品 一 等奖。

特发此证，以资鼓励。

中共河南省委高校工委　河南省教育厅

二〇一六年一月十二日

荣誉证书

郑州科技学院

田　冰《执政清风映蓝天》获得2015年度河南省高校廉政文化作品表演艺术类作品 一 等奖。

特发此证，以资鼓励。

中共河南省委高校工委　河南省教育厅

二〇一六年一月十二日

图 19-9　部分获奖证书

图 19-10　教师参加比赛的获奖照片

音乐舞蹈学院教师2014—2017年科研成果获奖情况如表19-2所示。

表19-2　音乐舞蹈学院教师2014—2017年科研成果获奖情况

序号	年份	获奖人	获奖项目名称	获奖等级	授奖部门
1	2017	王喜伟 姚萍 沈慧	《盘舞萨巴依》	一等奖	河南省舞蹈家协会
2	2017	王喜伟 沈慧 姚萍	《敕勒川 路漫漫》	一等奖	河南省舞蹈家协会
3	2016	沈慧 王喜伟	《无名花》	三等奖	河南省教育厅
4	2016	王喜伟	《清廉执政静待风起》	三等奖	河南省教育厅
5	2016	陈奕亢	钢琴伴奏	一等奖	中华社会文化发展基金会 全国美育成果编审委员会
6	2016	陈奕亢	优秀指导教师奖	一等奖	中华社会文化发展基金会 全国美育成果编审委员会
7	2016	陈奕亢	全国艺术美育个人	二等奖	全国美育成果编审委员会
8	2016	李璐	全国美育成果展演《浅析肖邦第三叙事曲演奏特点》	一等奖	全国美育成果编审委员会
9	2016	李秀敏 戚鸣	2016大河风合唱音乐会展演奖	其他奖	河南省合唱协会
10	2016	牛延龙	《青春使命》	其他奖	中共郑州市委宣传部
11	2016	闫庆宾	《说给大海》	其他奖	郑州科技学院
12	2016	姚萍 王喜伟 沈慧	《墨舞探春》	一等奖	河南省舞蹈家协会 河南电视台电视剧频道
13	2016	沈慧	《半壶纱》	一等奖	中国青少年音乐舞蹈素质教育协会
14	2016	可静	2012级本科毕业设计（论文）优秀指导教师	其他奖	郑州科技学院
15	2016	姚萍 王喜伟 沈慧	《奇炫》	一等奖	中共河南省委宣传部 河南省教育厅 共青团河南省委 河南省文化厅 河南省学生联合会
16	2016	沈慧 王喜伟 姚萍	《鼓舞心灵》	二等奖	中共河南省委宣传部 河南省教育厅 共青团河南省委 河南省文化厅 河南省学生联合会
17	2016	杜娟	第二届河南省大学生才艺创客风采大赛优秀辅导教师	其他奖	第二届河南省大学生才艺创客风采大赛组委会
18	2016	沈慧	第二届河南省大学生才艺创客风采大赛优秀辅导教师	其他奖	第二届河南省大学生才艺创客风采大赛组委会
19	2016	张晨	第二届河南省大学生才艺创客风采大赛优秀辅导教师	其他奖	第二届河南省大学生才艺创客风采大赛组委会
20	2016	杨帆	第二届河南省大学生才艺创客风采大赛优秀辅导教师	其他奖	第二届河南省大学生才艺创客风采大赛组委会
21	2016	张晨	高职学前教育专业艺术道德教学改革研究	一等奖	河南省社会科学界联合会、河南省经济团体联合会
22	2016	闫庆宾	《草原之夜》	三等奖	第二届河南省大学生才艺创客风采大赛组委会
23	2016	徐小亚（外） 乔文韬 王红晓（外） 娄艺（外） 荣长玲（外）	调研成果奖	一等奖	社会科学界联合会

续表

序号	年份	获奖人	获奖项目名称	获奖等级	授奖部门
24	2016	李鑫	优秀辅导教师奖	其他奖	河南省音乐家协会
25	2016	陈奕亢	学生指导优秀奖	其他奖	第二届河南省大学生才艺创客风采大赛组委会
26	2016	沈慧	《鼓舞心灵》	一等奖	河南省舞蹈家协会
27	2016	王喜伟	《乡愁》	一等奖	河南省舞蹈家协会
28	2016	田冰	《执政清风映蓝天》	一等奖	河南省教育厅
29	2016	陈奕亢	金奖指导教师	其他奖	中国青少年儿童文化艺术教育发展中心
30	2016	杜娟	河南省高校廉政文化作品表演艺术类	三等奖	中共河南省委高校工委
31	2016	牛延龙	《花猫警长》	一等奖	河南省教育厅
32	2016	杨帆	表演艺术类作品	一等奖	河南省教育厅
33	2016	杜娟	金奖指导教师	特等奖	中国艺术家联合会
34	2016	杨帆	金奖指导教师	其他奖	中国青少年儿童文化艺术教育发展中心
35	2016	李晶	中国国际青少年文化艺术盛典	一等奖	中国青少年文化艺术教育发展中心 中国艺术家联合会 中国青少年音乐舞蹈素质教育协会 教育部中国人生科学会
36	2016	马菲	《七色未来》中国国际青少年文化艺术盛典河南赛区金奖指导教师奖	一等奖	中国青少年儿童文化艺术教育发展中心
37	2016	可静 杜悦维	《彩云追月》鉴赏教学设计	一等奖	中华社会文化发展基金会 全国美育成果编审委员会
38	2016	可静	优秀教师	其他奖	郑州科技学院
39	2015	闫庆宾	《松花江上》	一等奖	郑州科技学院
40	2015	闫庆宾	《清流》	二等奖	中国音乐家协会
41	2015	沈慧	优秀指导教师奖	其他奖	中国国际青少年儿童艺术节河南组织委员会
42	2015	李秀敏 李晶	合唱《保卫黄河》《龙的传人》	二等奖	河南省教育厅
43	2015	陈奕亢	第四届全国高校音乐教育专业声乐比赛美声教师组优秀奖	其他奖	中国教育学会
44	2015	付斌	“金色蓓蕾全国青少年艺术风采展演河南赛区选拔赛”优秀指导教师奖	其他奖	中国艺术家联合会
45	2015	牛丽君	“金色蓓蕾全国青少年艺术风采展演比赛”优秀指导教师奖	其他奖	中国艺术家联合会
46	2015	马菲	“金色蓓蕾全国青少年艺术风采展演河南赛区”优秀指导教师奖	其他奖	中国国际文化艺术交流促进会
47	2015	张晨	《你也知道他，妈妈》教师组综合评审	二等奖	中国音乐家协会
48	2015	张晨	《你也知道他，妈妈》教师组优秀演唱	二等奖	中国音乐家协会
49	2015	牛丽君	全国高校美育成果展评教师组钢琴独奏	二等奖	中国高等教育学会

续表

序号	年份	获奖人	获奖项目名称	获奖等级	授奖部门
50	2015	李秀敏	《幼儿钢琴启蒙教育的发展方向及其意义》	二等奖	中国高等教育学会美育专业委员会 中国音乐家协会音乐教育学学会
51	2015	李秀敏	《龙的传人》	二等奖	中国高等教育学会美育专业委员会 中国音乐家协会音乐教育学学会
52	2015	李秀敏	绚丽年华第八届全国美育成果展评优秀指导教师	其他奖	中国高等教育学会美育专业委员会 中国音乐家协会音乐教育学学会
53	2015	牛延龙 刘燕（外）	《浅论艺术教育的生命视界》	一等奖	中国高等教育学会 中国音乐家协会音乐教育学学会
54	2015	牛延龙	个人教学成果	一等奖	中国高等教育学会 中国音乐家协会音乐教育学学会
55	2015	牛延龙	快板剧《青春使命》	一等奖	中国高等教育学会 中国音乐家协会音乐教育学学会
56	2015	杨帆	《年轻的姑娘应该懂得》综合评审	二等奖	中国高等教育学会 中国音乐家协会音乐教育学学会
57	2015	杨帆	《年轻的姑娘应该懂得》优秀演唱	二等奖	中国高等教育学会 中国音乐家协会音乐教育学学会
58	2015	付斌	绚丽年华第八届全国美育成果展评优秀指导教师	其他奖	中国音乐家协会音乐教育学学会
59	2015	付斌	绚丽年华第八届全国美育成果展评钢琴独奏	二等奖	中国音乐家协会音乐教育学学会
60	2015	付斌	绚丽年华第八届全国美育成果展评综合评审	二等奖	中国音乐家协会音乐教育学会
61	2015	沈慧	优秀指导教师	其他奖	全国美育成果展评联合组委会
62	2015	姚萍	优秀演唱	二等奖	中国高等教育学会 中国音乐家协会音乐教育学学会
63	2015	姚萍	《邵多丽》综合评审	二等奖	中国高等教育学会 中国音乐家协会音乐教育学学会
64	2015	姚萍	《奇炫》综合评审	二等奖	中国高等教育学会 中国音乐家协会音乐教育学学会
65	2015	牛延龙	优秀指导教师	其他奖	中国艺术家联合会
66	2015	田冰	合唱《青青校园》优秀作曲	二等奖	中国音乐家协会 音乐教育学会 中国高等教育学会美育专业委员会
67	2015	田冰	管乐三重奏《嬉》优秀作曲	一等奖	中国音乐家协会 中国高等教育学会美育专业委员会
68	2015	牛丽君	第八届全国美育成果展评教师组综合评审	二等奖	中国高等教育学会美育专业委员会
69	2015	李晶	综合评定	二等奖	中国高等教育学会 中国音乐家协会音乐教育学学会
70	2015	牛丽君	《随谈柏辽兹〈幻想交响曲〉》	其他奖	中国高等教育学会
71	2015	杜娟	全国高校教师组教研成果	二等奖	中国音乐家协会
72	2015	杜娟	全国高校美育成果展评个人教学成果	一等奖	中国音乐家协会
73	2015	杜娟	全国高校教师组演唱艺术	二等奖	中国音乐家协会
74	2015	杜娟	全国高校美育成果展评教师组	二等奖	中国音乐家协会

续表

序号	年份	获奖人	获奖项目名称	获奖等级	授奖部门
75	2015	马菲	绚丽年华第八届全国高校美育成果展《勃拉姆斯狂想曲》钢琴独奏	二等奖	中国高等教育学会美育专业委员会
76	2015	乔文韬	优秀辅导教师	其他奖	河南省校企联合会
77	2015	牛丽君	首届“新星杯”声乐/器乐大赛优秀辅导教师	其他奖	郑州科技学院
78	2015	姚萍	首届“新星杯”声乐/器乐大赛优秀辅导教师	其他奖	郑州科技学院
79	2015	付斌	首届“新星杯”声乐/乐器大赛优秀辅导教师	其他奖	郑州科技学院
80	2015	李晶	首届“新星杯”声乐/乐器大赛优秀辅导教师	其他奖	郑州科技学院
81	2015	杜娟	首届“新星杯”声乐/乐器大赛优秀辅导教师	其他奖	郑州科技学院
82	2015	杨帆	首届“新星杯”声乐/乐器大赛优秀辅导教师	其他奖	郑州科技学院
83	2015	王喜伟 沈慧	《九儿》	二等奖	河南省舞蹈家协会
84	2015	李晶	《Beethoven op.53》综合评审	一等奖	中国高等教育学会 中国音乐家协会音乐教育学学会
85	2015	李晶	《Beethoven op.53》钢琴独奏	一等奖	中国高等教育学会 中国音乐家协会音乐教育学学会
86	2015	李晶	《龙的传人》伴奏艺术	二等奖	中国高等教育学会 中国音乐家协会音乐教育学学会
87	2015	李晶	优秀指导教师	其他奖	中国高等教育学会 中国音乐家协会音乐教育学学会
88	2015	姚萍	优秀指导教师	其他奖	中国高等教育学会美育专业委员会 中华优秀传统文化教育研究会 中国音乐家协会音乐教育学学会 全国美育成果展评联合组委会
89	2015	田冰	第二十届河南省歌曲创作优秀奖	其他奖	河南省文化厅 河南省文学艺术界联合会
90	2015	牛丽君	校级年度优秀教师	其他奖	郑州科技学院
91	2015	张晨	优秀声乐辅导教师	其他奖	中国艺术家联合会
92	2015	杜娟	优秀声乐指导教师	其他奖	中国艺术家协会
93	2015	付斌	第十二届中国国际青少年儿童才艺展河南选拔赛优秀钢琴辅导教师	其他奖	中国艺术家联合会
94	2015	马菲	中国艺术新星国际文化艺术节河南赛区钢琴类青年组	一等奖	中国教育家学会
95	2015	李鑫	《杨白劳》综合评审	二等奖	中国高等教育学会美育专业委员会
96	2015	李鑫	《杨白劳》优秀独唱	二等奖	中国高等教育学会美育专业委员会
97	2014	王喜伟 沈慧	《高粱又红》	一等奖	全国美育成果展评联合组委会
98	2014	马菲	中国音乐教育协会优秀辅导教师	其他奖	中国音乐家协会考级委员会
99	2014	姚萍	河南省大学生校园舞蹈大赛专业组《邵多丽》	三等奖	中共河南省委宣传部 河南省教育厅 共青团河南省委 河南省文化厅 河南省学生联合会

续表

序号	年份	获奖人	获奖项目名称	获奖等级	授奖部门
100	2014	姚萍	河南省大学生校园健身健美操大赛郑州科技学院健美操队	三等奖	中共河南省委宣传部 河南省教育厅 共青团河南省委 河南省文化厅 河南省学生联合会
101	2014	沈慧	《我们的时光》当代舞	三等奖	河南省文化厅
102	2014	沈慧	《邵多丽》民族民间舞专业类	三等奖	河南省文化厅
103	2014	牛丽君	深入群众 才能听到最真实的声音——群众路线教育实践活动手记	三等奖	中共郑州科技学院委员会
104	2014	杨帆	声乐比赛	四等奖	河南省教育厅
105	2014	李鑫	《父亲的草原母亲的河》	其他奖	中国艺术家协会

第三节　专业建设与培养方案

音乐舞蹈学院的专业建设，采取结合实际的方针，力求培养满足地方经济和社会发展需要的高素质应用型人才。这是学院专业建设与发展的基本定位和不变主题。在音乐学专业、学前教育专业及舞蹈编导专业建设过程中，从培养目标出发，在确立3个专业的特色、完善人才培养方案、增强专业可持续发展能力、提高教学效果、提高学生综合素质和技能等方面进行了较全面的实践性探索。2017年5月，在学校领导和各级部门的大力支持下，音乐舞蹈学院积极准备“音乐学”品牌专业的申请工作，同年10月接受了专家领导的评估。

1. 修订、完善人才培养方案，凸显应用型专业特色

音乐舞蹈学院加强地域特色和应用型课程体系建设，以及对传统课程体系的调整和改造，探索曲艺、语言、舞蹈、学前儿童教学等教育教学模式，不断形成具有中原地区特色的学前师资培养与音乐艺术的应用型人才培养模式。

2. 重视师资队伍建设，增强专业可持续发展能力

音乐舞蹈学院现有音乐理论教研室（音乐学专业教研室）、声乐教研室（表演艺术专业教研室）、学前教育专业教研室、舞蹈编导专业教研室。音乐舞蹈学院强调并实抓教研室工作，引导以教研室为单位开展高质量的教研活动，加强教学内容、教学方法和教学手段的研究，全面提高教学质量。

音乐舞蹈学院严格实行导师制，并采用全国骨干教师网络培训、观摩演出、参会培训等多渠道学习手段，提高青年教师的教育教学水平。在加强和改进教学工作的同时，音乐舞蹈学院加大对科研工作的支持力度，要求每位教师将课程教学成果和教研交流形成的共识以论文的形式予以总结和推广，进而形成学院的教学及科研特色：教学与科研相互促进、相辅相成，共同促进教师专业发展。此外，音乐舞蹈学院以音乐学专业教学、研究资源和教师人才资源为依托，成立地方音乐研究所，积极开展地方音乐研究活动（图19-12）。

图 19-12　地方音乐研究所开展地方音乐研究

3. 加强实践教学环节建设，提高学生综合素质和技能

音乐舞蹈学院保障实践教学模式的有效实施，充分利用校内实践教学条件推动“五三”教学模式实施，积极拓展校外实训基地，创新合作模式，为培养应用型人才、锻炼学生实践能力、加强实践课教学效果、提高教学质量创造有利条件。

第四节　课程建设与教学改革

在课程建设与改革方面，音乐舞蹈学院提出以提高学生就业竞争力为目标，以音乐美的表达为课程核心，创新教学手段，探索教学模式，改革教学内容，构想教材编写，制定评价体系，通过课程教学的一系列改革使学生能够学以致用，缩短职业适应期，切实培养应用型人才，增强学生的就业竞争力。音乐舞蹈学院倡导在课堂讲解的基础上，增加多媒体教学手段。目前，本学院专业 100%纯理论专业课程采用多媒体授课，专任教师多媒体课件自制率超过 60%，并有部分教师开始研究录制微课。为了更加高效地利用资源，音乐舞蹈学院不仅将数码钢琴教室开放，供学生练琴，还将舞台表演等课程的教学搬到了音乐厅的舞台，使应用型人才的培养得到保障。

从 2014 年开始，音乐舞蹈学院分别开设了朱载堉律学、曲艺音乐学、民族民间音乐学及河南戏剧等地方音乐文化课程，将地方特色音乐列入人才培养方案的课程体系，利用郑州的地理优势，汲取周边音乐文化营养。例如，通过带领学生参观朱载堉纪念馆（图 19-13）提升学生的本土文化素养。

图 19-13　张志庄教授把朱载堉律学的课堂“搬”到了沁阳朱载堉纪念馆

目前，音乐舞蹈学院教研教改方面已经取得的成果有河南省教育厅“十二五”教育规划课题《高校歌舞乐综合形式教学现状及改革研究》、校级教改项目《基于应用型人才培养模式的〈合唱指挥〉课程教学改革与创新》和《高校声乐课程的改革与探索——以郑州科技学院为例》，音乐理论课程创新与改革音乐会两场，教师主持或参与研究的课题项目 18 项，在省级以上刊物上发表教学研究论文 93 篇。音乐舞蹈学院教师出版的部分专著如图 19-14 所示。

图 19-14　音乐舞蹈学院教师出版的部分专著

音乐舞蹈学院教师 2016 年和 2017 年的著作如表 19-3 所示。

表 19-3　音乐舞蹈学院教师 2016 年和 2017 年的著作

序号	著作名称	参编	出版单位及 ISBN	出版时间
1	《新编大学音乐鉴赏》	杜娟	西北工业大学出版社 9787561250051	2016 年
2	《乐理与视唱》	马菲	西北工业大学出版社 9787561249758	2016 年
3	《合唱艺术》	牛延龙、李秀敏	北京师范大学出版集团 9787303202447	2016 年
4	《信阳民歌合唱曲集》	田冰	河南大学出版社 9787564922924	2016 年
5	《实践视域下中西器乐的创新研究》	王含光	上海交通大学出版社 9787313163806	2016 年
6	《音乐教育与教学法》	任雪晨、李秀敏、苏俊、王典	吉林大学出版社 9787567789999	2017 年

课程改革方面，音乐舞蹈学院完成了《基于应用型人才培养模式的〈合唱指挥〉课程教学改革与创新》的撰写，全面提高了合唱指挥课程的教学质量和教学效果。2015 年，视唱练耳课程获批为校级精品建设课程。声乐课程在原来一对一、一对二的教学基础上，增加小组课、公开课及舞台表演唱的教学模式，促进学生在掌握演唱技能的同时，提高舞台实践能力及各类演唱能力。针对初级学生，采用小组课、公开课的方式教学；针对中级学生，采用一对一、一对二的方式教学；针对嗓音条件较好的学生，在一对一教学的基础上，拟增加舞台表演唱的技能教学，将课堂搬上舞台，从而提高学生的表演及歌唱能力。此次教学改革和探索已初步体现在 2016 届、2017 届毕业班两场声乐专场音乐会中。

第五节　实践教学条件与实践教学

音乐舞蹈学院目前拥有声响效果符合专业要求的 900 座音乐厅 1 个，承办河南省“中原大舞台”“高雅艺术进校园”“河南省舞动中原比赛”“河南省高校教师专业交流演出音乐会”“毕业专场音乐会”等演出百余场；300 座小型音乐实践排练厅 1 个，用于合唱与指挥训练，满足专业技巧课艺术观摩和艺术实践；音乐实训室多个，其中包括舞蹈教室、形体实训室（3 个）、数码钢琴实训室、音乐欣赏实训室、奥尔夫音乐教室、管乐团实训教室、曲艺团实训教室、电声乐队实训教室，以满足理论课教学、钢琴教学、声乐教学、舞蹈集体课教学的需要；专业录播室、MIDI（musical instrument digital interface，乐器数字接口）音乐工作室、钢琴房，用于教师录音，学生进行计算机音乐制作、多媒体课件制作等；同时，教师琴房、学生琴房配备各种乐器，器材室、化妆室、图书资料室等教学资源充足，为教育教学、科研工作的顺利开展提供了丰富的资料保障和优良的环境。目前，音乐舞蹈学院与多个单位建立了校外实训基地，并与企业联合开展了学生认知实习、就业实习、教师挂职锻炼等多种合作形式，为培养应用型人才、锻炼学生实践能力、加强实践课教学效果、提高教学质量创造了有利条件。具体如图 19-15 所示。

900 座音乐厅

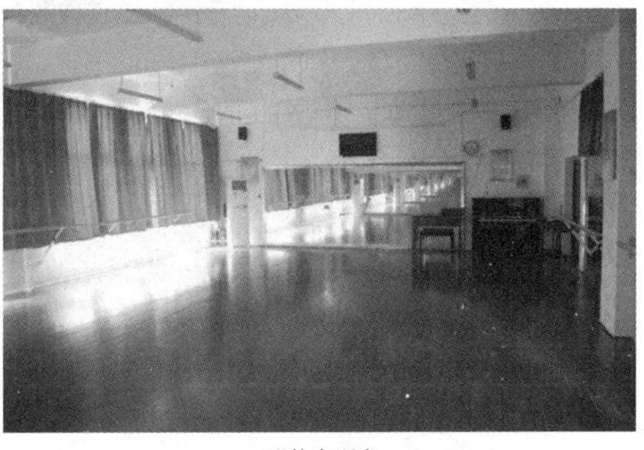

形体实训室

图 19-15　实践教学条件

数码钢琴实训室

奥尔夫音乐教室

管乐团实训教室

曲艺团实训教室

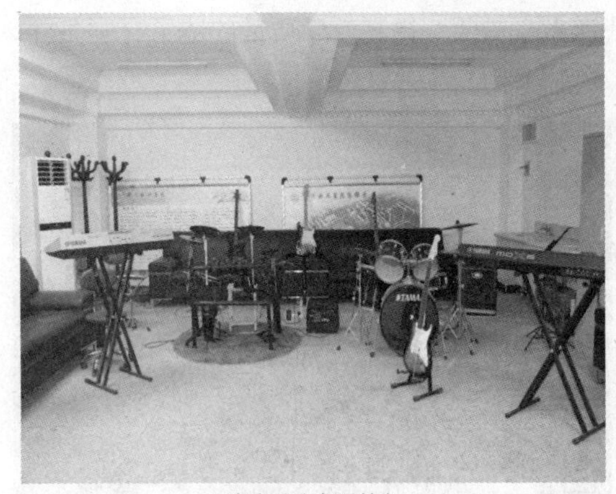
电声乐队实训教室

专业录播室

图 19-15　实践教学条件（续）

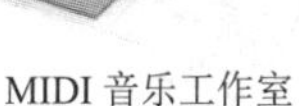

MIDI 音乐工作室

钢琴房

图 19-15 实践教学条件（续）

音乐舞蹈学院在推进特色化、系统化实践教学体系的建设过程中，始终坚持多渠道、多方位的实践教学思路，逐步形成“以课堂实践为基础、以校内实践为重点、以校外实践为补充”的多元化实践教学途径。课堂实践从转变传统课堂教学模式入手，根据不同课程的性质合理设置课堂实践教学环节时数，并从教学制度和程序设计上保障课程、课堂实践教学环节落到实处，夯实课堂实践在实践教学中的基础性作用。校内实践主要包括艺术实践团体训练与演出、校内专业毕业成果汇报音乐会（图 19-16）、校内专业竞赛、校内文艺辅导等。学院充分利用校内实践途径便利的特点，发挥好校内实践的主渠道作用，取得“低成本、高效率”的实践教学成果。学院每年将多项演出活动纳入实践实训课教学，使其成为学生实践训练的有机环节。承接演出任务后，学院根据不同专业需要，指派专业教师对学生进行专业指导，将排练厅、音乐厅、钢琴房、舞蹈教室、形体实训室、学前教育实训楼作为学生实践实训基地，对欣赏室、多媒体教室等进行科学安排、综合利用。校外实践包括建立校外艺术实践基地、校外教师教育实践基地，开展校外文艺演出实践、各种专业学科竞赛及各种校外文艺比赛实践等（图 19-17）。

图 19-16 校内毕业成果汇报音乐会

图 19-16　校内毕业成果汇报音乐会（续）

音乐系第二届“新星杯”声乐器乐大赛展演

合唱团参加河南省大河风合唱音乐会

舞蹈团参加新郑黄帝祭祖大典演出

曲艺团参加郑州市第四届曲艺大赛

图 19-17　音乐舞蹈学院学生参加比赛或演出活动

音乐舞蹈学院始终坚持以服务区域经济社会发展需求为导向，优化应用型人才的培养，力求使学生适应社会需求，通专结合、创新自立。张志庄教授多次对“怀梆”“民歌”“音乐曲牌”进行田野调查，收集民歌音乐曲牌 150 多首，并撰写学术论文，宣传地方音乐文化，组织多次大型比赛并担任评委（图 19-18）。

图 19-18　张志庄教授出版的专著

杜蕙教授在由中国艺术家协会河南省郑州秘书处等部门联合主办的第十届“德艺双馨”中国文艺展示活动、中国艺术家协会分会举办的“校园新星艺术大赛”、中国艺术家协会河南分会决赛等十多个大赛中担任评委，并担任平顶山星海艺术学校的特别顾问。沈慧老师在中国舞蹈家协会“第 295 届少儿舞蹈展演”及“河南省舞动中原舞蹈比赛”中担任评委(图 19-19)。

图 19-19　沈慧老师和参赛选手合影

2015 年 9 月，音乐舞蹈学院师生代表郑州科技学院参加郑州市二七区建党 95 周年文艺晚会，同时慰问驻地武警官兵（图 19-20）；在“保卫母亲河 • 在行动”中，通过义务演出形式进行宣传，获得了良好的社会效应。

图 19-20 举办演出慰问驻地武警官兵

第六节 产教融合与协同育人

自2013年成立以来，音乐舞蹈学院积极开展校企合作。在学校领导的高度重视下，在校企办的大力支持下，音乐舞蹈学院按照“服务学生，沟通服务企业，搭建平台，合作共赢”的定位方向，采取校政合作、校企合作等多种工作方式，发挥主观能动性，开拓创新，认真研究实践，充分利用现有资源，配合教学进行专业建设和课程改革，取得了显著的成效，全面提升了实践教学质量，为学校人才培养和专业建设做出贡献。同时，音乐舞蹈学院积极开创校企合作的新局面，优质高效地完成全年各项任务。音乐舞蹈学院坚持按照培养高素质、高技能人才的专业定位要求，进一步加强校企合作，加快推进人才培养模式的根本性改变，拓展和密切行业、企业的联系，加强教育与生产劳动和社会生产实践相结合，找准专业与企业的利益共同点，建立与企业之间长期稳定的组织联系制度，实现互惠互利、合作共赢的目标。

音乐舞蹈学院学生前3年在校完成教学计划规定的全部课程，成绩优秀者可采取系部推荐与学生自荐的形式，进行系部与企业双向考核。考核合格者可到合作企业进行为期半年的顶岗实习。音乐舞蹈学院的定点合作企业现有郑州市歌舞剧院、华强方特文化科技集团股份有限公司、小明星舞蹈学校、新星少儿艺术发展中心、弘舞乐艺术中心、郑州市模特协会艺术中心、郑州市红舞裙舞蹈艺术学校等十几家企业（图 19-21）。系部和用人单位共同参与管理，合作教育培养，使学生成为用人单位所需要的合格职业人。

图 19-21　音乐舞蹈学院校外实习基地建设

此外，音乐舞蹈学院领导十分重视学生的就业方向和发展前景，开展了一系列有助于学生就业的活动。音乐舞蹈学院发挥专业师资优势，加强校企合作，走“利用专业优势办专业，办好产业促专业”的新路，使专业建设与产业发展紧密结合，进一步加强校企合作的深层次交流。

例如，音乐舞蹈学院组织召开毕业生就业动员会，明确专业人才的培养目标，确定专业的人才培养方案，提供市场人才需求信息；及时进行专业人才培养方案的制定和调整，根据企业、行业的用工要求及时调整专业计划和实训计划，与华强方特文化科技集团股份有限公司、洛阳朗月文化艺术培训中心签署了订单班协议（图 19-22 和图 19-23）。

图 19-22　方特订单班学生演出照片

图 19-23　学前教育专业学生赴幼儿园见习

音乐舞蹈学院邀请在社会上取得一定成绩的毕业生回院做专题报告，帮助学生了解企业的需要，尽早为就业做好心理和技能准备。学院领导和教师切实认识到现代企业对人才的要求，真正架构一座沟通企业与校园的桥梁。

第七节　培 养 特 色

音乐舞蹈学院的发展立足所处地域多元音乐文化的背景，确立培养适应社会主义现代化建设需要，德、智、体、美全面发展，具有音乐基本理论、基础知识，具备演唱、演奏等方面的能力，能够在培训机构、社会文化机构、社区文化团体从事编辑、评论、管理、培训等方面工作的应用型人才。同时，以教师职业素质教育为重点，努力培养学生的专业知识、文化素质、教学技能，培养合格的社会专门人才。

根据民办教育特色及学生的实际情况，为了加强实践课教学、培养基础扎实的实用型人才，音乐舞蹈学院结合现有专业的特点，富有创意地构建了综合型实践教学模式，即“五三”教学模式。其中，“五”是指5个实践团队——合唱团、舞蹈团、曲艺团、电声乐队、管乐团（图 19-24）。各团队分别针对学生自身特点展开训练，引导学生技能向课外延伸，增强自身实践、实训的能力。要求每位学生必进一队，从而为学生实训、实践训练提供必要的平台。

合唱团

舞蹈团

图 19-24　音乐舞蹈学院五团队

曲艺团

电声乐队

管乐团

图 19-24　音乐舞蹈学院五团队（续）

“三”是指 3 种能力：①台上能说、能唱、能奏、能弹、能跳；②台下能编、能写、能评、能导；③台后懂声、会光、懂电、能制。

在五团队规范有序发展之时，2014 年 9 月，音乐舞蹈学院新组建了民乐团，2014 年 10 月正式展开训练，并已进行多场演出（图 19-25）。

图 19-25　五团队演出缩影

图 19-25　五团队演出缩影（续）

音乐舞蹈学院将以学校 30 周年校庆为契机，进一步加大建设力度，坚持“创品牌、建品牌、树品牌、打造品牌”，以深化教育教学改革为抓手，以专业建设为龙头，为把本院各项工作推上新台阶而拼搏奋斗！

第二十章　体育学院

第一节　学院概况

体育学院成立于2012年，是郑州科技学院极具活力、重点建设的院系之一。该学院下设社会体育教研室、体育教育教研室、公共体育教研室、学生工作部、体质健康测试中心、竞赛训练中心、场地器材管理中心等三级教学管理机构。近年来，体育学院在人才培养、教研科研、学科建设、运动竞赛等方面都取得了长足的发展。

体育学院现有专、兼职教师49人，其中教授3人、副教授12人、讲师18人，具有硕士研究生及以上学历的教师比例达85%以上，师资队伍梯次明显，职称、学历、年龄、学缘结构合理。学院现有国家一级裁判21人，河南省优秀教师1人，河南省优秀教练员14人，河南省教育厅学术技术带头人1人，获得河南省教育系统技能竞赛二等奖2人、三等奖1人。

体育学院开设有体育教育（本科，含体育舞蹈方向）、社会体育（专科）两个专业。2016年，郑州科技学院实现了跨越式发展，在体育教育（本科）、社会体育（专科）招生的基础上获得体育教育（本科对口）的招生资格，在校生人数从2012年的27人发展到2018年的700余人。在学院党团、行政的正确领导下，学院不断创新专业人才培养模式、丰富各类学生活动载体、完善学生管理体系，成效显著，得到了校领导的认可和师生的普遍赞誉。

体育学院建有良好的室内、外教学训练设施，各类运动场馆设施完善齐全，先后投入修建了标准田径场、足球场、综合训练馆、健美操室、武术室、健身实训中心、搏击训练室、形体训练室等场馆，建有体质健康测试中心、健身实训中心、运动人体科学实验室、图书资料室，学院订阅期刊覆盖体育类核心期刊。

体育学院于2013年配备了运动人体科学实验室，2015年筹建了健身实训中心，2017成立了大学生体质健康研究所，一系列的发展建设为科研训练搭建了很好的平台。近年来，学院在国内外学术期刊发表论文180篇（其中核心期刊论文15篇），出版教材及专著30部，专利12项，获奖成果6项。在全国及省级大学生运动竞赛中获得各类奖项220多项，其中冠军奖项26项。学校健美操队连续6年获得啦啦操联赛（河南赛区）单项冠军，并接到来自美国及泰国的参赛邀请。田径队张曼在2016年河南省大学生田径运动会上打破女子400米、女子200米河南省大学生尘封28年及10年的纪录，并于2017年9月代表河南省参加全国学生运动会，获得女子200米、女子400米亚军。在2018年全国田径冠军赛、全国田径大奖赛（亚运会选拔赛）等系列比赛中，张曼获得女子200米、女子100米冠亚军4项，破河南省女子100米、女子200米纪录。

体育学院坚持“健康第一、终身体育”的教学指导思想，坚持深化体育教学改革，不断创新体育专业人才培养模式。公共体育“一普一专”开展内容丰富、形式多样的体育课堂，力争学生掌握一项体育技能，养成终身锻炼的习惯。专业体育“一主一副”培养一专多能的应用型体育人才，努力提高学生专业技术水平，为社会输送专业技术人才。

大学生阳光体育活动和师生群体竞赛活动丰富多彩，每学年开展的师生大小体育活动20余次，参与人数1.5万人次，极大丰富了师生业余生活，提升了校园文化内涵。大学生体质健康测试工作扎实有效开展，每年实际受测学生均为在校生数量的99%以上，测试合格率均在98%以上。国家学生体质健康测试工作连续两年受到河南省教育厅通报嘉奖。党支部建设、部门建设成绩显著，先后有10名教师获得省级优秀教师、优秀党员、先进工作者、模范教师等荣誉，9名党员教师获得校优秀党员称号，17名教师获得校级优秀教师称号，2名教师获得校级科研先进个人称号。

在学校各级领导的关心和指导下，体育学院全体同志团结携手、争创一流，紧密围绕学校工作要点，积极探索学校体育发展新模式，为实现体育学院快速、健康发展而不懈努力，为实现学校应用型人才培养目标而不懈努力。

第二节 教师队伍

教师是高等学校的主体，师资是教学工作的核心资源。随着体育教育的改革和发展，学校体育工作对体育教师队伍提出了更高的要求。建立一支具有良好政治业务素质、结构合理、相对稳定的体育教师队伍，不仅仅是体育教育改革和发展的大计，更是搞好体育学科建设和学校体育教学工作的关键。

体育学院现有教师49人，分别毕业于北京体育大学、武汉体育学院、成都体育学院、广州体育学院、郑州大学、河南大学、河南师范大学、陕西师范大学等知名高校。师资队伍梯次明显，职称、学历、年龄、学缘结构合理，形成了以中青年、中高级职称、高学历为主的师资队伍，为不断提高人才培养质量提供了保障。学院重视对青年教师的培养，近年来“助教导师制”使培养工作的落实更加到位。导师通过制订培养计划、监控培养过程，对青年教师的教学水平、科研能力及师德师风的提高起到了极大的作用。

体育教学工作优异成绩的取得是与体育学院全体教师的辛勤付出密不可分的。为保证体育教学能够取得实效，学院严格落实集体备课、教研例会等制度，定期举办教师教学技能培训活动、教案专项检查与观摩学习，多次组织教师外出参观学习，有效地提高了教师的教育教学能力（图20-1～图20-8）。

图 20-1　教研例会

图 20-2　集体备课

图 20-3　教师示范课

图 20-4　教案专项检查

图 20-5　集体听课

图 20-6　教师基本功大赛

图 20-7　网球课程组赴郑州大学交流

图 20-8　课程组和尼克网球外教合影

多年来，体育学院十分重视师资队伍建设，结合实用型本科院校对师资结构的要求，坚持引进与培养相结合，积极推进教师队伍的整体建设。采取多种措施，包括合理制订师资发展规划、鼓励教师特别是青年教师在职攻读硕士研究生、加强业务培训、实行助教导师制等，使师资资源与质量大幅提升，发展态势良好。体育学院在师资队伍建设方面主要采取了以下措施。

（1）按照体育教育专业发展规划，从北京体育大学等知名高校引进应届研究生充实专业教师队伍。近年来，体育学院的自有教师队伍规模不断扩大，学科门类不断完善。

（2）通过返聘、客座等途径，从郑州大学、河南农业大学等高校引进教授、博士等，提升了教师队伍整体的职称、学历、科研和双师素质水平。

（3）选派兰庆士、王娟娟、常德庆、赵炫宇等骨干教师参加教育部、国家体育总局、中国体育科学学会、河南省教育厅、河南省体育局等举办的各种专业进修、考察调研、考取职业资格认证、竞赛培训、学术会议和交流学习，不断提高对本学科前沿知识、专业技术发展趋势、人才培养目标的总体把握，全面提高教师的教学、科研和创新实践等综合素质。

（4）充分发挥老教授在体育教学训练等工作中的传、帮、带作用，积极开展每学期至少4人次的青年教师导师制单科培养活动，先后对12名青年教师进行教学素养的培养指导，促进青年教师快速成长。

（5）围绕体育教育专业核心课程群，注重双师型教师培养，利用校校合作、校企合作平台，鼓励教师深入学校、行业、企业、协会等锻炼提高，使教师由单一的教学型向教学、科研、生产实践一体化的双师型教师转变。21名体育教师拥有国家一级裁判员等级证书、社会体育指导员证书或行业从业资格证，双师型教师比例达到60%以上，为应用型体育人才的培养提供了保障。

第三节　课程建设与教学改革

一、课程建设

课程建设是实施教学计划、达到培养目标的重要保证，是加强教学管理、提高教学质量的重要措施。近年来，体育教育专业优化课程体系，更新教学内容，注重新科学、新知识，扩大学生独立思考和创新实践的空间，培养学生全面发展的意识和能力。在课程建设方面，按精品课程标准引领课程规范化建设与管理，有效地提高了课程建设水平。体育学院在课程建设方面主要采取了以下措施。

（1）制订合理的课程建设规划，严格按照建设规划开展课程建设工作，成效显著。

（2）编制科学合理、可行性强的课程教学大纲，选用国家推荐、体育学院通用或其他内容新颖、能反映学科发展趋势的优秀教材，配套相关的参考书和国内外专业文献，教学文献资料齐备，教学基本条件良好。

（3）重视实践环节，要求各实践教学环节配备对应的教学大纲，并对所开设实验的专业课程编写实验指导书，先后编制了教育实习教学大纲、校外实习教学大纲、运动解剖学实验指导书、运动生理学实验指导书、体育保健学实验指导书等。对于校外执行的实践环节，如毕业综合实习，聘请中小学教师、俱乐部经理、社区工作人员共同参与学生的实践教学指导工作。

（4）建立课程负责人制。对每门课程选派经验丰富的教师为课程负责人，对教学大纲和教学进度表的制定、教案的编写、教学方法的应用等多方面进行督导。按照精品课程的标准开展课程建设工作，鼓励教师参与校内外说课大赛、多媒体课件大赛等，营造精品课程建设的良好氛围。

二、教材建设与选用

教材建设是极为重要的教学环节，与教学质量密切相关，体育教育专业应认真做好36门课程教材的选定工作。对每一门课，尤其是核心课程的教材，组织教研室和任课教师进行大量的参阅、对比、走访，保证优中选优，挑选前沿的、经典的教材和教学参考书。在目前选用的36门课程教材中，普通高等教育国家级规划教材9门(25%)、国家级优秀教材4门(11%)、全国体育院校通用教材18门（50%）。学院鼓励教师编写符合校情、具有专业特色的补充讲义或教材。

三、教学研究与改革

体育学院注重深化教学研究、更新教学观念，注重因材施教、改进教学方式，在课程体系、教学内容、教学方法、教学管理等方面进行改革研究，并取得较好成效。通过调动教研室骨干教师的积极性，由相关教师开展教学研究和教学改革工作，提高教师业务素质、教科研意识、理论素养和研究能力。体育学院在教学研究与改革方面主要采取了以下措施。

（1）大力推进教学方法和教学手段的改革，加快改变传统教学方法。积极开展在体育技能学习过程中的参与式、启发式、讨论式和研究式教学，尤其是针对身体素质不强、专业基础薄弱的学生，给予更多的互动、启发、指导、陪练等，教学效果显著。

（2）鼓励支持教师围绕教学开展教研和科研工作，积极申报教学研究课题，以科研带动教学，以课程建设和学科建设推动专业建设。支持教师开展学术活动，积极支持教师申报各类教学研究课题，已取得诸多成果。

（3）在深入了解行业发展状况和掌握市场需求的基础上，根据人才培养方案的要求，对现有课程进行必要的整合，尽可能形成具有鲜明特色的人才培养模式。

几年来，学院相关专业教师的教学研究和教学改革工作取得一系列成果，教研教改课题20多项，校级教改项目3项，获得河南省教育厅教学技能奖3项；发表教研教改论文15篇，其中核心期刊论文2篇。

四、质量监控

1. 建立健全教学管理制度与质量标准并严格落实

在《教学质量监控暂行管理办法》《各主要教学环节的质量标准》《考试质量管理工作手册》《正常教学业务工作规范》《教案编写管理规范》等20多项教学管理制度和规定的基础上，

体育学院补充完善了《体育教学质量管理制度》《体育教学管理常规》《郑州科技学院体育课程教学指导意见》《体育教师考核指标》《体育学院教材建设与管理规定》《体育教育本科专业毕业论文质量标准》等14项教学管理制度，各项教学管理制度相辅相成、发挥合力，对教师备课、教案编写、教学进度制定、课堂教学、辅导答疑、听课、作业布置与批改、考试命题、阅卷、实验实训开展、毕业论文等各个环节都做了明确要求，为提高体育教学质量提供了保证。

2. 完善教学质量监控和保障体系

体育学院积极落实学校、系两级教学督导管理制度，探索实施协调顺畅的学校、系两级教学督导相结合的管理机制，对教学管理、质量监控、日常运行等教学工作各环节加强督导；选派专业负责人、骨干教师成立体育学院的教学督导组，并邀请经验丰富的外聘教授作为系内教学督导顾问，每周定期2次深入综合体育馆、操场、教室、教研室、实习基地等教学一线，指导工作，反馈意见；督导组与学校督导专家经常性地举行座谈、交流，形成了客观、可行的指导意见；通过每周教学例会，对各类教学信息进行反馈，并采取得力措施改进教学。经过多年发展，学院形成了以课堂教学质量监控体系、试卷命题与考试监控体系为核心的专业教学质量监控系统，使教学管理坚实有效。

3. 加强教学常规检查督促机制

由学校教务处、督导办等部门组织的期初、期中和期末3次定期的校级教学检查，由学院领导班子、督导组、教研室、课程组等组织的不定期的各类教学检查，由体育学院各年级、各班级、各运动队等组织的各类检查，形成了学院良好的教学常规检查督促机制。以上各种教学检查涵盖教师备课、教学执行、学生考勤、听课情况、作业布置与批改、考试命题、监考、运动队训练、学科竞赛等各教学环节，有效地提高了教学质量。

4. 建立完善的教学反馈机制

体育学院建立由教学副院长、教学助理、学管助理、辅导员、各班级学习委员和部分班委等成员组成的教学信息站，共同参与学院教学管理；建立“教务处—体育学院—班级信息员”三级闭环教学管理模式，由班级信息员填写教学周报和月报，向教务处反馈任课教师每堂课的授课状态，再由教务处反馈体育学院，学院反馈指导教师、班级等，形成有效的闭环管理机制；每学期开展教师评学和学生评教活动，通过学生评教对课程教学进行反馈，通过教师评学对学风进行反馈，使教学双方互相监督、互相促进，共同发展。

五、教学成效

近年来，体育学院体育教育专业人才培养方案落实到位，教学质量较高，培养的学生体育理论基础扎实、专业技能突出、动手能力较强，综合素质较高，能够较好地适应社会和行业需求，达到了人才培养目标的要求。

体育教学是学校体育工作的中心环节，它的质量反映了学校体育工作的总体水平。近年来，体育学院大胆对体育课程进行改革，逐步探索出了“重在课堂教学、辅以群体竞赛、渗以体育文化”三位一体的教学模式。体育教学模式的转变促进了体育课程设置、课程结构、教学方法、课程管理、教学评价等方面的改革。体育学院先后两次修订体育教学大纲，保证体育教学更加贴近学生需求，满足了学生日益增长的体育需求，对学生的成长、成才发挥了良好的作用；严密论证体育专业人才培养方案，严格依据人才培养方案实施教育教学，确保应用型人才培养目标的实现。

通过各类实践教学，学生的专业实践操作、理论联系实际等能力得到大大提高。体育教育专业的大部分学生顺利考取了教师资格证书、国家二级裁判员证书、体育教练员资格证书等，为就业升学创造了良好条件。

学院大力开展体育运动队竞赛工作，成绩斐然。在全国及省级大学生运动竞赛中共获得各类奖项 220 多项，其中冠军奖项 26 项、破纪录奖 2 项。张曼同学获得国家级体育竞赛冠亚军等奖项 10 余项，为河南省、郑州科技学院赢得了荣誉。

通过悉心培养，学院学生 7 人考取 211 高校、国家重点体育院校研究生。学院获得省级优秀班集体 1 个，省级三好学生 2 人，省级优秀学生干部 1 人，校三好学生 7 人次，校级优秀学生干部 7 人次，校级优秀团员 6 人次，校级优秀毕业生 3 人，省级优秀毕业生 2 人。

第四节　实践教学条件与实践教学

一、实践教学条件

1. 体育场馆设施

合理的体育场地器材配备是学校体育工作开展的重要保障，体育学院具备良好的场地器械保障。目前，室外运动场地包括田径场 2 块、篮球场 29 块、排球场 14 块、乒乓球台 66 个、网球场 10 块及健身活动区 4 片。室内场馆包括乒乓球训练场地 1 处、羽毛球场地 4 片、武术训练室 200 平方米、室内网球场 1 片、健美操训练室 200 平方米、瑜伽训练室 200 平方米、体育器材室 1 间、大学生健康标准测试中心 1 间及综合训练馆 1 个。

根据学校体育工作开展需要，体育学院制订了每学期器材购置计划，对不能正常、安全使用的器材进行报损，及时添置篮球、排球、足球、羽毛球、乒乓球、网球、跳绳、杠铃等教学训练器材，满足了各专业学生的教学训练需求。

2. 专业实验室

体育学院设有生理解剖实验室、健身实训室 2 个专业实验室，能够满足学生实验、实训教学需要，为学生专业素质培养、专业技能训练提供实验场地和实验仪器设备。为了提高实训室的设备利用率，学院制定了一整套健全的管理制度，如实验室管理制度、实验室工作人员岗位职责、学生实验规则等，并对教学仪器设备实行专人负责、精心管理和维护，使设备一直处于良好的运行之中。这些设备在满足学生的实训前提下，也为专业教师的科研提供了便利，为学生的实践能力培养奠定了基础，并取得了良好的效果。

3. 专业图书资料

学校图书馆现有馆藏纸质图书文献总量170.57万册，电子图书51.37万册，中外文期刊1 605种，超星、知网、万方等专题数据库9个。体育学院建有图书资料室，专门存放体育类相关专业书籍资料。图书资料室采取定期开放、允许借阅的形式，极大地方便了教师和学生查阅资料。体育教育专业图书资料数量充足，图书种类较全，完全能满足专业教学、科研的需要。

4. 实践教学条件

（1）校内实习基地。已建成的郑州科技学院健身中心，是体育教育专业重要的校内实习基地，主要承担体育专业的健身指导、体育技能培训、实习教学等一系列项目的实习实训工作；学校公共体育课课堂是体育教育专业学生开展教育实习的重要平台。以上两个实习平台，使学生在实习过程中积累了专业基本知识，培养了一定的操作技能，使理论联系实际的能力和科学作风等专业素质方面得到了锻炼，为后续课程的学习和日后的工作打下了良好的实践基础。

（2）校外实习基地。学院本着双赢互惠的原则，充分利用学校的资源优势，开发本行业、本地区的资源，建立实习、实训基地，加强产学研合作。积极与中小学、健身俱乐部、城市社区等单位沟通联系，已经建设郑州市65中、郑州市37中、郑州市郑上路小学、郑州市伏牛路小学、郑州星缘外国语学校、新郑市新华路小学、郑州市中原区须水镇第八小学、南阳市油田第三中学、卓越鼎盛阳光（北京）体育文化发展有限公司、郑州威动体育用品有限公司、河南英邦体育文化传播有限公司等30多个稳定的校外实习基地。

学院积极与企事业单位进行接洽，开展订单人才培养。2016年10月，学院与北京浩沙（艾雅）健身有限公司、卓越鼎盛阳光（北京）体育文化发展有限公司健身等企业合作成立了“浩沙订单班”“卓越订单班”（图20-9），涉及学生20多人。他们在综合实习过程中，有效完成专业能力、综合职业能力和职业素养的历练和培养，提高了专业实践操作能力，创造了效益，得到了社会认可，部分学生直接签订了就业协议。学院聘任中小学高级教师、健身企业负责人等人员作为体育教育专业的客座专家，参与课程建设、实习实训、毕业论文指导等工作。

图20-9　订单班开班

二、实践教学成效

根据人才培养方案的目标要求，体育学院科学合理地设计实践教学内容，在学习和实践中不断完善实践教学体系，目前已经初步建立实验教学、实习实训及其他实践教学环节。

1. 实验教学

专业课程中，运动生理学、运动解剖学、体育保健学 3 门课程包含实验教学环节，3 门课程的实验教学全部开出，开出率达 100%。

2. 实习实训

专业集中实践教学 4 项，共计 34 周，其中军训 3 周、专业综合实训 5 周、专业综合实习 12 周、毕业设计 14 周。另有累计 17 周的各术科课程（含 9 门普修、术科主副项）的课堂教学实习，放在课内随堂进行，未计入集中实践教学周总数。

3. 其他实践教学环节

开展丰富多彩的第二课堂协同配合第一课堂，实现因材施教和个性化培养，有效地提高综合素质能力和学生的动手实践能力。通过开展校内阳光体育活动、学校秋季运动会等体育比赛，学院学生以运动员、裁判员、教练员的身份加入进来，锻炼了他们的实践操作能力。通过开展暑期社会实践调查，学生深入学校、社区、俱乐部等一线体育领域，了解专业需求和专业实际，提高了他们的专业认知，更加明确个人专业发展目标。通过第七学期的教育实习，学生走上体育教学一线，由指导教师手把手进行指导，提高了他们的教育教学能力。

体育学院在实践中探索总结经验、教训，走出一条适合校情行情、可操作性强的校校合作、校企合作应用型人才培养新路子。校校合作、校企合作使学生走上一线岗位，切实了解社会对体育人才的需求，提高学生的实践操作能力，提高适应岗位的综合素质，使学生毕业即可就业。

第五节　产教融合与协同育人

发展经济、改善民生需要振兴体育产业，体育产业发展离不开体育专业教育资源供给，体育专业人才培养更需要与体育产业合作。体育学院积极探索校企合作的新途径，以就业为导向，从学生实际出发，想方设法拉近学生与企业的距离，为学生搭建实习与就业平台。学院顺应时代发展，培养社会有用之才，积极探索“产教融合、协同育人”新模式，先后与北京浩沙（艾雅）健身有限公司、卓越鼎盛阳光（北京）体育文化发展有限公司、郑州威动体育用品有限公司、郑州贝格曼健身服务有限公司、郑州莱喜健康管理有限公司 5 家健身连锁机构签订合作协议，近年来选派学生到上述企业实习 240 余人次，邀请企业资深健身教练到学校开展讲座，并建立了“浩沙班”“卓越班”进行订单式培养。另外，学院与郑州市二七区、高新区、中原区多家中小学签订实习协议。实习学生得到用人单位好评，并有十几名学生留在了实习单位工作，并成长为店长或者业务骨干（图20-10）。

图20-10 学生在实习单位

体育学院依托学校的资源优势，在学校与顺远搏击签订合作培养人才协议后，与顺远搏击开展紧密协作，经过几年的努力，“郑州科技学院顺远搏击”已经成为武林风选手培训基地。2014年、2016年，郑州科技学院分别承办了河南电视台的《我是全民英雄》全球功夫王争霸赛、《武林风—武林笼中对》等高级别赛事，几十多家媒体进行了直播宣传。目前，郑州科技学院顺远搏击在国内外搏击比赛中捷报频传，为学校进行了有力的宣传，极大地提高了学校的社会知名度（图20-11和图20-12）。

图20-11 顺远搏击选手在日本比赛

图20-12 武林风比赛现场

第六节 培养特色

一、训练与竞赛成绩卓著

体育学院积极探索竞技体育发展规律，教师利用课余时间常年坚持运动队训练，积极参加省内外大赛。学校现有足球、篮球、田径、武术、乒乓球、网球、健美操、羽毛球、跆拳道等运动队。近年来，各运动队所在国家级、省级体育竞赛中捷报频传，竞赛成绩屡创新高。在校领导的关心与支持下，形成了具有篮球、足球、田径、武术、健美操、网球特色的校园体育文化。校运动队作为学校的名片和亮点，不断提升学校的知名度（图 20-13～图 20-18）。

图 20-13　秦小刚看望运动员

图 20-14　表彰大会

图 20-15　张曼——全国大奖赛冠军

图 20-16　张曼——全国大学生田径锦标赛季军

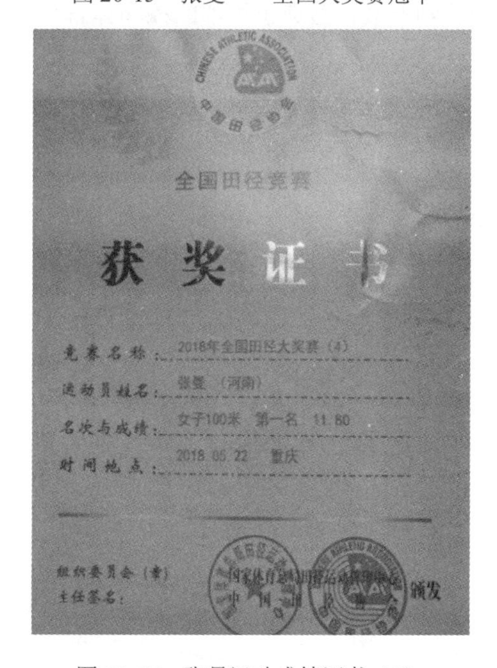

CHINESE ATHLETIC ASSOCIATION

中国田径协会

全国田径竞赛

获奖证书

竞赛名称：2018年全国田径大奖赛（4）

运动员姓名：张曼（河南）

名次与成绩：女子100米　第一名　11.80

时间地点：2018.05.22　肇庆

组织委员会（章）

主任签名：

国家体育总局田径运动管理中心　中国田径协会　颁发

图 20-17　张曼运动成绩证书（1）

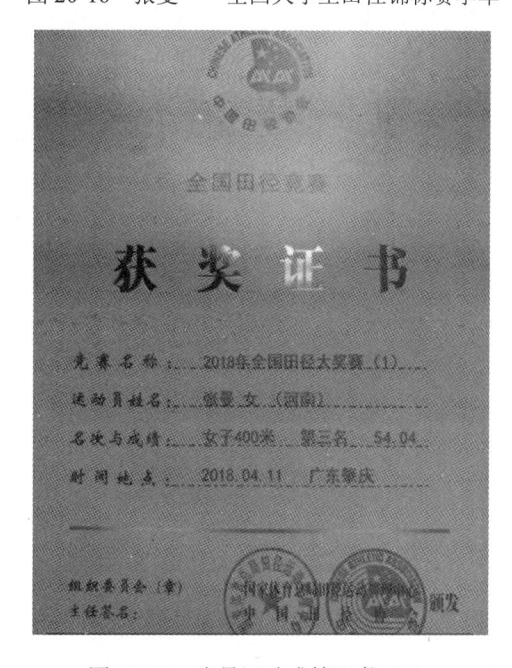

CHINESE ATHLETIC ASSOCIATION

中国田径协会

全国田径竞赛

获奖证书

竞赛名称：2018年全国田径大奖赛（1）

运动员姓名：张曼　女（河南）

名次与成绩：女子400米　第三名　54.04

时间地点：2018.04.11　广东肇庆

组织委员会（章）

主任签名：

国家体育总局田径运动管理中心　中国田径协会　颁发

图 20-18　张曼运动成绩证书（2）

二、大学生体质健康测试

体育学院专门成立体质健康测试组织机构，是学生实践实习的重要平台。由于体育学院组织得力，学校体质测试工作连续 3 年荣获河南省高等学校实施《国家学生体质健康标准》优秀组织奖。2014 年 11 月，学校接受教育部《国家学生体质健康标准》抽测，4 位专家一致给予学校高度的赞扬（图 20-19 和图 20-20）。

图 20-19　校领导视察现场

图 20-20　教育部专家视察现场

三、丰富的课外体育活动

在成熟的大学生阳光体育活动开展机制下，体育学院科学制定各年度大学生阳光体育活动系列竞赛实施方案，并按照方案组织开展丰富多彩的全民健身活动和文体竞赛。每年 3～11 月，乒乓球、武术、健美操、排球、网球、篮球、足球、羽毛球、舞蹈等比赛陆续开展；10 月下旬，举办秋季田径运动会。校园体育活动的蓬勃开展，营造了浓郁的校园体育文化氛围。每年组织全校大型体育活动均在 20 余次，参与师生人数超过 3 000 人次，极大地提升了校园文化内涵。

1. 校园体育活动

校园体育活动部分精彩瞬间如图 20-21～图 20-24 所示。

图 20-21　健美操比赛

图 20-22　武术比赛

图 20-23　网球比赛

图 20-24　拔河比赛

2. 校运动会

在学校运动会开幕式上，体育学院全体教师为运动会开幕式节目的成功演出付出了大量的心血。在体育教师的精心指导和排练下，表演队员齐心协力、全身心地投入演出，使节目演出精彩绝伦。学校运动会开幕式的精彩表演对整个活动产生了积极的影响。河南省教育厅门户网站、河南省民办教育网、中国教育电视台主办的中国高校之窗网站等媒体和平台进行了宣传报道。新浪视频、优酷网等转载了学院开幕式的视频。体育学院教师负责整个运动会的裁判工作，严格遵守裁判员的职责，公正评判，保证了运动会顺利有序地进行。各学院参赛运动员在竞赛场上赛出水平、赛出风格，展示了当代大学生敢于拼搏的精神面貌（图 20-25～图 20-32）。

图 20-25　运动会开幕

图 20-26　校领导看望开幕式队员

图 20-27　开幕式检查表演

图 20-28　分院方块队

图 20-29　冲刺

图 20-30　跳远

图 20-31　校领导为获奖运动员颁奖（1）

图 20-32　校领导为获奖运动员颁奖（2）

四、教职工体育活动及培训

体育学院积极协助校工会开展教职工体育比赛和技能培训。每年组织的教职工趣味运动会、职工田径运动会及教职工体育培训，丰富了校园体育文化，提升了教职工的业余生活品位，得到了广大领导、职工的认可和好评。

（1）教职工趣味运动会部分场景如图 20-33～图 20-36 所示。

图 20-33　双升大赛

图 20-34　趣味保龄球

图 20-35　跨栏大赛

图 20-36　齐心协力

（2）职工田径运动会部分场景如图 20-37 和图 20-38 所示。

图 20-37　抱球接力

图 20-38　颁奖仪式

（3）教职工体育培训部分场景如图 20-39 和图 20-40 所示。

图 20-39　瑜伽培训（1）

图 20-40　瑜伽培训（2）

五、健身中心工作

郑州科技学院健身中心服务于广大在校师生，丰富了学生的在校生活，也为教师的工作之余增添了青春活泼的色彩。郑州科技学院健身中心的组建也为体育学院的学生提供了更为完善的实训基地，为体育学院学生今后走向社会、走向工作岗位增加了必要的经验技能及竞争力，也符合学校培养应用型人才的教学方针。“高校服务于社会”，全民健身的热潮已经到来，郑州科技学院健身中心也为学校周围的居民提供了更为专业、更为安全的活动场所（图 20-41～图 20-44）。

图 20-41　健身中心服务大厅

图 20-42　健身中心工作团队

图 20-43　健身中心部分设施

图 20-44　健身中心室外球场

健身中心主要开设课程有瑜伽、动感单车、现代舞基础、普拉提、拉丁舞、哑铃操等。代课教练主要为学院教师和有专向特长的学生。健身中心培养了一批专业的单车教练，开设的私人教练减肥训练营深受师生的欢迎。学院学生邢阿龙多次参加国家级健身健美比赛，并多次取得冠亚军荣誉（图 20-45 和图 20-46）。

健身中心的管理总体由体育学院孙广辉副院长负责，由具备专项特长和管理能力的李乐乐老师直接筹建管理，根据学校现有的条件和学生追求健康的需求，开展满足学生健身美体需求的健身活动。健身中心的日常事务及活动计划、健身活动的具体开展由在校学生自己组织管理。从而形成了体育学院把握方向、负责人具体管理及学生进行操作实施的一种良性的管理模式。这种管理模式加强了健身中心的管理，既使工作组织有序、按计划进行，又便于学生根据自己的要求开展各项健身活动，贴近学生的实际需求。

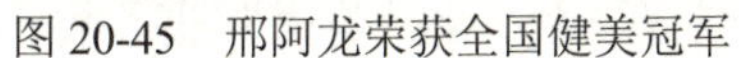
图 20-45　邢阿龙荣获全国健美冠军

图 20-46　邢阿龙在训练中

郑州科技学院健身中心在校领导的支持和体育学院师生的努力下，规范管理，良性发展。遵循体育教学和健身经营相结合的原则，体现了教学特色，满足人才培养需求和全民健身需求，推动了学校的校园文化建设；充分利用教学资源开展社会服务，扩大了体育学院及郑州科技学院的社会影响力，带来了良好的经济效益和社会效益，增强了学校的综合办学实力。

第二十一章 外国语学院

第一节 学院概况

一、院系变迁

郑州科技学院自1988年建校之初就开设有英语专业。2000年5月16日，英语专业从原财经系划出，成立了专门负责英语自学考试的外语系。2003年，随着统招人数的增多，学校将原管理系、财经系、文法系、外语系和医学系发展为综合一系，此时英语专业人数已达140余人，在接下来的9年时间内均以经贸英语专业（高职高专）招生为主。2012年，学校成功申报了统招英语本科专业，以应用型外语人才培养定位的外语系正式成立。2017年11月29日，外语系升格为外国语学院。近年来，外国语学院始终以市场为导向，秉承“外语+专业方向+人文素养”的培养模式，不断提高学生的语言应用技能与专业技能，为社会输送了一大批专业理论扎实、实际操作能力强、符合就业市场需要的专门人才。

二、专业设立

2012年，郑州科技学院顺应国家对外语专业人才的需求并结合学科发展的实际需要，经教育部批准设立本科英语专业，2016年新增翻译本科专业。截至目前，外国语学院共设置英语、翻译和商务英语3个专业，共招收6届学生，培养了3届毕业生，近1 000名学子。5年来，外国语学院始终按照教育部颁发的《高等学校英语专业英语教学大纲》组织教学，编写有关辅助教材，自查教学质量。同时，结合教学实际，启动了“双乐式”英语教学模式。在英语课堂教学中，外国语学院率先推行了“三模块”教学方式，进行线上+线下+外教面对面口语训练。线上主要指向英语读写译讲解，线下主要依托朗文交互英语自主学习平台，外教是指面向全院学生面对面培训日常口语表达能力。在教学管理上，外国语学院提出了“一个中心，三个努力方向”，即以提高英语教学质量为中心，努力促使教学细节规范化、教学评价多元化、教学反思常态化。另外，在教材建设上，外国语学院提出教材仅仅是一种组织教学过程中的参考材料，需要不断整合和更新，鼓励结合本校学生特点自编应用性较强的教材。在人才培养课程体系上，外国语学院提出“四模块”方案，并加以实施推广，收到了良好效果。

第二节 教师队伍

一、专业负责人

英语专业负责人韩彩虹副教授，是河南省教育系统优秀教师、郑州市“学术技术带头人”、校级教学名师、师德标兵（图 21-1～图 21-3）。

图 21-1 专业负责人韩彩虹副教授

荣誉证书
HONORARY CREDENTIAL

韩彩虹同志：

被评为全省民办教育系统
模范教师

民进河南省委教育委员会 河南省民办教育研究会
二〇一二年九月

图 21-2 韩彩虹的荣誉证书（1）

荣誉证书

韩彩虹 同志：

被评为 2015 年度郑州市教育局学术技术带头人，特发此证。

图 21-3 韩彩虹的荣誉证书（2）

近年来，韩彩虹在一级学报、核心期刊《科学研究》《全球教育展望》《辽宁师范大学学报》《中国教育学刊》等上发表学术论文 20 余篇，编写普通高等教育“十三五”国家级规划教材 2 部、其他论著 6 部；主持参与省部级项目 4 项、市厅级项目 8 项、校级项目 3 项；荣获河南省教育教学成果一等奖 2 项、市级教学成果奖 1 项、校级优秀教学成果奖多项。

二、专业教师配备

外国语学院一直采取“积极引进、加强培养、中外结合”的教学方式，不断加强英语课程师资队伍建设。

目前，全院共有专任教师 62 人，其中外籍教师 5 人。年龄结构方面，青年教师 33 人，占总人数的 53%；中年教师 26 人，占总人数的 42%；老年教师 3 人，占总人数的 5%。职称结构方面，副教授以上职称者占总人数的 21%。

三、教师教学与科研能力

外国语学院教师承担着全校的公共课和专业课双重任务，具有较强的教学和科研能力。近年来，所有英语教师的教学效果都在“良好”以上，绝大多数课程的教学效果为“优秀”。目前已培养出6名省级优秀教师，2名市级骨干教师，1名校级青年教学名师，多名校级优秀教师、优秀共产党员、优秀科研教师。在科研工作方面，学院教师共发表学术论文273篇，其中，中文核心期刊论文28篇，CSSCI收录论文3篇，EI论文7篇，ISTP检索论文21篇；承担省市厅级教学科研课题75项；出版专著、编著、教材47部；外籍教师自编了《英语实用口语》教材；获得各类成果奖项17项。教师队伍良好的师德师风及快速提升的教学科研水平，为外国语学院的快速发展奠定了坚实的基础。

四、师德师风建设

外国语学院依据专业特点和学生诉求开展了一系列实实在在的师德师风践行活动，可以归纳为“一学二观三辅四演五思”。

“一学”指学理论、悟精神。外国语学院全体教师以教研室为单位认真学习《师德师风学习材料汇编》，进一步明确教师职业道德八大规范，从中领悟到新时代师德的重要内涵，深刻意识到脚踏实地当一名教师的重要意义。

“二观”指观看同行的示范课、公开课及录制微课。通过观摩学习，促使外国语学院教师认识到自身专业及教学技巧方面存在的不足，为进一步弥合两者之间差距做了良好的铺垫（图21-4和图21-5）。

图21-4　示范课教师授课

图21-5　同行教师观摩示范课

“三辅”指开展与英语有关的辅导活动。为了使全院学生都顺利通过全国大学英语四级考试，挑选出4名优秀教师于每周二、四晚上面向全院进行公益性的英语辅导活动，拉近了教师与学生的心理距离，使学生感受到教师的爱和温暖。

“四演”指演示一节精彩课。为进一步提升学院教师的教学水平，凸显教师自身的教学风格和特色，要求每位教师讲解一节完整的微课，逐一录制，随后进行评比，并与教师的当月绩效结合起来，增强教师讲好每一节课的进取心。

“五思”指教学反思。开展周教学反思研讨（图21-6），教师通过反思自己在一周中的教学现状，查摆自身的亮点和不足之处，为增强课堂教学的实效性提供了可以参照的依据。

图 21-6　通过教研会议开展教学反思研讨

五、教师培训、进修及国际交流

根据人才培养需要，师资队伍建设目标以优化教师队伍结构为主线，以高职称、高学历、双师双能型教师队伍建设为重点，积极引进高层次专业人才，同时高度重视对专任青年教师的培养培训。近几年，外国语学院 35 岁以下青年教师全部参加了校院组织的“导师制单科培养”、网络培训、短期集中培训、教师进企业挂职锻炼等培训（图 21-7～图 21-12）。

图 21-7　聘请科技讲坛孙爱珍教授为客座教授

图 21-8　聘请科技讲坛郭万群教授为客座教授

图 21-9　聘请科技讲坛郭栖庆教授为客座教授

图 21-10　聘请科技讲坛曾丽娟教授为客座教授

图 21-11　聘请科技讲坛苗天顺教授为客座教授

图 21-12　聘请科技讲坛赵德全教授为客座教授

此外，外国语学院还通过定期邀请名师来校讲学、举办科技讲坛、组织教师参加各级教学技能竞赛等方式，促进青年教师的成长；陆续组织教师到新西兰、美国、西班牙、芬兰、日本、马来西亚等国开展交流活动。

在保障教学质量方面，外国语学院有计划地逐年引进具有高职称和丰富教学经验的教授作为导师，对青年教师起到传帮带作用，逐步形成了一支梯队结构合理，专业精湛，老、中、青相结合的英语专业教学团队。该团队已于 2015 年 5 月立项为校级质量工程建设项目，2016 年 6 月立项为市级优秀教学团队。

第三节　专业建设与培养方案

一、专业人才培养定位

（1）英语专业定位：培养热爱祖国，拥护中国共产党的领导，适应社会主义建设需要的德、智、体、美全面发展，具有扎实的英语语言基础知识、娴熟的英语交际能力、较强的听说读写译技能、善于跨文化交流与沟通、较强的实践能力和创新力，能在经贸、外事、文化、教育、旅游、涉外餐饮等领域从事商务运作、翻译、英语教学、涉外服务等工作的应用型人才。

（2）翻译专业定位：培养学生的英汉双语转换能力，力求使学生具有较强的翻译实践能力，使其毕业后能够在商务、科技、旅游、法律、外事等领域从事口笔译及相关工作。

（3）商务英语专业定位：培养掌握英语听、说、写、译等专门技能，能熟练处理外贸英语函电，从事涉外商务业务，具有较强的英语表达能力和商务业务操作技能的人才。

二、专业发展目标

以学校的办学指导思想为依据，牢固树立教学中心地位，努力提高科研水平，深化英语教学改革，强化教学管理，改善教学条件，推动师资队伍建设，把规范教学过程作为专业建设的保证，把提高教学质量作为专业建设的根本。立足河南，以培养能够适应市场需求，具有创新精神和实践能力，德、智、体、美全面发展的应用型外语人才为目标，实事求是，与时俱进，稳步发展，开拓创新，使英语专业建设水平在现有的基础上不断巩固、发展和提高。

（1）围绕专业核心课程构建环环相扣的英语专业课程体系，包括理论课程体系和实践课程体系，并直接指向市场需求的职业岗位，实现学生实习与就业的无缝对接。

（2）在“互联网+教育”背景下充分利用网络资源，创新英语课堂教学模式，实现由翻转课堂向翻转学习的转化，直接指向学生英语应用能力的培养目标。

（3）坚持“重过程管理促质量提高”的理念，进一步完善英语专业教学质量保障体系建设，建立健全教学管理规章制度，完善教学主要环节质量标准，推进教学管理科学化、制度化和规范化。

（4）依托郑州航空港建设这个市场人才需求契机，培养“英语+商务”的国际交流和商务运作人才。

（5）逐步打破学科专业壁垒，依据学校理工科为主的办学思路并结合外语专业特点逐步推进科技翻译人才培养，满足市场需求。

三、人才培养特色

（1）人才培养定位特色。立足于中原经济区建设和社会发展的需求，紧紧围绕“重基础、重实践、重创新、重文化”的应用型英语人才培养思路，依托学校经济学、管理学、教育学等强势学科资源，坚持“英语+商务+人文素养”“英语+管理+人文素养”“英语+教育+人文素养”专业特色，以英语与商务、管理及教育有机交叉融合为核心，以国际贸易英语、国际金融英语、旅游及饭店管理英语为特色，培养既具有扎实的英语知识和技能，又有丰富的经济、管理、国际商务、教育教学等方面的专业知识，同时具有国际视野和跨文化沟通交流能力的复合型、应用型英语人才。

（2）课堂教学特色。培养模式采取“3+0.5+0.5”形式，课堂教学采用独创的“OESH”教学模式，以专业导论课程为教学导向，用真实工作项目切入，强调课堂教学与实际岗位工作的一致性，突出职业技能的应用性，与就业岗位无缝对接，实现理论教学与实践教学有机结合。

（3）学生语言交际能力的培养，强调语言学习的实践性。常年聘请3～5名外教，保证听、说教学，学生口语普遍较好。

第四节　课程建设与教学改革

一、课程建设

（一）英语应用模块及其课程群

英语应用模块设有英语必修课和选修课，由语言技能课程群、语言知识与文化课程群组成。其中，必修课课程群分别开设基础英语、高级英语、口语、听力、口笔译、读写、英美文学、跨文化交际等课程，主要为了培养学生掌握英语5种技能的基础知识和基本技能、了解英语国家社会文化知识及学生的英语语言应用能力。选修课课程群开设西方礼仪、报刊阅读、商务谈判，以及法律英语、物流英语、科技英语等各种专业化英语，增强学生就业竞争力和参加工作的后助力。

（二）专业模块及其课程群

专业模块可分为3个专业方向，即国际商务方向、英语教育方向、涉外饭店管理方向。每个专业方向均开设相应的课程群，主要培养学生的专业实践能力。

（三）综合素质模块及其课程群

综合素质主要培养学生的综合职业能力，如西方礼仪、报刊阅读、商务谈判技巧、音乐欣赏、大学生心理健康等课程。

（四）实践教学模块及其课程群

实践教学设置培养学生具有良好社会实践能力、职业素养和职业道德的课程群，如专业实习、商务英语翻译实训、英语语音及演讲实训、英语综合技能训练等实践教学环节。

本科教学的整个过程主要围绕课程展开，而课程教学是实现人才培养目标的基本途径。基于此，外国语学院在《英语专业建设发展规划》中明确了课程建设目标：确保英语国家概况课程立项为校级精品课程，并积极申报市级精品资源共享课程；重点建设和发展基础英语、商务英语、英语翻译、英语语言学等主干特色课程；继续探索多元化特色教学模式。目前，英语国家概况课程已被立项为校级精品课程，美国文学选读课程荣获学校说课大赛一等奖，在说专业大赛中英语专业说课荣获学校文科组第三名。

二、教学改革

加强教师队伍建设，以教学反思周记制度约束和助推教师专业发展，并促使其转变教育观念，用先进理念统领实践。提出“教研相长、善于反思”的教学理念。在课堂教学过程中坚持传授知识、培养能力、提高素质协调发展，注重对学生探索精神、科学思维、实践能力、创新能力的培养，实现了人才培养模式的6个转变，即教育观念由注重理论的知识灌输向面向经济建设的能力培养转变；知识结构由单一文科模式向文工结合、文管结合的复合模式转变；教学理念由重理论、轻实践的应试型向重实践、重能力的素质型转变；教学模式由验证式教学的继承型向教学与科研相结合的创新型转变；教学手段、方法由单向灌输的传统型向多媒体教学、双向互动的现代型转变；教学管理模式由墨守成规的封闭式向鼓励创新的开放式转变。根据从基础到创新逐渐深入的实训内容层次，通过不同的教学方法和实训管理模式，针对不同层次的学生，将基本技能的培养逐渐提升为整体素质和创新能力的提高。注重理论与实践的有机结合，拓宽学生的知识面，提高学生的实践能力和创新能力。

教师们积极开展专业教学改革研究。近3年主持市厅级教学改革研究项目6项，校级教学研究项目10项，在省级以上刊物上发表教学改革研究论文16篇。

在教学手段改革方面，倡导在课堂讲解的基础上，增加多媒体教学手段。目前，80%以上专业课程采用多媒体授课，多媒体课件自行研制率超过 70%。

在教学方法改革方面，外国语学院提出了教师乐教、学生乐学的“双乐式”英语教学模式。该模式通过全校推广，极大地调动了学生英语学习积极性和主动性。启动了师生合作项目，通过教师指导英语交流协会、英语之家、科技创新协会等学生社团的业务工作及组织学生参加科研项目、举办技能竞赛等，在学生中营造主动学习、积极创新的氛围。教学方法改革取得一系列成果，承办了 2013 年中央电视台“希望之星英语风采大赛”活动，10 多家省内知名媒体进行了报道，学院 8 名学生荣获市级一等奖，3 名学生荣获省级二等奖（图 21-13～图 21-18）。

图 21-13　“双乐式”大学英语课堂活动之辩论赛

郑州科技学院：大学生“讲”出好成绩

[河南省教育网]　作者：张毅飞　2017-11-21 11:02:50　我要分享：　2

11月20日，郑州科技学院学生侯嘉玺，参加第二十三届中国日报社“21世纪可口可乐杯”，从决赛中脱颖而出，荣获河南赛区一等奖。

图 21-14　河南省教育网刊登学生演讲比赛荣获河南省一等奖

图 21-15　全国大学生英语竞赛专业组特等奖

图 21-16　全国大学生英语阅读大赛国家级三等奖

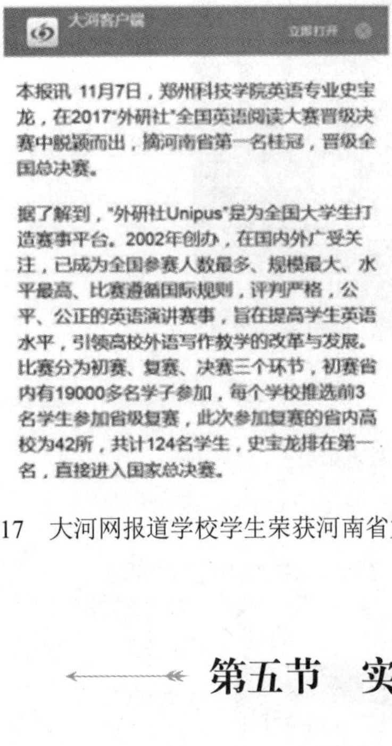

本报讯 11月7日，郑州科技学院英语专业史宝龙，在2017"外研社"全国英语阅读大赛晋级决赛中脱颖而出，摘河南省第一名桂冠，晋级全国总决赛。

据了解到，"外研社Unipus"是为全国大学生打造赛事平台。2002年创办，在国内外广受关注，已成为全国参赛人数最多、规模最大、水平最高、比赛遵循国际规则，评判严格，公平、公正的英语演讲赛事，旨在提高学生英语水平，引领高校外语写作教学的改革与发展。比赛分为初赛、复赛、决赛三个环节，初赛省内有19000多名学子参加，每个学校推选前3名学生参加省级复赛，此次参加复赛的省内高校为42所，共计124名学生，史宝龙排在第一名，直接进入国家总决赛。

图 21-17　大河网报道学校学生荣获河南省第一名

大河客户端　立即打开

全国大学生英语竞赛落幕 郑州高校女大学生"斩获"特等奖

2017-06-09 13:57

图 21-18　大河网报道学校学生荣获特等奖

第五节　实践教学条件与实践教学

一、实践教学条件

培养应用型本科人才的关键是加强实践教学环节，而配套齐全的实验、实习和实训教学条件是实现实践教学的物质基础。学校投资建立了高标准的校内英语翻译教学与实训实验室，为学生自主进行语言学习、多国语言翻译训练创造了条件；建立了多功能语言实验室 10 个，利用率达到 96%。

为了提高学生的实践能力，学校构建了校内语言实验室—校内实训基地—校外实习基地相配套的实践教学基地新模式。另外，还建成了郑州浩美实业有限公司、河南机械进出口有限公司、郑州永哲科技翻译有限公司、东莞市三和激光科技有限公司、莱登外语培训中心等

16 家国内实习基地和 3 家海外实习基地，并与企业联合开展了学生认识实习、专业实习、就业实习、毕业生引进、教师挂职锻炼等多种合作，为培养应用型人才、锻炼学生实践动手能力、提升实践课教学效果、提高教学质量、产出更多更好的服务项目创造了有利条件（图 21-19～图 21-21）。

图 21-19　语言实验室

图 21-20　英语专业海外实习基地挂牌

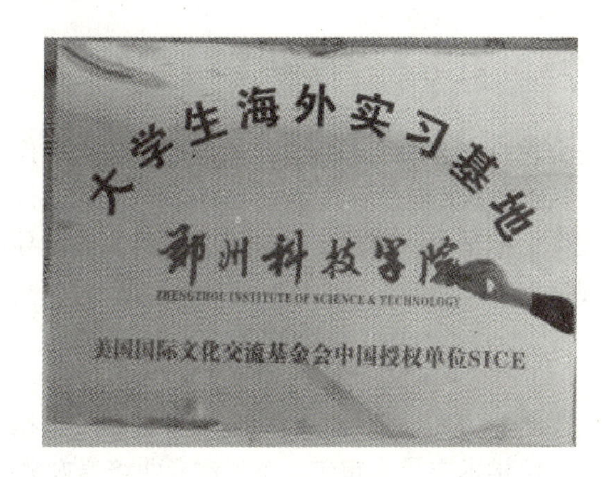

图 21-21　大学生海外实习基地挂牌

二、实践教学开展

学院依据专业特点对实践教学进行了相应调整，原则是提高实践项目的特色性和实用性，增加专业综合性实训的比例，从执行情况看，集中实践教学环节课程开出率达到了大纲要求。此外，对专业实践性课程的教学方法和考试方法进行了改革探索，如对商务英语、商务口译、基础英语课程实施了考试改革，对商务笔译课程实训采用了仿真教学软件。

在认识实习和专业实习的实施过程中，学院充分利用了校企合作签约基地和海外实习的便利条件，在北京外国专家大厦、莱登外语培训机构（图 21-22）、郑州永哲科技有限公司、河南恒信工矿产品有限公司、北京大学中关新园、郑州光华国际酒店及美国企业开展了实习教学，效果良好。2012 级 18 名学生在美国企业实习中表现突出，被授予“优秀实习生”荣誉称号。

图 21-22　人才培养基地之莱登外语培训机构

第六节　产教融合与协同育人

一、校企合作

（一）合作思路

外国语学院坚持校企合作、产教融合的理念，不断健全校企合作平台建设，创新校企合作模式。近年来，学校、外国语学院和企业共建了 16 家国内实习基地和 1 家海外实习基地及大学生创新创业中心等校企合作平台，形成了以学校为主体实施指导、以外国语学院为主体实施管理的校企合作治理结构。

（二）合作模式

（1）校企合作制定人才培养方案。流程是，行业企业调研—数据资料分析—专家研讨会—制订或调整培养方案—学校学术委员会审定。在制定专业培养方案过程中，学院与 30 家企业进行了深入调研，凝练了应用英语专业职业核心能力的构成要素和职业翻译社会需求分析。

（2）校企合作研究课程体系和教学内容。通过专业建设指导委员会，与郑州莱登外语培训专家共同讨论专业的课程设置和教学内容。在课程设置上，主要依据职业能力要求，对主要课程模块、比例权重、内容衔接等纵横方向做了认真推敲，打破学科课程过分知识化、系统化的倾向，采用模块化课程，将相关的职业课程理论知识与实际技能相结合，以实践能力的培养为着眼点，建立以技能递进为顺序、以技能及相关文化和职业道德为横向结构的“素质教育课+专业基础课+专业课+集中实践课+人文选修课”课程组合模式。

（3）校企合作开展“订单班”。学院先后与郑州市莱登外语培训机构、郑州永哲科技有限公司、中美海外教育机构签订了“订单式”培养合作协议，在教学计划的制订、教学方法、实践教学、岗前培训、实习、就业等方面进行了深入广泛的合作，“订单班”学生除了安排校内指导教师，还由企业“一对一”安排行业指导教师，共同对学生的职业认知、职业知识与技能学习及顶岗实习等进行全程指导。这种企业全程参与并负责安排就业的“订单式”培养模式受到学生及家长的欢迎，不仅为学生提供了教学实习和顶岗实习的机会，还为英语教学培训机构及其他涉外公司提供了符合英语教师、翻译师岗位需求的技术人才。

（4）校企合作共建实训基地。学院充分利用校内外不同的教育环境和资源，把以课堂教学为主的学校教育和直接获取实际经验的课外工作有机结合，贯穿于学生培养全过程，重视学生通过参加教学、服务与管理获得职业经验与专业技术应用的能力。现建有 10 个校外实训基地，为学生提供教学观摩机会，安排毕业生顶岗实习。与政府机关部门合作，开展实训与培训工作。例如，在河南省国际交流处的支持下，学生有较多机会参加国外实习及游学项目。采取工学结合模式，组建了以英语专业学生为主、中外教师为辅的校内实训基地及英语培训中心，使学生通过大学生创业孵化园平台，注册了郑州杰西卡教育咨询有限公司，形成了“专业+公司+师生员工”的专业建设模式，实现了“学中做，做中学”，在加强自身职业能力建设的同时，也服务了社会。

（5）校企合作开展科研、培训服务，培养双师双能型教师。校企合作使双师双能型教师的培养得到可靠保障，通过到企业挂职，专业骨干教师实践能力得以提高。校内教师与专业建设指导委员会的行业企业专家共同开展课题研究，共同开发《商务英语笔译》《国际市场营销》《跨境电子商务》等专业核心课程教材。

（三）合作效果

（1）通过校企互聘合作，一支结构合理的双师双能型英语专业师资队伍逐步形成。学校和企业拥有不同优势的师资资源，只有相互学习和配合、取长补短，发挥各自的优势，才能使教学达到预定的目的。一方面，通过短期培训、脱产学习、去企业兼职和脱产实践等方式，提高教师的专业知识和技能，优化教师的知识结构，使教师脱离纯语言的教学模式。同时，教师通过学习和实践，可以了解各类企业的运作模式、行政管理模式、行业的发展现状和发展趋势，了解用人单位对毕业生素质能力的要求，从而有针对性地调整课程和授课内容，更好地进行专业建设和教学改革。另一方面，从合作企事业单位聘请既有丰富实践经验又有丰富专业知识的专家担任兼职教师，学校可以通过培训提高他们的教学能力，使他们能够更好地将自己的实践经验传授给学生。

近年来，外国语学院邀请了河南万象教育科技有限公司等 5 家企业领导为学生做专题讲座。通过聆听讲座，学生学到了积极乐观的生活态度，感受到了社会的正能量，对对外贸易和电子商务方面的知识有了更深层次的认识。在学生实习期间，教师同时挂职与学生共同体验工作环境和强度，真正做到了教学相长。

（2）根据英语专业特点，实习基地由国内延伸到国外。目前，外国语学院与中美留学基金会建立了 3 个国外实习基地，分别是美国国家公园、得克萨斯州游乐园和美国希尔顿酒店。学生在企业实习期间学到了实用知识，积累了工作经验，也体验到了社会就业的艰辛。

（3）引进企业课程，“订单班”有条不紊地开展。在校企合作工作中，外国语学院引进了莱登外语培训机构和郑州永哲科技有限公司的课程，成立了“订单班”。此外，外国语学院还积极和“订单班”企业策划教材开发项目，如与郑州永哲科技有限公司合编了《商务英语笔译》，与莱登外语培训机构合编了《国际市场营销》。

（4）与企业成功申报了教育厅青年骨干教师培养项目。2015年，外国语学院与郑州永哲科技有限公司共同申报的项目“一带一路视阈下应用型商务外语人才培养的实证研究”成功立项，进一步推动了校企合作向深度发展。

二、与郑州大学开展校校合作

在师资队伍建设方面：一是通过安排两校英语老师相互听课、相互做课题等方式（图21-23），来提升教学科研水平；二是由具有高级职称的教师担任郑州大学研究生毕业论文指导老师；三是郑州大学选派名师莅临学院开展科技讲坛活动。

图21-23　郑州大学外语学院与郑州科技学院外国语学院研讨交流

在专业及课程建设方面：一是郑州大学教授指导英语专业人才培养方案的制订与修订；二是共建英语专业团队；三是共建精品课程；四是共享实习基地。

第七节　培养特色

为了顺应高等教育国际化发展趋势，适应河南省拓展对外经济、文化交流渠道的需要，外国语学院紧紧围绕着“应用型外语人才”培养目标，分别在师资队伍建设、外语教学改革、校企合作、英语第二课堂建设、对外交流、学生服务意识习得等方面取得了显著成绩，体现了“求实、创新、高效”的院风。

一、中外结合、校校合作的双师双能型教师队伍逐渐形成

通过采取“积极引进、加强培养、中外结合、校校合作”的方式，不断加强外语课程师资队伍建设，形成了一支市级大学英语教学团队。目前，外国语学院共有专任教师62人，其中外籍教师5人（图21-24），外聘教师16人。专任教师中有35名教师参加过全国高校教师

网络培训，31 人参加过导师制单科培养，40 人参加过暑期骨干教师培训，1 人参加过美国支教，2 人参加过新西兰访学，2 人曾到马来西亚访学，3 人在省级教育系统英语教学技能大赛中荣获二等奖，8 人晋升为副教授，队伍发展态势良好。

图 21-24　外籍教师及外事工作团队成员合影

二、“双乐式”英语教学模式探索初见成效

外国语学院遵循语言学输入与输出有机结合的规律，提出了教师乐教、学生乐学的“双乐式”英语教学模式（图 21-25）。

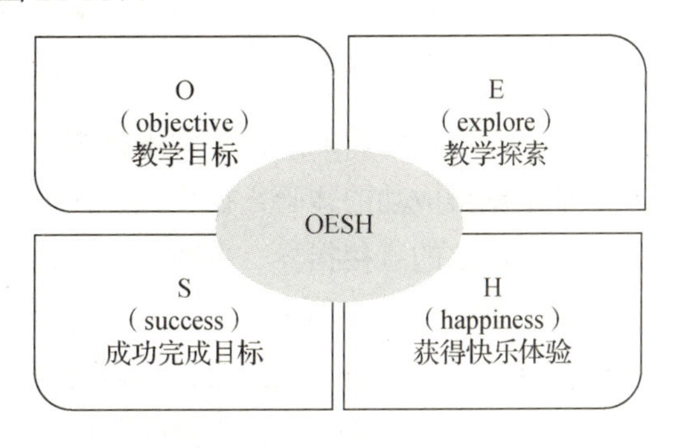

图 21-25　“双乐式”英语教学模式

1. 情感融入下的解疑——解惑模式

学习过程是以人的整体心理活动为基础的认知活动和情感活动相统一的过程。教师创设各种情境，利用多种方法，激起学生的认知动机，组织认知内容，安排认知方法，利用认知结果，使知识的呈现过程与情感相融合。在实践中，教师通过营造质疑的氛围和提供质疑的恰当时机，让学生在学中问、问中学，学会思考。

2. 师生互动下的合作——交流模式

快乐和谐的课堂教学是对话、交流与知识建构的活动。为培养学生的合作学习能力，需要有意识地采取自学质疑法、导学讨论法、媒体辅助法、角色体验法、活动激励法、问题探究法及信息采集法来体现师生在教学过程中的参与互动。然后通过与小组的共同努力让学生获得科学研究的体验，以解决问题。引导建立讨论小组、注重合作能力的培养使学生的自身潜能、研究能力、创新能力、团队合作精神得到提高（图 21-26）。

图 21-26　基于教学改革的“双乐式”英语口语训练课堂实况

3. 激励评价下的诱导——发现模式

评价既是课堂教学的基本环节，也是保证课堂教学活动处于快乐和谐情境的重要手段。教师要善于捕捉学生星星点点的智慧火花，不失时机地给予积极评价，使学生时时有愉悦的心理体验，感受思维劳动的乐趣。在教学中教师应鼓励学生探索、发现并给予积极的评价，在学生有困惑时给予点拨，使学生获得成功的体验。在实践中，教师主要从丰富学生的知识和体验、结合教学内容加强元认知监控的直接指导、不断进行认知诊断和评价训练及提高自我监控的意识 4 个方面进行训练。教学中既要考虑让学生学会，又要使学生会学。为此，教师要帮助学生从掌握学习材料特点、使用策略、把握自己学习特点、对学习过程进行自我调节及对学习效果自我评价等方面入手，提高学生自我监控的意识。

该模式通过全校推广，极大地调动了学生英语学习积极性和主动性。《关于深化大学英语教学改革向国际化推进的实施方案》作为 2013 年度教学成果，被评定为校级二等奖。近 3 年学生参加省级以上学科竞赛获奖累计 24 人次，其中省级一等奖 4 人，省级二等奖 12 人，省级三等奖 8 人。师生合作创办了郑州科技学院外文翻译工作室，带动了一批学生就业，践行了“学中做”的培养思路（图 21-27 和图 21-28）。

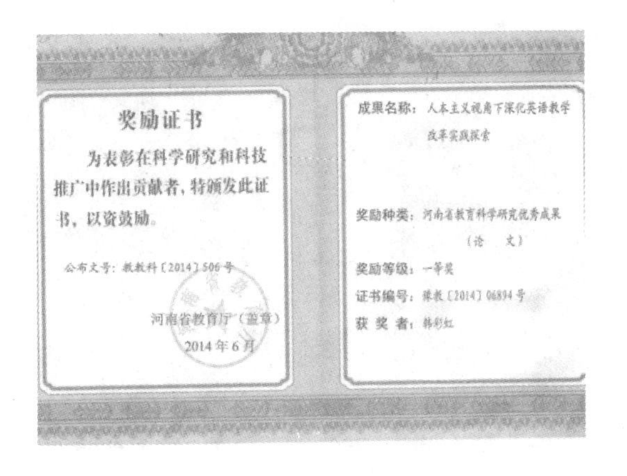
奖励证书

为表彰在科学研究和科技推广中作出贡献者，特颁发此证书，以资鼓励。

公布文号：教教科〔2014〕506号

河南省教育厅（盖章）
2014年6月

成果名称：人本主义视角下深化英语教学改革实践探索

奖励种类：河南省教育科学研究优秀成果（论　文）

奖励等级：一等奖

证书编号：豫教〔2014〕06894号

获 奖 者：韩彩虹

图 21-27　河南省教科研成果一等奖

证书

郑州科技学院：

由韩彩虹担任项目负责人的2011-2012年度高职教育英语类教学改革与教学建设课题“营造民办高校学生外语学习和实践环境研究”经专家评审，同意结题，评为优秀项目，特发此证。

中国职业技术教育学会教学工作委员会
二〇一三年三月

高等教育出版社有限公司总编辑办公室
二〇一三年三月

图 21-28　中国职业教育学会优秀项目

三、校企合作协同创新育人模式有条不紊展开

为深度探索应用型外语人才培养模式，外国语学院对接了朗训教育科技（北京）有限公司、郑州永哲科技有限公司的相应课程，成立了订单班（图 21-29）。通过校企合作合编了《商务英语笔译》，河南省教育厅“十三五”重点规划课题英语专业校企合作教学模式探索成功立项，进一步助推了校企合作向深度探索。

图 21-29　订单班授课实况

四、英语第二课堂活动有声有色

外国语学院每年开展 96 期英语角（图 21-30 和图 21-31）、4 次院级英语演讲比赛、1 次英语写作大赛、1 次英语口译大赛、1 次年度全国大学生英语竞赛；承办了 2016 年“郑州科技学院杯”英语风采大赛，促进了院系学生之间的学习经验交流；组织了全国大学英语四、六级考试考前培训及非英语专业学生研究生入学英语考试培训，学生反映效果较好，英语专业四级过级率达到 96.5%。

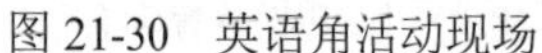
图 21-30　英语角活动现场

图 21-31　外籍教师和学生愉快交流

五、对外交流窗口渐渐打开

外国语学院积极推进与外方院校本科项目合作，通过互访、互派的方式加强了与外方院校的沟通。目前，外国语学院已与泰国国立发展管理学院签订了硕士、博士研究生培养协议；与美国加利福尼亚州立大学签订了合作协议等。依托学生创办的杰西卡教育咨询有限公司（图 21-32），外国语学院首次启动了面向全校学生的多语种选修课，如德语、俄语、日语及西班牙语等小语种，满足了郑州航空港建设对于多语种人才的诉求。

图 21-32　杰西卡教育咨询有限公司

六、“帮扶马寨小学英语教学”公益社团活动有序开展

外国语学院坚持服务社会，成立了郑州科技学院青年志愿者公益社团，把学生每一个小行动汇聚成社会的大力量，吸引更多人关注弱势群体，把对社会的爱付诸实践（图 21-33～图 21-36）。

图 21-33　外国语学院资助培育小学活动

图 21-34　青年志愿者工艺社团帮扶活动

图 21-35　青年志愿者整装待发

图 21-36　外国语学院帮扶马寨小学英语教学

第二十二章　马克思主义学院

第一节　学院概况

郑州科技学院历来重视思想政治理论课的建设工作，从建校之初就设立相关机构，开设相应课程。2001 年 9 月，学校进入普通高等专科学历教育阶段，成立了思政教研室，承担思想道德修养、法律基础和时事政治等课程教学任务。2004 年 9 月，思政教研室增开毛泽东思想、邓小平理论与“三个代表”重要思想概论课程。2006 年 4 月，在校领导的指导下，思政教研室将社会主义荣辱观作为一门独立的德育课程进行试验，专门组织教师编写教材，分为 20 个课时，选取工商管理系作为试点进行试讲。后来学校下发文件将其设置为必修课，在省内引起强烈反响，被《河南日报》等 20 多家媒体报道。2008 年 9 月，学校进入普通高等本科学历教育阶段，成立基础部，思政教研室划归基础部，严格按照《关于进一步加强和改进高校思想政治理论课的意见和实践方案》（以下简称“05 方案”），为全校本、专科各专业各班开设思想政治理论课。

2010 年 3 月，学校按照国家要求正式设立二级教学机构——思想政治理论课教学部，下设马列主义教研室、形势与政策教研室、职业指导与心理咨询教研室，统筹全校思想政治理论课建设工作，主要承担全校的马克思主义基本原理概论、中国近现代史纲要、毛泽东思想和中国特色社会主义理论体系概论、思想道德修养与法律基础、形势与政策和大学生心理健康教育等 8 门公共课的教学任务。

为进一步加强思想政治理论课建设，提升教科研水平，确保育人效果，2016 年 12 月，学校在原思想政治理论课教学部基础上成立了马克思主义学院（图 22-1）。马克思主义学院设立 5 个教研室，即思想道德修养与法律基础教研室（简称“基础教研室”）、中国近现代史纲要教研室（简称“纲要教研室”）、马克思主义基本原理概论教研室（简称“原理教研室”）、毛泽东思想和中国特色社会主义理论体系概论教研室（简称“概论教研室”）、形势与政策教研室；设立两个教研中心，即大学生心理健康教育教研中心、大学生就业创业指导教研中心；设立一个研究中心，即马克思主义理论研究中心。

图 22-1　刘文魁董事长为马克思主义学院题词

目前马克思主义学院有教师 60 人，其中自有教师 50 人、外聘教师 10 人。在教师学历结构中，拥有研究生学历（学位）的教师 51 人，拥有本科学历（学位）的教师 9 人；在教师职称结构中，拥有高级职称的教师 21 人。另外，学院还聘请郑州大学、河南科技大学等客座教授 6 人，从学院现有师资的数量、职称结构、学历层次、年龄结构、学科背景及学术专长结构等方面看，配置比较合理，能够满足学校思想政治理论课的教学和科研需要。

第二节 教师队伍

马克思主义十分重视思想政治理论课教师队伍建设，把思想政治理论课教师的引进和培养列入学校师资队伍建设规划，在学历提升、职称评定、业务进修、学术交流、评优选先等方面积极创造条件，使思想政治理论课教师队伍的素质得到了很大提升。鉴于专任教师中中青年教师占绝大多数，马克思主义学院积极与郑州大学马克思主义学院开展深度合作，促进教师的快速成长（图 22-2）。

图 22-2 郑州科技学院马克思主义学院与郑州大学马克思主义学院、教育学院举行合作签约仪式

为了提高青年教师的业务水平和政治素养，学院还采取了以下措施。

一、落实导师制

为打造一支政治高、业务精、能力强、数量足的教师队伍，进一步凝练学科方向，加快马克思主义理论学科建设，在校领导的关怀、支持下，针对 5 门思想政治理论课，学院从郑州大学聘请 5 位相应的课程导师，帮助青年教师做好教学科研工作（图 22-3）。

图 22-3　聘请郑州大学思想政治理论课教师为学校课程导师

同时，马克思主义学院安排具有高级职称的教师与青年教师之间签订培养协议，帮助和培养青年教师过好“教学关”。主要形式有集体备课、互相听课、个别指导、年终考核及总结等，鼓励青年教师积极参加课堂教学竞赛、精品课程建设、优秀教案评比等活动，促进青年教师的教学水平和科研能力得到稳步提高。近年来，有16位青年教师通过这种形式适应了教学需要。在河南省教育厅组织的德育竞赛活动中，有2人获一等奖、2人获二等奖、3人获三等奖。在学校组织的教学竞赛中，马克思主义学院有8人获奖（图22-4）。

荣誉证书

[2017]JXJS0006

化新向同志：

在2017年全省教育系统教学技能竞赛（高校文科）中，获一等奖，特授予“河南省教学标兵”称号。

河南省教育厅　河南省教育工会委员会

2017年9月

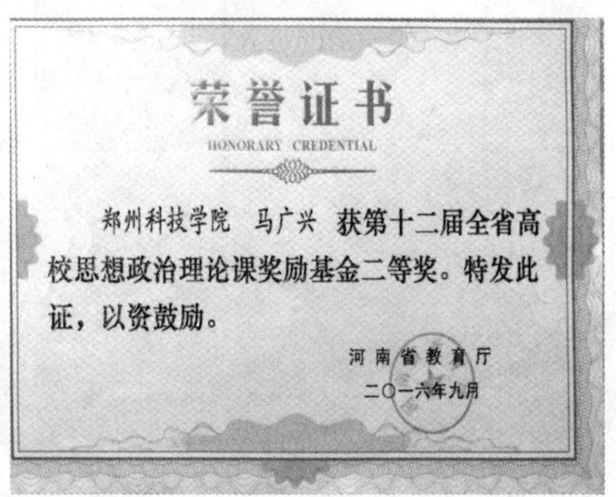
荣誉证书

HONORARY CREDENTIAL

郑州科技学院　马广兴　获第十二届全省高校思想政治理论课奖励基金二等奖。特发此证，以资鼓励。

河南省教育厅

二〇一六年九月

图 22-4　马克思主义学院教师获得全省高校思想政治理论课教学荣誉

二、重视师德建设，强化师表意识

马克思主义学院加强和规范了教师日常思想政治教育工作，成立了师德建设领导小组，以“崇教厚德、为人师表”主题活动为载体，加强教师的师德修养。马克思主义学院开展了“向张伟学习、向‘弘扬焦裕禄精神的好干部’王宏同志学习、向黄大年先进事迹学习、向伟大人民教师李芳学习、做党的理论的忠实践行者”等活动，要求教师对马克思主义理论要“真学”“真信”“真讲”“真用”，大大提高了思想政治理论课教师的党性原则和思想政治觉悟。近年来，有3位教师荣获河南省优秀教师和河南省高等学校思想政治教育先进工作者，2人荣获郑州市优秀教师，20余人次荣获“学校优秀教师”和“优秀共产党员”荣誉称号。

三、加强教师队伍培训工作

思想政治理论课与其他课程相比，最大的特点是其紧密结合时代的发展，内容更新快、变化大、时效性强。这就需要思想政治理论课教师不断调整、更新自己的知识结构。马克思主义学院一是鼓励教师外出进修；二是组织教师参加河南省教育厅组织的各门思想政治理论课骨干教师培训；三是组织教师参加新课程专项培训；四是组织教师参加精品课程在线培训。几年来，学院共有20多人参加了河南省教育厅组织的各门课程培训和学校组织的骨干教师精品课程在线培训。

四、组织教师外出参观考察

近年来，马克思主义学院在注重提高教师理论素养的同时，力求加强教师理论联系实际的能力，利用闲暇时间组织教师到焦裕禄纪念馆、河南省博物院、二七纪念馆、井冈山博物馆、新乡刘庄、西柏坡纪念馆、竹沟革命纪念馆、杨靖宇纪念馆和巩义竹林镇等革命根据地或具有教育意义的场所参观考察（图22-5）；组织教师和郑州大学马克思主义学院、河南科技大学马克思主义学院等单位教师进行对口交流（图22-6）。通过参观考察，学院教师开阔了视野，借鉴了经验，提升了教学水平。

图22-5　组织思想政治理论课骨干教师到西柏坡考察学习

图22-6　郑州科技学院马克思主义学院思政部与郑州大学马克思主义学院对口交流

五、重视基本功训练

对于新进的青年教师马克思主义学院除了按照河南省教育厅的要求参加岗前培训和备课会外，还组织开展青年教师教学基本功训练，通过说课、老教师上示范课、讲课比赛等活动，交流教学经验，使青年教师能对自己的教学精雕细琢（图22-7）。每学期在教研室制订教研计划时，除了日常教学工作的研讨、安排之外，每次都重点帮助1～2名青年教师提高业务水平，发挥集体的智慧，集体评议青年教师的各个教学环节。

图 22-7　马克思主义学院组织思想政治理论课教学技能大赛

第三节　课程建设与教学改革

围绕应用型人才培养的办学定位，马克思主义学院在加强课程建设、推动教学改革、提高教学质量等方面做了大量工作，充分发挥思想政治理论课在思想政治教育中的主渠道作用。

一、加强课程建设，强化教学管理

马克思主义学院历来重视思想政治理论课教学质量，把提升思想政治理论课教学质量作为教育教学管理的重要任务，采取多种措施，确保思政课教学质量。在 2017“高校思想政治理论课教学质量年”中，教育部高校思想政治理论课教学指导委员会委员、安徽师范大学马克思主义学院院长高正礼教授来学校进行思想政治理论课现场听课指导，对学校思想政治理论课教学效果给予了充分肯定，对学校取得的成绩给予了高度评价（图 22-8）。

图 22-8　教育部专家对思想政治理论课建设进行督查并现场指导教学

为了保障思想政治理论课的教学效果和教学水平，马克思主义学院采取了多重措施，不断提升学生对思想政治理论课的满意度和获得感。

（一）严格教材选定

教材是教师进行教学的基本依据，也是确保教学质量、深化教育教学改革、推进综合素质教育、培养应用型人才的重要保证。近年来，马克思主义学院严格按照教育部的要求，统一使用教育部指定的统编教材，全面掌握各门课程教材使用状况，严禁不合格的教材流入课堂，保证教材的使用质量，严把教材质量关，为开展正常教育教学活动提供基本保障。

（二）开展集体备课

备课是课堂讲授的前提，是上好一堂课的先决条件。教师课堂讲授的水平，从根本上来说，取决于教师自身的学术水平和教学能力，但认真备课对于保证课堂讲授的效果有直接的意义。不论是新教师，还是老教师，都必须认真备课。马克思主义学院组织教师开展相同课程的集体备课活动，针对同一门课中的逻辑结构及教学中的知识点、重点和难点问题进行研究和讨论，要求每学期至少 4 次。通过集体备课活动，交流教学案例，探索教学方法，畅谈心得体会，逐步统一教师对新课程的认识，加深对新课程内容与体系的理解，促进教学质量的提高。

（三）组织教案编写

教案是教师以章节或课时为单位编写的具体教学方案，是授课思路、教学内容、教学技能的客观反映，是课堂教学的重要依据。近年来，马克思主义学院要求教师掌握教案设计要素、设计格式等基本要求，并开展教案交流和评比活动，有力地保证了教学质量。

（四）强化课堂教学

课堂教学是加强学生思想政治教育的主渠道。一直以来，马克思主义学院要求教师在课堂教学中要做到“三个坚持”（坚持考勤、坚持管理、坚持互动）和“四个结合”（教师讲授与学生参与结合、知识性传授与研究性学习结合、理论与实践结合、教书与育人结合）。这些做法，打破了“教师讲、学生听”的单向教学方式，增强了学生主动参与教学的积极性和主动性，增进了师生之间的交流和沟通，教学效果提升明显，学生满意度较高。

（五）打造精品课程

马克思主义学院提出了以课程建设为主线，努力提高教学质量、打造精品课程的建设思路。具体做法是，把承担的 5 门思想政治理论课课程逐步打造成校级精品课程，之后把校级精品课程逐步升级为省级精品课程或优质课程，最后把省级精品课程或优质课程建设成国家级精品课程。

（六）规范教学管理

马克思主义学院在严格执行学校教学管理规章制度的基础上，结合本单位实际制定了 11 项相应的教学管理制度，如《马克思主义学院关于提高教学质量的若干规定》《思想政治教育理论课课程考试质量标准》《思想政治教育理论课实践教学考核质量标准》等。这些规章制度覆盖了教学工作的各个方面，使各个教学环节和各项教学工作都有章可依、有规可循，从制度上保证了对教学质量全过程管理、全方位监控。

（七）注重教学监控

马克思主义学院按照学校要求成立二级督导小组，并提出督导不领导、检查不指挥、参谋不决策、帮忙不添乱的要求，并要求督导员每学期听课做到全覆盖。二级督导小组成立以来，在教学运行、教学监管、教学质量的保证方面发挥了重要作用。同时，学院通过发放问卷调查、学生信息员反馈、教学督导组汇报等渠道获得的教学评价信息，由教务处统计和整理后，反馈给学院。学院根据反馈信息反映的问题，及时总结，形成整改措施。同时，学院还通过座谈、走访、问卷等形式不定期地调查了解学生学习思想政治理论课的情况，开展对教学质量的监控工作，加强教学管理的针对性。

（八）加强教学研究

教学研究是对教学工作的有力支撑，也是提高教学质量的有效保障。马克思主义学院一贯重视教研工作，制定了相应的规章制度。几年来，学院教师共发表教学研究论文17篇，共完成或申报立项教学研究项目14项，极大促进了教学工作的开展。

二、注重课程改革，提升教学效果

2008年，学校进入本科学历教育以后，开始实施思想政治理论课新方案，根据教学计划的安排，马克思主义学院不断加强思想政治理论课的教学组织和管理工作，确保按国家相关要求开出相应课程和学时，有效地保障了教学质量，落实了“05 方案”，在思想政治理论课教育教学方面取得了良好效果（图22-9和图22-10）。

图22-9 刘文魁董事长主持思政课建设工作会议

图22-10 刘文魁董事长参加思政课实践教学成果分享会

学校把培养实践能力强、具有创新意识、高素质的应用型人才作为办学目标，因此，马克思主义学院坚持国家路线、方针、政策，围绕应用型人才培养目标加大教学方法、手段的改革力度，通过深化教学方法改革，努力使思想政治理论课教学符合新时代的教学理念，符合应用型本科教育的特点。坚持采用灵活多样、学生喜闻乐见的形式，从传统的课堂传授理论为主，向以课堂传授理论和实践教学紧密结合的方式转变，突出思想政治理论课教学的实践性和学生的主体性，把解决思想问题和解决实际问题有机结合。在长期的教学中，马克思主义学院形成了五环教学法（章节解读、专题讲座、课堂讨论、视频教学、实践教学），本教学方法改革在2014年上半年从毛泽东思想和中国特色社会主义理论体系概论课程开始试行，示范成熟后逐步推开。

伴随着教学方法、手段的改革，马克思主义学院结合课程的性质，对思想政治理论课的考核方式也进行了改革，改变了成绩的核算方式。由以前的平时成绩占20%、期末成绩占80%，改成了平时成绩占20%、实践调研成绩占20%、期末成绩占60%。这一改革在一定程度上符合了思想政治理论课“知行统一”的要求，不但考核了学生的理论知识，而且培养了学生分析问题、解决问题的能力。

2017年上半年，为了贯彻党的教育方针，落实2016年全国、全省高校思想政治工作会议精神和习近平同志发出的“办好中国特色社会主义大学，要坚持立德树人，把培育和践行社会主义核心价值观融入教书育人的全过程”[①]重要指示，切实执行教育部颁布的《高等学校思想政治理论课建设标准》（教社科〔2015〕3号），结合学校应用型人才培养的总体需求，加强思想政治理论课的教育教学，学校下发了《中共郑州科技学院委员会、郑州科技学院关于思想政治理论课教学改革的实施意见》（郑科院党〔2017〕22号）文件，对今后一段时期思想政治理论课教学改革指明了方向。教学改革的重点：一是实行课程学年教学。除形势与政策课程外，所有本科必修课程从2017级均实行学年课教学。二是优化实践教学安排，提升实践育人水平。实践教学部署由教研室统一安排，任课教师在绪论中分班布置。教学内容紧紧围绕课程教学主题，紧密结合学生思想实际，紧贴社会发展脉搏。教研室集中调研、统一拟定实践教学大纲。实践时间与各门课程讲授同步进行。三是进一步改革考试评价方式。将思想政治理论课纳入考试课程，实施闭卷和开卷相结合、理论和实践相结合、考试与平时表现相结合的综合性考核评价方式，以课堂讲授50%、实践教学30%、平时表现20%的比例，成绩以百分制或五级制进行计算。

第四节　实践教学条件与实践教学

实践教学是思想政治理论课教学的重要组成部分，根本目的在于引导大学生理论联系实际，运用马克思主义、毛泽东思想和中国特色社会主义理论体系的基本原理、观点和方法，去认识国情、了解社会，提高大学生分析问题和解决问题的能力；客观地、辩证地看待我国改革开放的发展历程和各种社会问题，加深对党的路线、方针、政策的理解；增强社会责任感，坚定理想信念，形成科学的世界观、人生观和价值观。2018年，《教育部关于印发〈新时代高校思想政治理论课教学工作基本要求〉的通知》（教社科〔2018〕2号），对思想政治理论课实践教学进行了明确的规定，划出相应学分并落实实践教学。马克思主义学院结合学

① 习近平，加强党对高校的领导[EB/OL].(2014-12-30)[2018-03-05].http://politics.people.com.cn/n/2014/1230/c70731-26296383.html.

校应用型人才培养定位，在人才培养方案的修订中，思想政治理论课进一步优化教学安排，细化了实践教学环节，从而进一步增强了思想政治理论课的针对性和实效性。

（1）将实践教学的内容分为校外实践和校内实践两部分，校外实践活动包括学生的社会考察、市场调研等活动，校内实践包括思想政治理论课实践调查和综合素质拓展课（第二课堂）。

（2）把实践教学纳入学校教学的总体安排和课程管理体系。马克思主义学院制定思想政治理论课实践教学大纲和具体实施办法，要求学生完成考察或调研并完成实践报告的撰写，上交任课教师并批阅后，方可记为实践调研成绩。

（3）学院进行专项实践教学，建立思想政治理论课实践教学基地群，并定期组织学生代表开展参观和现场教学活动（图 22-11）。例如，红色革命教育实践基地群，有井冈山革命根据地、焦裕禄纪念馆、西柏坡革命纪念馆、竹沟革命纪念馆、杨靖宇纪念馆等；新农村实践基地群，有新乡刘庄村、巩义竹林镇等；历史文化实践基地群，有河南省博物馆、二七纪念馆、郑州市政协文史馆等。

图 22-11　思想政治理论课实践教学基地建设

通过上述途径，马克思主义学院把思想政治理论课的理论教学与实践教学有机地结合起来，让大学生在理论联系实际中陶冶思想情操，加深对国情和社会的了解，进一步增强了思想政治理论课的针对性和实效性。

第五节　培 养 特 色

马克思主义学院在学校的高度重视和支持下，悉心钻研、不断探索，走出了一条切实可行、行之有效的特色发展之路，取得了较好的教学效果。

一、思想政治理论课教学改革成果——五环教学法

马克思主义学院紧紧围绕学院应用型人才培养的实际，加大对教学方法改革的研究力度，经过将近几年的探索与实践，逐步形成了一套行之有效的五环教学法，从当前的执行情况来看，效果比较显著（图 22-12）。五环教学法从 2013 级专科开设毛泽东思想和中国特色社会主义理论体系概论课程开始尝试，经过不断实践和改进，现已基本成熟，并逐步向其他思想政治理论课有序推广。五环教学法将优良传统与改进创新相结合、将理论教育与实践教学相结合，增强了思想政治理论课的趣味性、针对性和实效性。同时，五环教学法将课程考核分为平时表现、实践教学、期末考试 3 个部分，并形成权重为 2∶3∶5 的成绩计算方法，做到了过程考核与期末考核相结合、绝对考核和相对考核相结合，完善了课程的考核体系。

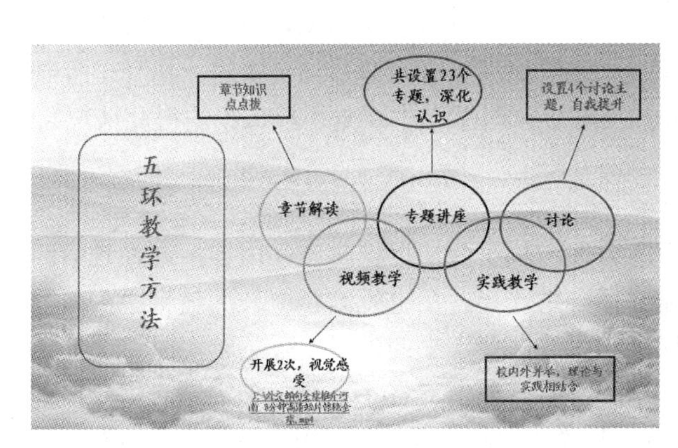

获 奖 证 书

奖　　项：郑州科技学院教学成果奖

成果名称：思政课“五环教学法”研究与实践

成果形式：实施方案

获 奖 者：化新向　马广兴　桑彦彪　杨学成　朱天玉

获奖等级：二等奖

证书编号：[2015] D006

郑州科技学院

二〇一五年十二月

图 22-12　五环教学法简介及教学成果

五环教学法具体分为 5 个步骤，包括章节解读、专题讲座、视频教学、课堂讨论、实践教学。

（一）章节解读

在学习每一章前，先由任课教师介绍自学方法及要领，提示本章的知识点、重点和难点，并且提出问题，让学生带着问题、有的放矢地去自学。学生在自学的过程中，教师对学生提出的非共性问题与共性问题分别进行单独解答和集体讲解。教师在讲解时还会结合案例进行。例如，在对毛泽东思想和中国特色社会主义理论体系概论各个章节进行解读时，主要分 5 个部分展开：一是介绍章节的逻辑结构；二是介绍本章的关键词；三是介绍章节知识点；四是

讲解重点问题；五是讲解案例。

（二）专题讲座

针对所讲教材的重点、难点问题，根据各门课程学时多少，将章节内容分解为若干专题讲座。原则上，一个章节设计一个专题，重点章节可设计两个专题，专题要基本覆盖各章节的主要内容。例如，在进行毛泽东思想和中国特色社会主义理论体系概论授课时，按照五环教学法中专题讲座的要求，共设置23个专题，包括马克思主义中国化的历史进程和理论成果专题、毛泽东和毛泽东思想专题、中国特色社会主义的道路探索专题、社会主义初级阶段理论专题、中国特色社会主义进入新时代专题、全面深化改革开放专题、全面建成小康社会专题、军队现代化建设专题、中国特色大国外交专题等。

（三）课堂讨论

教师提前布置讨论题，要求每个学生写出发言提纲，搜集有关资料，做好充分的准备。讨论时根据实际情况通过以下3种方式进行：一是小组讨论后，推荐代表在班上发言，最后自由发言；二是教师直接点名发言；三是学生自由组合，每组10人左右，分别搜集素材、制作PPT、专人汇报、担任评委。讨论后，教师进行总结，并收回学生的发言提纲或PPT，认真评阅，作为平时考查成绩的依据之一。例如，2017—2018学年第一学期思想道德修养与法律基础课程讨论环节分为5个步骤：第一步，教研组制定课堂讨论方案；第二步，制定评分标准；第三步，将所讨论的题目提前告诉学生，并组织学生分组搜集相关资料，指导学生制作PPT；第四步，组织学生开展讨论并评分；第五步，汇总学生课堂小组讨论的得分情况。

（四）视频教学

组织学生观看教育部指定的并与课程内容有关的政论片，以充实教学内容，增强教学的直观性、生动性、趣味性。每门课程根据需要可自主选择。在电视教学中，注意将课本内容和视频内容相结合、理论与实际相结合，用事实说话，将学生的学习由听觉转为视觉，使他们学到、看到传统课堂上学不到、看不到的东西，丰富教学内容。本科一个学期视频教学不得超过4学时（2次），专科不得超过2学时（1次）。例如，2017—2018学年第二学期的视频教学，选取了《国魂》，对学生深入开展社会主义核心价值观宣传教育。

（五）实践教学

以参观、考察、访问等形式进行的社会性教学，把理论教学延伸到工厂、农村、改革开放的前沿阵地或具有教育意义的科技馆、博物馆等。具体做法：一是每个学期中间由课程组任课教师带队利用周六、周日时间，组织部分学生代表外出参观（人数控制在80～100人），学生代表回来后写一篇不少于1 500字的参观体会或调研报告，并利用上课时间向学生讲解参观感受；二是从学期初到学期末，组织学生到农村、工厂进行实地参观、考察、访问，并写出报告或体会。为了规范学生的寒、暑期实践活动，马克思主义学院按照学校有关实践活动文件精神，分别制定了《思想政治理论课实践教学实施方案》和《思想政治理论课实践教学实施办法》，并在工作实践中得到落实。

二、多部门联动，打造“大思政”新格局

随着大学生思想政治教育的不断深入发展，学校不断尝试探索适合我校思政教育工作实际的合作联动机制，旨在提升大学生思想政治教育的科学化、专业化水平，强化实践育人，在理论与实践的结合中深化大学生对理论的认识，增强大学生的社会责任感、创新精神和实践能力，逐步形成以校党委为主导，马克思主义学院、学生处和各院系共同参与的“大思政”建设新格局。

（一）与学生处合作，共建思想政治教育阵地

学生处和马克思主义学院是一线从事大学生思想政治教育的两大主力军。随着大学生思想政治教育的不断深入发展，学生处和思想政治理论课教师密切合作，将思想政治理论课教师的深厚专业知识和学生处丰富的实践工作经验进行整合，打通第一课堂和第二课堂，形成符合学校实际的合作机制。

（1）充分发挥“文化大讲堂”的平台作用。为增进师生对思想政治理论的理解，加强思想引领，马克思主义学院和学生处密切联合，充分发挥“主渠道”和“主阵地”的作用，坚持把“三个倡导”主体内容融入思想政治教育的全过程，切实做好社会主义核心价值观的“三进”工作。两部门利用“文化大讲堂”平台，把社会主义核心价值观以专题报告会的形式进行宣讲，使广大青年教师和学生进一步了解社会主义核心价值观的丰富内涵。精心挑选《杨善洲》《焦裕禄》《信义兄弟》等融思想性和艺术性于一体的优秀影视作品进行播映，努力以好的文艺作品感染人、激励人、影响人、塑造人。此外，还为学生指定了《习近平总书记系列重要讲话读本》《中国梦》《请不要辜负这个时代》等著作，让学生在阅读中思考，在思考中阅读，进一步增进了学生对社会主义核心价值观的了解和认同，坚定了学生的中国特色社会主义道路自信、理论自信、制度自信和文化自信。

（2）联合实施育英计划。校团委和马克思主义学院经过认真系统调研，以国家相关文件精神为指导，以发扬学校“四种精神”为切入点，以进一步加强和改进学校大学生思想政治教育工作为中心，服务于完善应用型人才培养目标体系、建设高水平民办本科高校、实现内涵式发展的工作大局，利用好思想政治理论课教师的政治理论优势，将思想政治理论课教师与团校有效地结合起来，联合制订了育英计划。

（二）与校社团联合，共建校园文化

围绕应用型人才培养目标，营造良好的校园人文环境，马克思主义学院联合学校大学生联合会，开展了一系列有针对性的思想政治教育活动，形成了“全员育人、全方位育人、全过程育人”的育人格局，丰富学生的课余文化生活；邀请权威人士到校做专题报告，进一步提升大学生思想政治觉悟，增强使命感。一系列校园文化活动的有效开展，不仅营造了浓厚的校园文化氛围，还促进了学校的教风、校风和学风建设。

（三）与各院系结合，实现优势互补

（1）与辅导员队伍建设相结合。马克思主义学院和各院系联合开展课题研究，将院系辅

导员第二课堂与思想政治理论课教师第一课堂相融合，内容涉及高校思想政治理论课教学、大学生思想疏导、学业辅导、就业创业及心理健康教育等多个工作重点。院系辅导员和思想政治理论课教师队伍的联系越来越紧密，两支队伍的合作，整合了思想政治理论课教师的深厚专业知识和辅导员丰富的实践工作经验，实现优势互补，加强了第一课堂和第二课堂的联系，为两支队伍搭建了良好的交流平台，有效地发挥了各自优势。

（2）与学生干部队伍培养相结合。思想政治理论课教师发挥经验、年龄、理论优势，参与到学生处、各院系组织的学生干部培训中去，帮助他们坚定政治导向、提升人文品位、增强综合素质。同时，与二级学院积极进行沟通，形成合力，在影视教育、理论研讨的基础上，利用学生的专业背景、学科优势，探索性地开展了“绿色校园环保行”活动。

2017 年，学校正式启动郑州科技学院思想政治教育“启航工程”，充分调动全校各方面力量，做到党政工团齐抓共管，职工教育科学合理，学生教育系统全面，理论教育亲和时效，理论研究汇聚凝练，宣传报道及时升华，初步形成了齐抓共管“大思政”、立德树人全过程的良好局面。在此期间，马克思主义学院充分发挥自身优势，全程参与“启航工程”，为学校形成“大思政”局面做出贡献，为提升学校思想政治教育工作成效彰显价值。

相信经过不断地教学改革与实践，在学校领导的关心与支持下，未来几年马克思主义学院将把思想政治理论课建设成为大学生真心喜爱、终身受益的优秀课程，为学校建设全国一流民办高校付出更多努力，做出更大贡献。

第二十三章　基　础　部

第一节　学院概况

郑州科学学院为规范本科教学工作，经学校领导研究决定，2008 年 4 月，在原数学、外语、体育、思政 4 个公共教研室的基础上成立基础部，承担全校基础课程的教学工作，高占盈副教授担任主任。10 年来，在学校领导的正确领导下，基础部紧紧围绕“实基础、重实践、强能力、会创新”的应用型人才培养定位，不断深化教育教学改革，提高教育教学质量，努力提升学生的整体素质。

随着学校办学规模的扩大，为满足学校院系调整和机构调整的需要，基础部下设机构几经变换。2009 年，体育教研室从基础部分离成立体育系，公共体育教学任务由体育系公共体育教研室承担。2010 年，思政教研室分离成立思政教学部（现为马克思主义学院）。2011 年，外语教研室分离成立外语系，公共外语教学任务由外语系公共英语教研室承担。发展历程中，高占盈副教授、孙书安副教授、魏山城教授、陈志伟教授先后担任过基础部主任。自 2016 年 10 月至今，学校聘请罗来兴教授担任基础部主任。

基础部现有专兼职教师 52 人，实验技术人员 2 人。其中，副高及以上职称 11 人，中级及以上职称 33 人；46 岁及以上教师 12 人，35 岁以下教师 30 人。基础部拥有一支职称结构、学历结构、年龄结构、学缘结构较为合理的师资队伍，同时也是一支以经验丰富的老教师为骨干、以中青年教师为主体，充满生机与活力，正在逐渐成长、成熟的教师队伍。

截至目前，基础部共有省级示范中心 1 个，市级实验室 1 个，市级优秀教学团队 1 个，校级优秀教学团队 2 个，校级精品课程 1 个。

基础部现设有高等数学教研室、大学物理教研室、人文教研室、应用物理实验教学示范中心、文化遗产研究所。其中，高等数学教研室承担高等数学、微积分、线性代数、概率论与数理统计、复变函数、离散数学、工程数学、经济数学、运筹学等课程的教学工作；大学物理教研室承担全校工科专业的魅力科学、大学物理、物理实验等课程的教学工作；人文教研室承担应用文写作、大学语文、演讲与口才、社交礼仪等课程的教学工作；文化遗产研究所承担河南省工业遗产等研究工作和对外学术交流。

大学物理实验室建于 2010 年 10 月，建筑面积逾 900 平方米，设有力热、电磁、光学等 10 个实验室，仪器储藏室 3 个，实验预备室 1 个，现有实验仪器近千套（件），可开设实验项目 37 个。物理实验室正在逐步开放，实验开出率达 98%以上，综合性设计性实验达 50%以上。2014 年，大学物理实验室被评为郑州市重点实验室、河南省高等学校实验教学示范中心。2017 年 9 月，大学物理实验室正式升格为河南省应用物理实验教学示范中心。

近年来，基础部共参编规划教材 8 部；在各级各类刊物上发表学术文章 91 篇，其中有 7 篇 SCI、1 篇 EI、6 篇 ISTP、6 篇核心期刊；授权专利 9 项，其中，发明专利 2 项、实用新型专利 7 项；主持或参与科研项目共 34 项，其中，河南省教育厅项目 5 项，拥有计算机软件著作权2个。

在第二课堂实践教学方面，基础部成立了以王磊、王涛、姚青华、杨帆、吴德宇等为代表的数学建模团队，将数学建模的思想融入课堂教学，同时承担大学生数学建模竞赛培训与辅导，5年来屡创佳绩，获得2个河南省一等奖、4个河南省二等奖、8个河南省三等奖。

第二节　教师队伍

一、师资队伍结构

基础部共有各类专兼职教师52人，具体分布如下。

职称结构：基础部重视整体教师职称结构的科学性与合理性，并把它作为教师队伍建设的一项重要内容。目前，师资队伍中教授3人，占5.77%；副教授8人，占15.38%；讲师22人，占42.31%；助教17人，占32.69%；其他2人，占3.85%。

学历结构：基础部狠抓教师学位学历层次的建设，从人才引进和强化师资培训两个方面入手，改善师资队伍的学历学位结构。其中，博士1人，占1.92%；硕士研究生33人，占63.46%；本科生18人，占34.62%。

年龄结构：基础部注重教师年龄结构的构成，从引进人才入手，形成了一支以老教师为学术导师、以中青年教师为教学科研骨干、年龄梯度科学合理的师资队伍。其中，20～30岁教师14人，占26.92%；30～40岁教师24人，占46.15%；40～50岁教师3人，占5.77%；50～60岁教师7人，占13.46%；60岁以上教师4人，占7.70%。

学缘结构：所有教师均来自省内外各高校或科研院所。

双师型教师结构：基础部强化双师型教师的培养培训力度，鼓励教师自我进修学习，并取得了一定的成效。目前共有双师型教师5人，其中维修电工3人，中级秘书2人。

专兼职教师结构：基础部共有自有专任教师39人，占75.00%；外聘专任教师13人，占25.00%。其中，外聘专任教师一部分来自行业或企业，分别在本行业或本企业中担任重要职务，具有丰富的社会实践经验和深厚的理论功底。

基础部已经形成了一支知识结构合理、年龄结构呈阶梯状分布、学科结构合理、注重实践教学的师资队伍。

二、人才引进

基础部以习近平新时代中国特色社会主义思想为指导，突出人才强校战略在学校整体发展中的基础性、先导性地位；以高层次人才队伍建设和青年教师培养为重点，统筹学科建设需求、教育教学改革需求、办学特色需求和区域经济社会发展需求；坚持数量目标与质量目标相结合，坚持分类指导、整体推进、突出重点；紧紧抓住引进、培养、稳定3个环节，通过超前规划、学科带动、机制创新等措施，建立一支师德高尚、数量充足、结构合理、富有创新精神的高水平师资队伍，为实现学校发展目标提供人力保障。

基础部每年都会引进一定数量的高校毕业生，他们均来自于全国知名大学，具有较强的科研能力，通过各级各类的培养之后，充实到教学第一线，成为课堂教学工作的新生力量。同时，根据教学工作的需要，基础部从各知名大学引进一些离退休教授，利用他们丰富的教学经验指导青年教师，帮助青年教师快速成长。

三、师资培训

基础部教师每年都积极参加学校组织的暑期教师培训工作，认真聆听各位专家学者的报告，深受启发，收获满满。借鉴专家们的经验，为以后的常规教学、课堂管理及对学生进行德育教育等方面指引了方向，可以更好地服务于教育教学工作。

基础部教师每学年都积极参加全国高校教师网络课程培训，目前已经有10余人作为主培参加，辅培教师达到20余人。参加的培训课程包括高等数学、微积分、概率论与数理统计、离散数学、复变函数、线性代数、大学语文、大学物理、大学物理实验等。通过网络培训，教师对课件制作、教学方法、课程重难点解析有了更加深刻的认识。主讲教师分享课程教学经验，解决了教学实践中出现的问题和困惑，从而提高了教师的教学能力。

基础部教师积极参加各类学术交流（会议）活动，取得了一定的效果。数学教研室沈启霞、邱本花两位老师于2012年暑假参加了大学数学课程报告论坛；2013年5月，杨帆、闫天增两位老师参加了河南省数学建模教师培训；王涛、邱本花、王忍、李翠梅、吴德宇等老师于2014年5月10日参加了河南省高校教师数学集成创新课程建设专题报告会；2014年6月，王磊、王忍两位老师参加了全国数学建模竞赛培训与应用研究研讨会；自2016年10月文化遗产研究所成立以来，杨晋毅教授积极参加第七届全国工业遗产研究等多个学术会议；2017年7月，周洋老师参加了第四届河南省高等学校青年教师数学课堂教学技能竞赛决赛，并荣获二等奖。

四、青年教师培养

为了尽快提高青年教师的教学水平，提高本科教学质量，基础部制定并实施了教学经验丰富的教师“传、帮、带”培养模式。通过老教师进行示范授课及教师之间的教学观摩、随堂听课等多种方式对青年教师进行认真而严格的培训，使其不断提高综合素质和教学水平，成为教学队伍的中坚力量。每学期都组织各种形式的教学科研讲座，相互学习、取长补短，提高教师之间学术、科研交流的积极性。积极落实青年教师单科培养制度，青年教师虚心向老教授学习，老教授热心帮助青年教师，提高其科研和教学水平。

基础部积极落实《郑州地方高校优秀中青年骨干教师选拔与培养办法（试行）》文件精神，认真筛选符合条件的青年教师作为培养对象，积极申报。目前王磊、沈启霞、杨铁柱3位同志被评为郑州市地方高校优秀中青年骨干教师，张志强被确定为郑州市地方高校优秀中青年骨干教师培养对象，姚青华和杨铁柱被评为校级青年教学名师，姚青华被评为2017年度郑州市教育局优秀教师。

五、师德师风建设

基础部自成立以来，始终把坚持社会主义办学方向放在工作的首位，认真学习贯彻习近平总书记关于加强高校思想政治工作的一系列重要指示精神，采取了一系列重要举措加强和改进思想政治工作，引导教师中的先进分子树立共产主义理想信念，不断加强师德师风建设。

基础部多次组织思想政治教育进公共课课堂研讨活动，要求全体教师充分利用课堂教学主战场和校园网、科技讲坛、基础部网站、微信、QQ群、数学建模、演讲、教师言传身教等“第二课堂”，积极有效推进思想政治教育进教材、进课堂、入头脑，并使之在基础部成为一种新的意识常态。通过学习和座谈，教师们提高了思想认识，纷纷表示要用真心、真情和真诚去爱每一个学生，努力完善自我，在业务上不断有新的突破，为人师表，自尊自励。

教师不仅仅应该是学生思想生活上的知心人、学习研究上的指导人、道德行为上的示范人，更应该是学生创新进取的引路人。基础部要求全体教师同党中央保持高度一致，将教书育人作为第一责任。在历次优秀教师评比中，将政治立场、立德树人表现作为教师聘用考核先置要求，大力宣传先进教师典型，要求教师把社会主义核心价值观作为对学生价值引导的核心内容。作为教师，淡泊名利，踏踏实实地辅导学生。

党的十八大以来，基础部制定了多项党建制度，不断强化党组织抓党建工作的主业主责意识。以开展“两学一做”专题活动、开展年终民主生活会、围绕不同的主题开展政治理论学习、开展党支部书记讲课活动等形式，充分发挥党组织在师德建设、素质教育、技能训练中的战斗堡垒作用。

同时，开展优秀教师评比，榜样示范与激励约束相结合，充分发挥榜样的力量在师德建设中的重要作用，把树立榜样、宣传榜样、学习榜样作为师德建设的重要途径。每学期末，基础部都会在部门内部评选优秀教师和先进个人，宣传他们的事迹，充分发挥先进典型在师德建设中的重要作用。此外，基础部还积极向学校推荐优秀教师人选。

第三节　课程建设与教学改革

课程建设是保证和提高教学质量的最重要的基础性建设，是学科建设和专业建设的基础，同时也是深化教学改革的关键，对于学生建构合理的知识结构、能力结构及创新精神的培养具有十分重要的意义。

根据《教育部 财政部关于“十二五”期间实施“高等学校本科教学质量与教学改革工程”的意见》（教高〔2011〕6号）等文件，为进一步深化教学改革，基础部提出按照“保证质量、重点建设、注重实效”的建设原则，结合学校应用型本科的实际情况，开辟网络课程平台，加快教学信息化建设。按照开设课程、校级公共选修课、精品课程（包括校级、省级、国家级）、示范课程四大块分层次加强课程建设，为学生营造一个全方位的自主学习环境，为教师提供一个教学资源的集成和展示使用平台。

一、数学课程与教学改革

数学是学校一门面广量大的重要基础课程，其教学质量高低对学生后续课程的学习有较大的影响，因此备受学校和相关部门的重视。数学教研室各位教师一直在努力建设优秀教学课程，不断探索优良的教学方式，实施教学改革。2011年，高等数学申报了校级精品课程，并已顺利结项，目前正在着手努力申报市级精品课程。2012 年，基础部申报了概率论与数理统计精品课程，并在此基础上于 2014 年编写出版了《概率论与数理统计》教材一部，被学校本科学生使用，收到了良好的效果。为了让学生切实感受到数学的魅力，了解数学的“用武之地”，同时也为了响应学校的办学定位、应用型人才培养、大学文化、科技服务地方和地方文化等政策与方针，丰富校园文化，激发学生的自我学习能力，提升学生的创新意识，基础部在王磊副主任的带领下，经过数学建模团队老师的集体备课，设置数学建模培训计划、培训内容，于 2017 年上学期在全校正式系统性地开设了“数学建模”培训课程，得到广大学生的青睐，达到了座无虚席的效果。

在做好课程建设的同时，数学教研室基础部也一直在探索适应当下学生发展所需的教学方式改革。高等数学课程作为一门公共基础课，为学生专业课程学习和解决实际问题提供了必要的数学基础知识及常用的数学方法。通过教学，逐步培养学生的数学思想、抽象概括问题的能力、逻辑推理能力，以及较熟练的运算能力和综合运用所学知识分析问题、解决问题的能力。因此，数学教研室采用教师集体备课的形式，集思广益，讨论教学方法、课堂设计，使教师能够根据课程性质选择相得益彰的教学手段，以达到最好的教学效果。鉴于学校应用型本科的特点，2017 年数学教研室申报了“高等数学分层分类教学”教改项目，针对不同专业、不同层次的学生进行差异化教学，切实符合其专业特点，有针对性地进行教学。在网络快速发展的时代，数学教研室建立了数学微信公众号，上传相关教学视频帮助学生学习数学课程，并在平时通过 QQ、微信等及时解答学生的疑惑，对学生的学习给予了很大的帮助。

二、物理课程与教学改革

根据学校定位，物理教研室各位教师积极探索精品课程建设，申报大学物理校级精品课程，经过多年的积累、钻研，编写了《大学物理实验讲义》，方便学生对物理实验的理解，获得良好的效果。物理教研室教师刻苦钻研，不断改进，编写了《工科物理实验》教材，对学生学习物理实验起到了非常大的作用。在陈志伟教授的精心指导下，物理教研室立项建设开放创新实验室。大学物理实验室在各位教师的努力下，获批为郑州市重点实验室、河南省物理实验示范中心。

为帮助学生能更加真实地体会到一些物理现象，物理教研室在陈志伟教授的带领下进行积极探索，实施可视化教学，将重点、难点知识可视化、可动化、可比化、可变化，使这些知识变得比较易于感受、易于体验、易于理解、易于掌握，并在教学应用中确实取得了较理想的效果。同时，借助于信息化带来的便利，开展物理仿真实验，为学生提供便利的学习条件。2017 年，在以往的教学改革经验基础上，物理教研室开展了“物理实验信息化教学改革”，此次教学改革是在原有教学方式的基础上，加入慕课教学、VR 教学等现代化教学手段。同时，为更好地实现翻转课堂教学，物理教研室杨铁柱老师开通了物理实验教学微信公众号，教研室全体教师共同建设，制作了大量的微视频，突出重点知识，帮助学生学习，目前公众号内包含的学习资源有物理实验操作演示视频、实验报告书写要求、实验课后答疑等；已完成 4

个仿真实验并上传至校园网；为更好地利用信息化教学，完成实验理论教学幻灯片（23个实验项目）在校园网的上传。利用“互联网+”技术，共享教学微视频，学生可自由掌握自己的学习时间和空间。在实验课教学方面，借助仿真实验、Java小控件实现人机交互，以图形、图像的形式反映相应的实验结果，从而直观、形象地展示一些抽象的物理量和物理过程，使理论教学由原来的形式简单、内容枯燥变为形式灵活、内容丰富，极大地提高了学生的学习兴趣。

三、人文课程与教学改革

人文教研室各位教师一直专注于教学方法的提高。当前每个大学生都应该具备一定的文学水平，为此人文教研室积极申报应用文写作精品课程，着力提高学生的写作能力。人文教研室以慕课为抓手，构建了基于网络的高等教育优质资源共享平台，推动并深化“互联网+”和大数据时代下的高等教育教学改革。借助超星尔雅慕课平台，2016年上半年人文教研室在全校开展实施魅力科学和应用文写作两门慕课教学。通过慕课，创新了教学方法、教学手段和教学模式。截至目前，顺利完成了6 000余名学生的教学任务，取得了较为丰硕的教改成果。

培养德才兼备、具有创新精神的高素质人才是高等教育的使命。为了提升学校应用型人才的培养质量，提高学生的人文素养，在校领导和基础部的大力支持下，在教研室主任杨晋毅教授带领下，郑州科技学院文化遗产研究所于2016年10月正式成立。文化遗产研究是涉及文学、语言学、历史学、社会学等多个学科的正在发展中的热门学科。杨晋毅教授是全国工业文化遗产委员会委员，曾经主持“洛阳工业遗产保护”等国家和省级科研项目，在文化遗产研究方面成绩斐然，更是工业文化遗产研究方面的专家。

自文化遗产研究所成立以来，杨晋毅教授于2016年12月、2017年2月两次赴北京，与国家文物局、中国文化遗产研究院等部门和单位取得了联系，积极申报相关课题项目。与此同时，杨晋毅教授还积极指导并鼓励教研室教师以文化遗产研究所的成立为契机，努力发展自己的学术兴趣，提高自身科研水平。在杨晋毅教授的带领和指导下，2017年5月，文化遗产研究所成功申请到了“郑州市‘一五’时期工业遗产保护研究”的校级科研项目。同时，文化遗产研究所还完成了河南省工业遗产保护情况的初步调查，已经组织600余名学生，结合应用文写作课程的调查报告文种的教学工作，开展实践调查活动。

第四节　实践教学条件与实践教学

基础部高度重视实践教学环节，紧紧围绕学院始终坚持的“实基础、重实践、强能力、会创新”的应用型人才培养目标，不断转变教学观念，整合优势资源，逐渐提升实践教学条件，进一步完善以能力培养为目标的实践教学体系。在董事会和校领导的大力支持下，基础部在实践教学工作中做了一些有益的探索和改革，取得了一定的成效，尤其是在物理实验室建设和数学建模方面成绩较为显著。

一、物理实验室硬件条件和运行管理

郑州科技学院大学物理实验室创建于 2010 年 10 月，实验室的建设适应了学校应用型人才的培养目标，以培养学生的创新精神和创新能力为导向，为学生成长为高素质、高技能人才打下坚实基础。大学物理实验室的总体建筑面积约 900 平方米，共设有 3 个光学实验室（图 23-1）、4 个电磁学实验室（图 23-2）、2 个力热学实验室（图 23-3），另有 3 个设备储藏室；实验室现有仪器设备近千套（件），可开设 37 个实验项目（表 23-1）。自成立以来，实验室平均每年承担约 2 000 名学生的物理实验教学任务。现任教师年龄为 26～68 岁，职称、学历分布合理，可满足学生 2 人 1 组的实验教学要求。在学校领导的支持与关怀下，经过实验室管理人员与物理教研室全体同事的努力，大学物理实验室于 2014 年 10 月被正式立项建设为郑州市重点实验室。

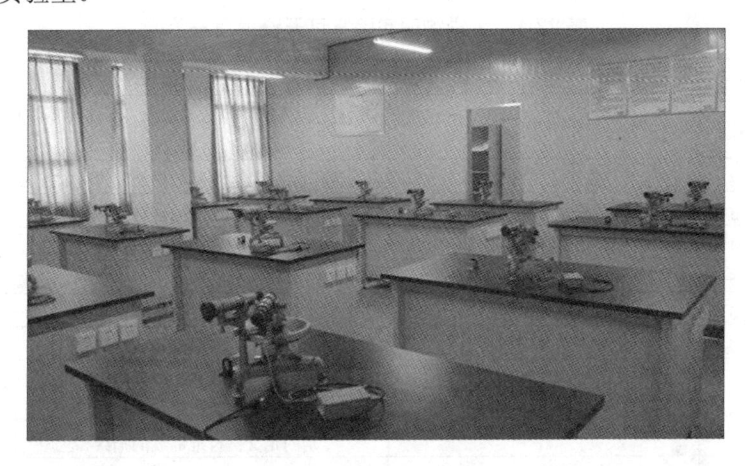

图 23-1　光学实验室

图 23-2　电磁学实验室

图 23-3　力热学实验室

表 23-1　大学物理实验室可开设项目一览

实验项目类型	序号	实验项目名称	主要内容	计划课时数
基础知识	1	物理实验理论 1	物理实验方法，测量与误差、误差计算的基本概念	2
	2	物理实验理论 2	有效数字及运算和数据处理的基本方法	2
基础性实验	3	扭摆法测定物体转动惯量	测定刚体的转动惯量	2
	4	空气比热容比的测定实验	利用绝热膨胀法测定空气的比热容比γ	2
	5	导热系数的测定	利用热传导稳态法测定不良导体的导热系数	2
	6	惠斯通电桥	利用单臂电桥测电阻	2
	7	开尔文电桥	利用双臂电桥测电阻	2
	8	电表的改装与校准	电表改装的原理和方法，校准电表的刻度；电表的规格和用法，电表内阻对测量的影响，电表级别的定义；校准曲线的描绘和应用	2
	9	电位差计测量电源电动势	用标准稳压源定标，测量电源电动势	2
	10	模拟法测绘静电场	用模拟法测绘静电场，加深对电场强度和电位概念的理解	2
	11	学习使用模拟示波器	学习模拟示波器的操作及使用方法，测量信号电压与周期，观察李萨如图形	2
	12	学习使用数字示波器	学习数字示波器的操作及使用方法，测量信号电压与周期，观察李萨如图形	2
	13	霍尔效应实验	测定霍尔元件的各种特征参数，描绘霍尔电压曲线	2
	14	用牛顿环测定透镜的曲率半径	用牛顿环测定透镜的曲率半径	
	15	分光计的调节和使用	学习分光计的调整方法	2
	16	迈克尔逊干涉实验	用干涉法测定氦氖激光器的波长	2
工科综合性实验	17	拉脱法测定液体表面张力系数	用拉脱法液体表面张力系数	2
	18	共振法测定金属材料杨氏模量	用悬丝耦合弯曲共振法动态测量样品材料杨氏模量	2
	19	声速综合测定实验	用驻波法、相位法、时差法测定声速（气体、液体、固体）	2
	20	液体黏滞系数的测量	用落针法测量液体黏滞系数	2

续表

实验项目类型	序号	实验项目名称	主要内容	计划课时数
	21	电阻元件 V-A 特性测定	研究金属膜电阻、二极管、稳压管和小灯泡的 V-A 特性	2
	22	非平衡电桥	利用非平衡电桥测电阻	2
	23	数字万用表的搭建	设计出一定量程的直（交）流数字电压（流）表和欧姆表，并和标准万用表进行比对	2
	24	测定螺线管轴向磁场的分布	霍尔器件输出特性测试，测绘螺线管轴线上磁感应强度的分布	2
	25	铁磁材料的磁滞回线和基本磁化曲线的测绘	测定样品的基本磁化曲线，测绘样品的磁滞回线	2
	26	电子束的电偏转与磁偏转	观察电子束的电偏转和磁偏转现象，测定电偏转灵敏度、磁偏转灵敏度和截止栅偏压	2
	27	电子射线的电磁聚焦及电子荷质比的测定	掌握带电粒子在电场和磁场中的运动规律，学习电聚焦和磁聚焦的基本原理和实验方法。掌握利用磁聚焦法测定电子荷质比的基本方法	2
	28	位置传感器法测介质的折射率	用 PSD 传感器测量玻璃的折射率	2
	29	劈尖干涉的应用	用劈尖干涉测量细丝的直径	2
	30	利用分光计测三棱镜的顶角	利用分光计测量三棱镜的顶角	2
	31	最小偏向角法测三棱镜的折射率	利用最小偏向角法测三棱镜的折射率	2
	32	衍射光栅测光波波长	运用光栅片测量汞光灯的波长	2
	33	偏振光的观察与研究	观察光的偏振现象，理解偏振光的基本概念，偏振光的起偏与检偏方法。测量偏振光通过检偏器的光强，验证马吕斯定律	2
	34	物质旋光性的研究	观察旋光现象，了解旋光物质的旋光性质；测定糖溶液的旋光率和浓度的关系	2
模拟实验	35	远程模拟实验（一）	描绘电场或磁场的纹理图形	2
	36	远程模拟实验（二）	电磁感应实验	2
	37	远程模拟实验（三）	一组电磁学远程模拟实验	2

实验室于 2015 年 9 月申报建设开放与创新实验室，并顺利获批。郑州科技学院斥资 10 余万元，引进一批先进实验设备，用于建设开放与创新实验室。大学物理开放与创新实验室的建设，正是围绕应用型人才培养这个中心任务，通过为学生提供实验设计、实验思路等实验条件，启发学生学习兴趣，引导学生自学、思考和探究，努力提高学生的动手能力、实践能力和基础创新能力，加强师生联系与交流。

为不断加强物理省级示范中心建设，2017 年 9 月中旬，郑州科技学院应用物理河南省实验教学示范中心正式成立。这标志着学校在实践教学与培养复合型“新工科”人才方面取得了初步成效。

大学物理实验室作为学校重要的实践教学基地，先后受到教育部、中国民主同盟中央委员会、九三学社中央委员会、河南省教育厅、郑州市教育局、佛山市委政法委员会及北京大学、齐齐哈尔工程学院等部门和单位的参观视察。

除了上述比较完备的硬件条件，大学物理实验室还具备一套科学的管理体系。随着大学物理实验室的不断改革和探索，目前该实验室已经实现大学物理实验仪器设备的网络化管理，实验技术人员的仪器设备管理、使用和维修技能也在不断提升。

利用现代化的网络技术手段，基础部实现了大学物理实验教学、大学物理实验室基本信息的计算机网络化管理，实现了大学物理实验室资源面向全校及社会的全面开放。具体涉及以下内容。

（1）大学物理实验课程的教学大纲、实验教材、实验指导书。

（2）大学物理实验室的仪器、仪表及其使用说明。

（3）大学物理实验室人员的基本情况，包括大学物理实验教师及大学物理实验技术人员的学历、职称和教科研情况的简介。

（4）校内外学生的大学物理实验预约及教师的大学物理实验教学。

（5）学生的大学物理实验成绩的网络在线查询及对大学物理实验管理和教学的反馈意见等。

（6）大学物理实验室近期的工作计划及建设规划。

二、物理仿真实验室与实践教学

在当今的高等教育中，除了要求学生具有扎实的理论基础知识外，还要求学生具有良好的实践能力和创新能力，只有这样，才能让他们成为社会需要的创新型人才，而实验教学是培养这种人才的重要手段和途径。

根据学校的教学规划及基础实验设备的投入情况，基础部勇抓机遇，开拓创新，不断加强实验室建设。在魏山城、黄东、陈志伟等教授的精心指导下，结合学校办学理念，理清了基础实验教学思路，规范实验课程设置，合理选配并编写实验教材讲义。大学物理实验室作为郑州市重点实验室，为迎评工作做出了贡献。

物理是一门实验的科学，物理学习离不开实验。在实际的教学中，往往不允许学生自行设计实验参数、反复调整仪器，这对学生理解实验的设计思想是很不利的，同时也不能为学生进行创新实验打好基础。为此团队在制作理论教学课件的基础上，在物理实验教学中开辟了一条信息化教学改革的道路。团队一直在学习新的信息化教学手段，并不断探讨研究，积极学习仿真实验的相关知识，不断尝试、研发、修订，最终成就了物理仿真实验。

大学物理仿真实验是指利用计算机把实验设备、教学内容、教师指导和学生操作有机地融为一体，通过对实验环境的模拟，使未做过实验的学生借助仿真软件就能对实验的整体环境、所用仪器的整体结构建立起直观的认识（图23-4和图23-5）。

通过仿真实验加强学生对实验的物理思想和方法、仪器的结构及原理的理解，并加强对仪器功能和使用方法的训练，培养设计思考能力和比较判断能力，可以收到实际实验难以实现的效果，实现了培养动手能力、学习实验技能、深化物理知识的目的。

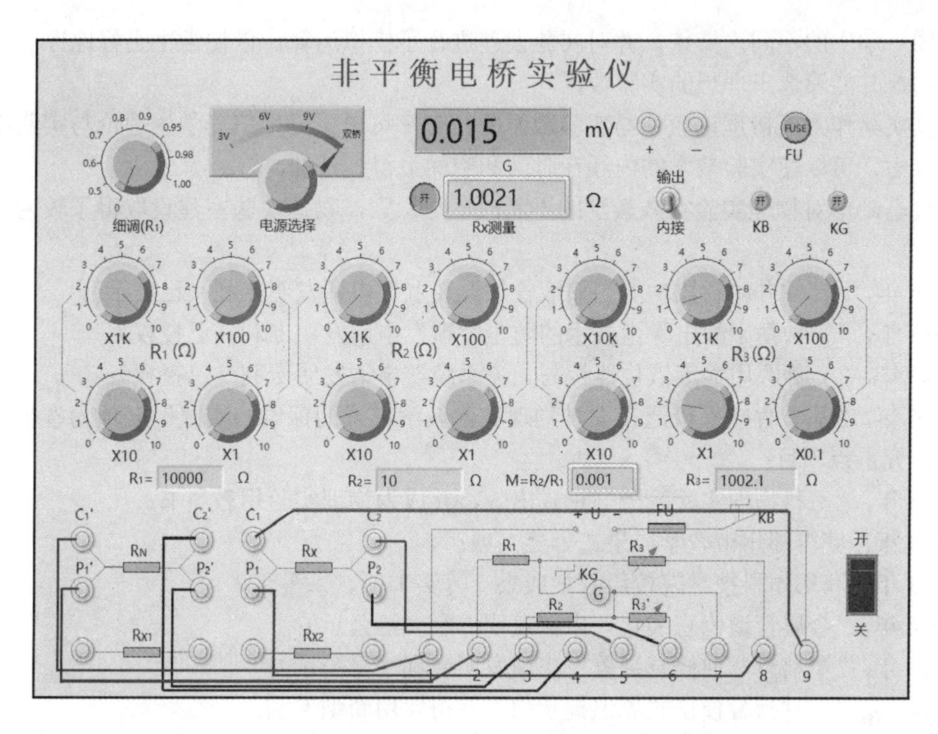

图 23-4　虚拟仿真实验项目（1）

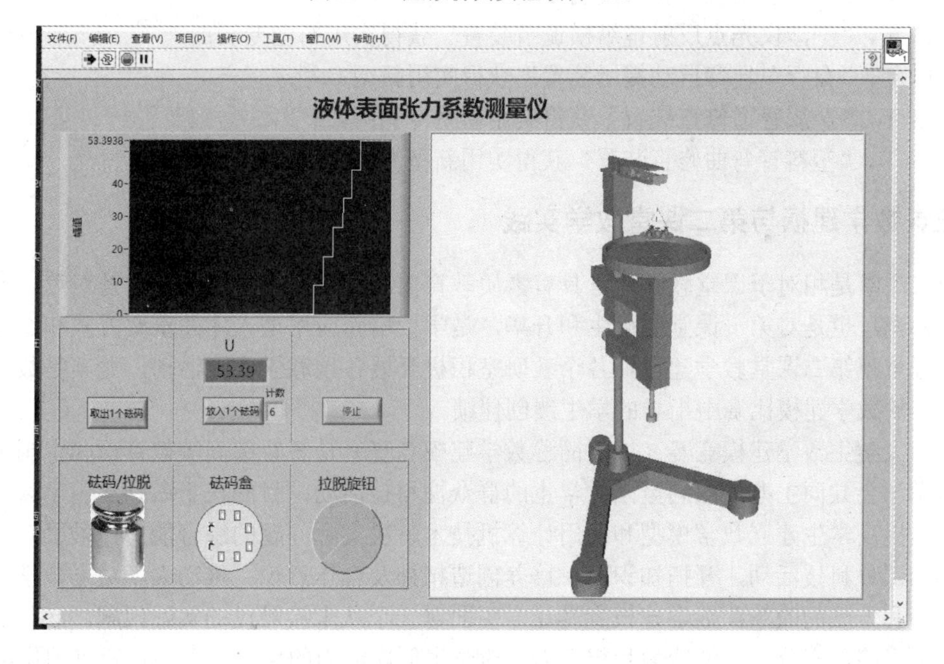

图 23-5　虚拟仿真实验项目（2）

仿真实验实现了仪器的模块化，学生可对实验室提供的仪器进行选择和组合，用不同的方法实现同一实验目标，可以更好地培养设计思考能力，以及对不同实验方法的优劣、误差大小的比较、判断能力。同时，实验中待测的物理量可以随机产生，以适应同时实验的不同学生和同一学生的不同次操作，并对实验误差进行了模拟运算，以便学生更好地评价实验方法的优劣，并能筛选出理想的实验数据。

仿真实验作为连接理论教学与实验教学的纽带，可以更好地培养学生理论与实践相结合的思维能力，可以使实验教学的内涵在时间和空间上得到延伸。

通过基础部对物理实验实践教学的不断改革与探索，物理实验室建设取得了较为显著的成果：

2016年，“具备自动温控功能的输液管加温装置”申请发明专利（已公示）；

2016年，“一种基于静电除尘技术的防尘纱窗”申请发明专利（已授权）；

2016年，“一种医用输液液位监控与止流系统”申请发明专利（已授权）；

2016年，“基于智能手机泛在大学物理实验教学模式的探索与实践”立项为省教育厅自然科学研究重点项目；

2015年，《工科物理实验》一书正式出版，并成为物理实验用教科书；

2014年，获得郑州市教学成果二等奖1项；

2013年，获郑州科技学院校级教学成果一等奖1项、二等奖1项；

2014年，“金属管道修直装置”申请发明专利（已公示）；

2014年，“塑料管弯曲修直装置”申请发明专利（已公示）；

2014年，“一种折叠便携式感温提示勺”获得实用新型专利；

2013年，“多功能画规”获得发明专利；

2013年，“干涉仪光点反射镜纵横调节装置”获得实用新型专利；

2013年，“自行车转弯自动提示装置”获得实用新型专利；

2013年，“金属管道修直装置”获得实用新型专利；

2013年，“塑料管弯曲修直装置”获得实用新型专利。

三、数学建模与第二课堂教学实践

第二课堂是相对于课堂教学而言具有素质教育内涵的学习实践活动。它是对第一课堂的延伸和补充，也是对第一课堂的衍生和升华，是学校培养应用型人才的重要方式和途径。基础部十分重视第二课堂教学建设，各个教研室积极开展各项教学实践活动，尤其是数学教研室在历年的数学建模比赛中指导的学生屡创佳绩。

全国大学生数学建模竞赛（以下简称数学建模竞赛）是教育部高等教育司和中国工业与应用数学学会共同主办的面向全国大学生的群众性科技活动，目的在于激励学生学习数学的积极性，提高学生建立数学模型和运用计算机技术解决实际问题的综合能力，鼓励广大学生踊跃参加课外科技活动，开拓知识面，培养创造精神及合作意识，推动大学数学教学体系、教学内容和方法的改革。数学建模竞赛让学生面对一个从未接触过的实际问题，必须开动脑筋、拓宽思路，充分发挥创造力和想象力，对学生创新能力的培养起着举足轻重的作用。

为此，基础部数学教研室成立了专项指导教师组，组织学生系统学习数学建模知识，开展讲座和培训实践活动。学校参赛学生在历届数学建模竞赛中取得了优异的成绩，为学校赢得了荣誉。

2012 年，荣获河南省一等奖 1 个、三等奖 3 个；
2013 年，荣获河南省一等奖 1 个、二等奖 1 个、三等奖 2 个；
2015 年，荣获河南省三等奖 1 个；
2016 年，荣获河南省二等奖 3 个、三等奖 2 个。

第五节　培 养 特 色

自成立以来，基础部紧紧围绕“实基础、重实践、强能力、会创新”的应用型人才培养定位，结合实际情况，积极凝练、明确特色化的教学理念和教学管理思路，努力培养具有学校特色的应用型人才。

一、构建“四层次、三环节、两体验”的实验教学体系

为了提高学生实践能力，基础部通过不断积极探索，构建了适合学校应用型人才培养的“四层次、三环节、两体验”的实验教学体系，将虚拟实验和真实实验相结合、互补，建立虚实结合的信息化教学机制。

（一）四个教学层次

第一个教学层次是引导性实验，主要培养学生学习物理实验的兴趣，介绍、演示贴近生活的实验，让学生觉得“实验真有趣”；第二个教学层次是基础性实验，这类实验主要是应用物理知识，培养学生掌握基本物理量的测量、基本实验仪器的使用、基本实验技能和基本测量方法、误差与不确定度及数据处理的理论与方法等，使学生养成良好的观察、思考和动手的良好实验习惯；第三个教学层次为综合性实验，即综合应用多种方法和技术的实验，目的在于提高学生综合运用实验方法和实验技术的能力；第四个教学层次是探究性实验，实验过程主要在“材料物理与仿真”创新实验室完成，在教师的指导下进行物理问题的探究，让学生了解科学实验的过程和方法，培养学生的独立实验能力和创新能力（图 23-6）。

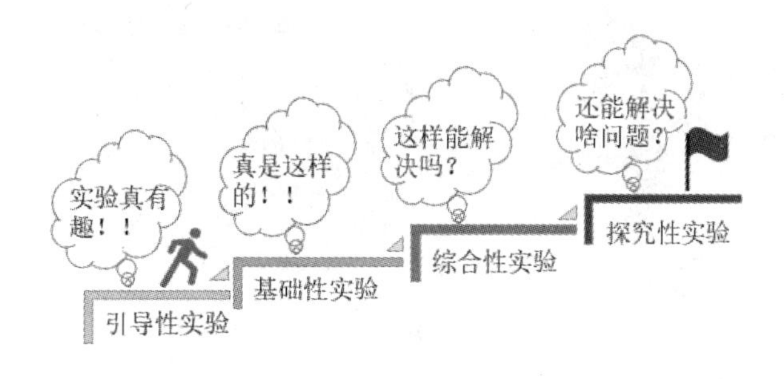

图 23-6　循序渐进的四个教学层次

（二）三个互动化教学环节

第一，建设网络在线资源。通过学校“手机、平板和 PC 三合一实验教学综合平台”发布教学资源（lab.zit.edu.cn）（图 23-7）。

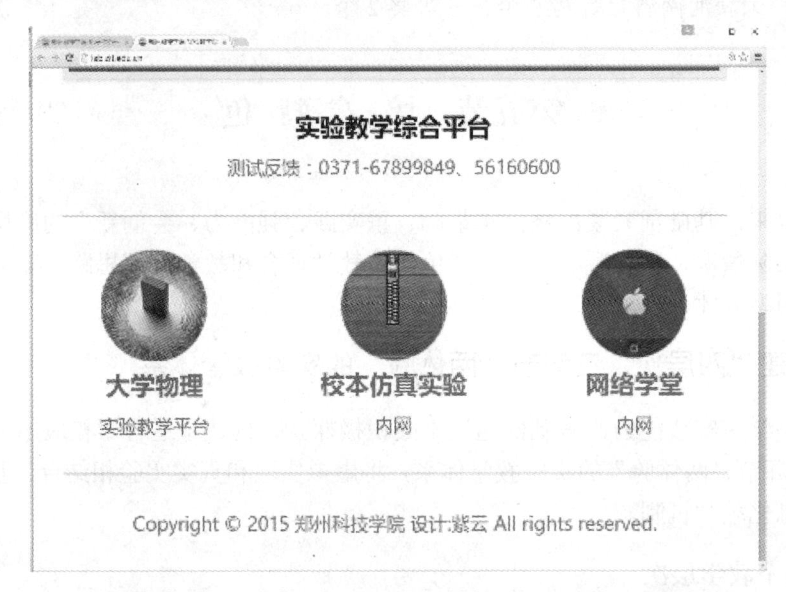

图 23-7　手机、平板和 PC 三合一实验教学综合平台

第二，建设支持鼠标屏幕交互的虚拟仿真实验（图 23-8），实验项目可以从 http://lab.zit.edu.cn/zkyzzkf/中见到，方便学生学习。虚拟仿真实验以培养学生理论联系实际的思维方式和实践能力为目标，将优质的虚拟实验教学资源通过实验教学综合平台共享，虚拟实验和真实实验相结合、互补，建立虚实结合的信息化教学机制。

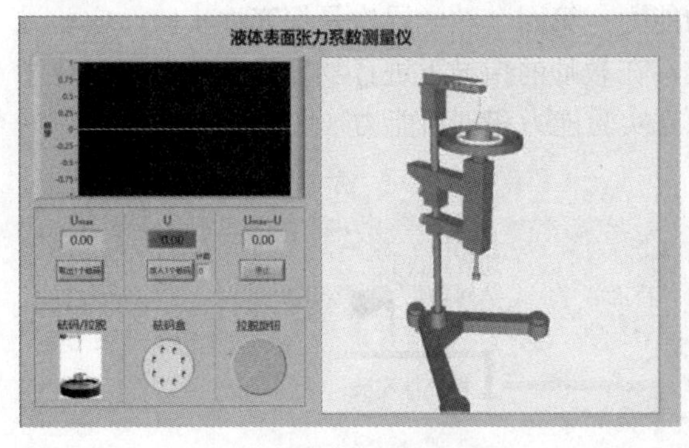

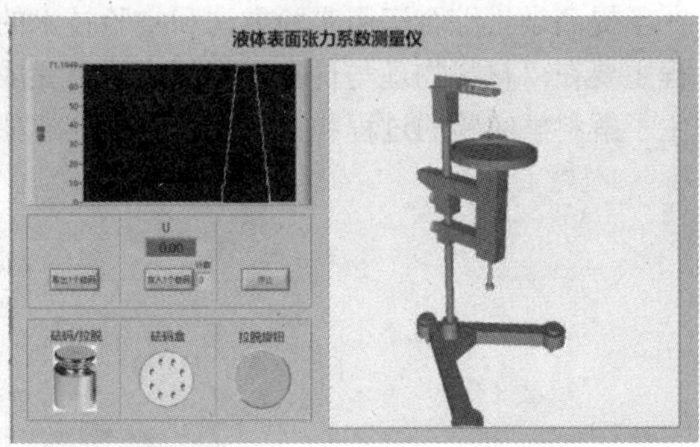

图 23-8　鼠标屏幕交互的虚拟仿真实验

第三，建立物理教学微信公众号（zitphys），推送教学图文信息和微视频，目的在于创设“处处能学，时时可学”的学习环境（图 23-9）。通过该微信平台，学生可以在课前、课中和课后进行学习，与虚拟仿真实验配合可以达到更理想的学习效果。

图 23-9　微信教学平台

（三）两个动手体验

第一个动手体验是课堂上学生使用智能手机，自己录制实验视频，体现了学生是学习的主体，其目的是充分发挥学生学习的积极性和主动性。课后学生普遍反映喜欢这样的教学方式，通过录制自己的实验操作视频（有的学生还配有声音），虽然存在许多瑕疵，但是对自己尝试录制的处女作仍然很有获得感，更重要的是自己动手体验的实验课体会更多，记忆深刻。教师在课堂上发现，很多学生在与别人交流后发现自己缺点时会多次重复实验操作，以求达到更好的效果，从而培养了学生精益求精的科学态度。

第二个动手体验是科技制作，主要在课后完成。科技制作在培养学生自主探究方面有着重要作用，通过引导学生自主提出问题、分析问题、解决问题，进而培养学生的创新能力。科技制作主要分为两个方面：一是让学生根据课堂上学习的实验原理和观察到的实验现象，进行课后制作，如学完非平衡电桥后，制作温度计；二是让学生参与教师的科研，如以授权发明专利为基础，让学生根据图纸制作出 3D 数字模型和实物模型，在制作过程中学生会不断完善细节，并提出意见和建议，学生和教师深入交流，真正实现了“教学相长”（图 23-10）。

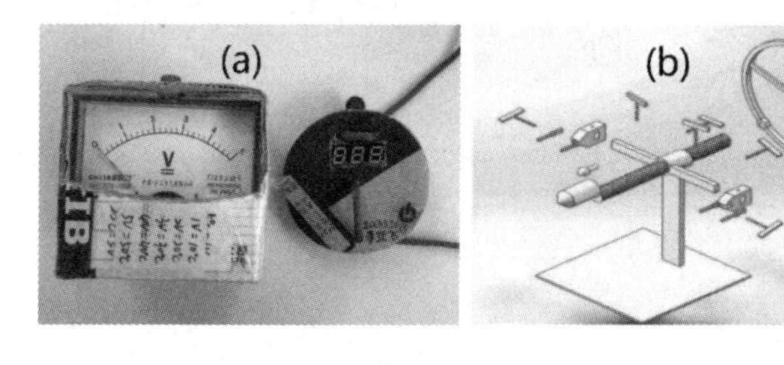

图 23-10　学生作品

二、以学生为中心，积极探索高等数学分层分类教学

面对高等数学教学中存在的内容衔接不当、学生数学基础参差不齐等情况，基础部积极探索应用型本科高等数学课程教学改革项目，在2017级计算机科学与技术专业进行试点，开展了高等数学分层分类教学。

教学方法和思路的创新实现了“一个突破”和“两个需求”的教学目标，突破了传统教学内容的局限，将数学建模的思想和专业实例引入教学，满足了学生后续专业学习的需求和学校人才培养的需求。

教学内容采用“模块化”“分层次”的设计，在计算机科学与技术专业按照学生的基本情况开设系列数学必修与选修课程（在A班增加数学实验和MATLAB软件教学，为学生学习后续课程打好基础）。

更新更加契合学校培养目标的考核方式，课程考核采用“*N*+1+1”的考核方式。“*N*”表示过程考核，占20%，其中包括出勤、作业、MATLAB程序设计和数学知识解决简单实际问题的能力；第一个“1”表示MATLAB程序设计上机统一考试，占10%，教师设计试题库，随机抽取其中的题目编写程序；第二个“1”表示期末统一考试，占70%，包括课本知识点和MATLAB程序设计等内容。

三、在语文教学中传承和弘扬优秀传统文化

优秀传统文化是中华民族的精神命脉，是中华民族的突出优势，是我们的文化自信的重要来源。正如习近平总书记指出的：文化自信是一个国家、一个民族发展中更基本、更深沉、更持久的力量。基础部作为学校进行人文教育的重要教学单位，有义务在教学中融入优秀传统文化教学内容，不断提高学生母语写作水平和文化素养，努力让学生成为既有知识又有文化的复合型人才，让传统文化在大学校园中焕发新时代风采。

在大学语文课程教学中，通过学习国学知识，学生可以品味优秀传统文化的独特品质；通过开展国学知识竞赛、诗歌朗诵等活动，可以激发学生对传统文化的学习兴趣。在应用文写作课程教学中，把写作训练与人文素质教学和谐统一起来，可以提高学生的母语写作水平。在社交礼仪课程教学中，通过传统礼仪教育，学生可以感受到传统文化的魅力。依托文化遗产研究所，开展人文讲座，学生可以拓宽文化视野。